U0111469

大展好書　好書大展
品嚐好書　冠群可期

武術特輯
96

陳式太極拳
精義

張茂珍 編著

大展出版社有限公司

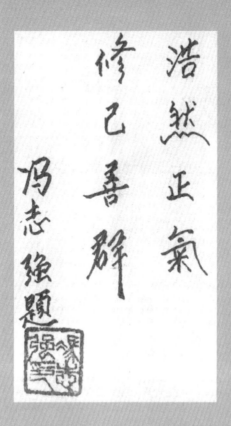

浩然正氣
修己善群

馮志強 題

一圜奇
觀道
兩儀悟
真知

戊寅正月
張譽師益珍梅正
台灣高雄
陳聲善 書

作者近照

作者先父張來運

1976 年作者與陳照奎老師
在鄭州合影

1992 年作者與馮志強老師在中國武術研究院太極拳推手套路編排與制定會議上表演「單推手」

作者在輔導外國學員練習「摟膝拗步」

作者與兒子張冀鵬在練習「大捋大靠」動作

作者向中外學員講解與示範化解雙人拿法的動作

自 序

我於1943年出生於河南沁陽市一個武術世家，5歲時隨父母遷居鄭州。自幼受先父張來運（係原河南省國術館副館長劉丕顯和陳氏第十七世、陳式太極拳第九代傳人陳子明之入室弟子）教誨，耳濡目染，對武術產生了極大的興趣，12歲始向河南省著名武術家郭凱先生學習少林拳。後隨父學習陳式太極拳小架（新架）與基礎架（老架），打下了扎實的武功基礎。

1970年，在鄭州結識了師弟王西安，經他介紹拜見了陳氏十八世、陳式太極拳第十代傳人陳茂森（陳發科之高足）前輩，得到茂森先生的精心點撥，受益匪淺，功夫精進，被當時武林界譽爲「鄭州太極三張」之首。後經茂森先生引薦拜在陳氏第十八世、陳式太極拳第十代傳人陳照奎先生門下，受陳師賞識，收爲嫡傳弟子。

陳師授拳，先從基礎教起，後視學習者資質和悟性，因人因材施教。陳師發現我的反應能力和悟性俱佳、模仿能力頗強，練功刻苦，尊師重道，就著意培養，傾囊相授。

陳師授拳嚴格細膩，有時甚至達到了苛刻的地步。一個勁路走不到位，動則罰練五百遍，甚至上千

遍。有的勁路細心揣摩，二月有餘，頗為自得，但陳師仍不滿意，不放過關。一次，陳師讓我練拳，練了兩式就叫我停下，指出我的勁力沒能由腳底翻上來，我一連練了幾遍，陳師一直搖頭，後經陳師仔細地講解，才知道動作的關鍵在於腳部隱白、厲兌兩穴的領勁納氣，否則腿部勁力不能上串。在陳師的嚴格要求下，我的拳術有了長足的進步。為使內功更上一層樓，陳師推薦我從學於陳式太極拳名家馮志強老師，蒙馮師抬愛收為入室弟子，內功也突飛猛進。

練拳之餘，我還特別重視太極拳理論方面的學習與研究。由理論與實踐相結合，我的太極拳術日益精進。

實踐出眞知，多年的演練與教學使我悟出一個道理：「自當從良師，又宜訪高朋，雖然練武，文在其中，文武相得益彰。」自認為這是學拳明理、經三昧的捷徑。

太極拳的理論精妙，功夫高深，學無止境。在馮志強老師鼓勵和廣大太極拳愛好者的督促下，我結合自身多年演練心得，將陳照奎老師當年傳授的陳式太極拳提高架一路總結成冊，以饗讀者。限於學識，疏漏之處，祈請各方專家、學者和讀者，不吝賜教。

本書編著過程中，得到了沙喜風、張冀鵬、李祖戲、鄭培開、黃中福、楊澤良、林潤宇、雷廷相、閻洪師、李雨強、楊朝文、李國強等的大力協助，在此一併致謝。

序　言

　　陳式太極拳乃中國文化瑰寶，其理源於諸經之首
《易經》。陳式太極拳不僅是一門武術，而且是一門
多學科的拳術。在其數百年之歷史傳承中，不乏代有
高手。然而文武兼備者寥若晨星，張茂珍師兄即是其
中一位。

　　師兄張茂珍出身武術世家，弱齡慕道，夙好拳
術，隨先父學習期間，尊師重道，善於琢磨，勤於體
悟。先父多次攜我去鄭州師兄家中傳拳，他更是刻苦
精研，探微索隱。先父發覺他身體素質好，理論基礎
扎實，更具超人悟性，遂把秘不外傳的理與法傾心相
授（雖然當時我只有十五六七歲，但是，在場旁觀也
受益匪淺，至今仍記憶猶新），並收爲入室嫡傳弟
子。在此期間，先父還責令茂珍師兄每天監督我和師
侄張冀鵬一起練習單式、套路和推手，給我打下了扎
實的武術基礎。

　　1980年先父自覺力不從心，將師兄推薦給師伯陳
式太極拳名家馮志強，專攻太極拳內功和推手技巧，
又蒙師伯厚愛，收爲入室弟子。

　　三十個寒來暑往，師兄的拳術日臻完善，其走架
和推手頗具先父當年的風采。演練時，一招一勢，氣
勢磅礴，其動作外形綿軟，內含堅剛；他的推手功

夫，更是靈活多變，出神入化；在擒拿術方面造詣尤深，驚、顫、彈、抖之運用妙不可言。

二十餘年耕耘，桃李芬芳，培養出一大批太極拳新秀，門下弟子多次參加全國大賽，榮獲金、銀牌，其中佼佼者已名揚海外。

張茂珍師兄大作《陳式太極拳精義》，用平淡質樸之文字，詳釋陳式太極拳之理法。其文簡，其義博，其理奧，其趣深，既可爲方家學者研習太極拳之參考，亦可爲初學者之指南，近可啓迪後學，多培養人才，遠可行之海外，蜚鴻於萬邦。益見民族之志氣，實家國之光，百代之榮也。欣賞之不足，願爲武林同好告焉。

陳氏第十九世
陳式太極拳第十一代傳人
陳瑜　於北京

目　錄

第一章

陳式太極拳源流、發展與演變

第一節　陳式太極拳源流

　　據近代武術史家唐豪先生考證，陳式太極拳發源於河南省溫縣陳家溝。

　　陳家溝位於河南省西北部，距溫縣縣城東北 5 公里的青風嶺上。600 年前叫常楊村。據溫縣縣誌記載，明洪武初年，因元將鐵木耳不甘心滅亡，死守懷慶府（今沁陽市，一府管八縣，溫縣居其一），明軍久攻不下，傷亡嚴重，朱元璋惱羞成怒，派猛將常遇春血洗懷慶府，致使方圓數百里人煙幾絕，良田荒蕪。

　　洪武五年（1372 年），明太祖遷民填補，屯田墾荒，強迫山西省洪桐縣人遷入懷慶府，當地至今還流傳著「問我祖先來何處，山西洪桐大槐樹」的說法。

　　陳氏始祖陳卜，與家人被迫移民至懷慶府，幾經周折，選定溫縣縣城東北常楊村落戶，勤勞耕作，興家立業，為了保家健體，以武傳家。經過幾代傳承。由七世陳思懷傳八世陳撫民，再傳九世陳奏乾與陳奏庭。陳奏庭又

名陳王廷（1600～1680），明末武庠生，清初文庠生。據《溫縣誌》記載，在明思宗崇禎十四年（1641年），任懷慶府溫縣「鄉兵守備」。

陳王廷自幼天資聰慧，勤奮好學，文武雙修，不但深得家傳武功，而且熟讀諸子百家。成年後文武兼備，尤其精通拳術，年輕時曾走鏢河南、山東一帶，使匪徒聞風喪膽。

陳王廷雖滿腹經綸，武藝超群，但卻報國無門（因改朝換代），遂心灰意冷，隱退鄉里。從遺留下的「長短句」中，可以理解他當時的心境和一些情況：

「歎當年，披堅執銳，掃蕩群氛，幾次顛險！蒙恩賜，枉徒然，到而今年老殘喘，只落得《黃庭》一卷隨身伴，閑來時造拳，忙來時耕田，趁餘閒，教下些弟子兒孫，成龍成虎任方便。

「欠官糧早完，要私債即還，驕諂勿用，忍讓為先。人人道我憨，人人道我顛，常洗耳不彈冠。笑殺那萬戶諸侯，兢兢業業，不如俺心中常舒坦，名利總不貪。參透機關，識彼邯鄲，陶情於漁水，盤桓乎山川，興也無干，廢也無干。落得個世境安康、恬淡如常，不悔不求，哪管他世態炎涼，成也無關，敗也無關，不是神仙誰是神仙。」

據說陳王廷能夠創拳，與一位名蔣發的武林高手有聯繫。他早年曾獨身闖入李際遇佔領的玉帶山，結識了李際遇部下一員戰將蔣發，此人武藝精湛，傳說步快如飛，可百步抓兔。李際遇被清兵消滅後，蔣發落難，投奔陳王廷，以陳王廷為師友，關係甚密，使陳王廷創拳有了切磋的好幫手，也使陳式太極拳在實踐中得以認證、修改和提升。

第二節 創立陳式太極拳理論體系

陳王廷歸隱鄉里後，在家傳武術和多年研究民間武術的基礎上，博採眾家之精髓，結合戚繼光《拳經》中的拳式與理論，創立了以內功為主體的太極拳，其中包括太極拳五路、炮捶一路、長拳一路（又名陳式通背拳108式），雙人推手及刀、槍、劍、鐧、沾八杆等，以及創立了太極拳理論，如拳術與《易經》相結合，拳術與中醫經絡相結合，拳術與導引、吐納相結合，太極拳拳式名序，雙人推手較技運動等。

一、拳術與《易經》相結合

陳王廷創立的陳式太極拳具有陰陽相變、虛實兼備、開合相繫、剛柔相濟，男女老幼皆宜的特點。拳術總結了《易經》中「太極中分一氣旋」的陰陽燮變之理，並結合《易經》中「河圖」「洛書」的生成變化之道，寓太極之理於其中，由無極而生太極，由無相而生有相，由靜而生動，聚陰而生陽。拳套中的每一個拳式都需在陰陽轉換、陰陽滲透、虛盈消息中旋轉運動，其中每一個動作都是以弧形、曲線和畫圓為基礎，體內勁路則按奇數和偶數的陰陽之數寓於心腹之內，使身體內部氣息和外形氣勢開之其大無外、合之其小無內，形體則按螺旋纏絲為法則，構成了外練筋骨強身健體、內練氣勁益壽延年的內功拳術。

二、拳術與導引、吐納相結合

「導引」和「吐納」在我國源遠流長，早在西元前幾百年的《老子》《孟子》《莊子》等著作中已有論述。西漢初淮南子劉安創編了一套「六禽戲」，東漢末年由著名醫學家華佗改為「五禽戲」，二者都是後世氣功和內功的先導，也是道家養生學的基礎。

導引，又稱「道引」，它是透過肢體運動達到形神協調的健身方法，屬於古代練氣功夫中動功的範疇。「導氣令和，引體令柔」是導引術的基礎，也是陳式太極拳中「以形導氣」的要義所在。

吐納，吐即出也，納即入也，是指人體之氣的出入而言。見於《莊子刻意篇》「吹呴呼吸，吐故納新，熊經鳥伸，為壽而已。此道引之士，養形之人，彭祖壽考者之所好也。」這是練氣的一種方法，要求以呼吸而練之，促使腹內惡濁之氣隨呼而出，清新的太和元氣由鼻而入，有吐故納新之意。

陳式太極拳融入了「導引術」和「吐納術」，把拳術與氣功有機地結合起來。陳王廷把武術中有形可尋的手、眼、身法、步的協調動作，同無形可見的體內氣機運動糅合在一起，使意功、氣功、勁功三者密切地融為一體，促進拳術運動柔過氣、剛落點，從而達到「以意導形」「以形導氣」「以氣導體」「以意導氣」「氣遍全身」「形神兼備」的練功過程和內外雙修的目的。為此，武術界稱太極拳為內功拳。

三、拳術與經絡學說相結合

　　經絡學說是研究人體生理功能、病理變化及臟腑相互關係的理論，是中醫「臟象學」理論體系的一個重要組成部分。

　　經絡是經脈和絡脈的總稱，在內聯絡臟腑，在外聯絡、溝通上下內外的通路。

　　經脈分正經和奇經。正經有十二條，即手足三陰經和三陽經，合稱「十二經」，是氣血運動的主要通道；奇經有八條，即督脈、任脈、帶脈、沖脈、陰蹺、陽蹺、陰維、陽維，合稱「奇經八脈」，有統領、聯絡和調節的作用。經脈之經有路徑之意，經脈是經絡系統中縱行的主幹，多循行於人體的深部，有一定的循行路徑。

　　絡脈是經脈的分支，有別絡、浮絡和孫絡之分，別絡較大，是主要的絡脈。十二經脈與督脈、任脈各有一支別絡，再加上脾之大絡合為「十五別絡」。絡脈之絡，有網路的意思，它縱橫交錯，網路全身，分佈循行於人體較淺的部位。

　　陳式太極拳術根據「經脈學說」理論，以結合人體經絡為原則，以拳術與導引、吐納兩術為表裏，以肢體纏繞為運動基礎，驅使拳勢中的動作採用走弧畫圈的圓圈運動為綱領，利用「以意導氣，以氣運身，氣遍全身，氣宜鼓盪」等運動程式，使內氣潛轉由丹田而運聚，腎氣滾動由腰隙出入而傳遞。通過以腰勁為主要動力的旋轉纏繞運動分佈於周身，通任督（任脈和督脈），過帶沖（帶脈和沖

脈），內入骨縫循經走脈，外達肌膚纏繞運行，上行為旋腕轉膀，下行為旋踝轉腿，氣機隨旋轉貫穿於梢節，稍加停息，復歸於丹田之中。利用人體有形的運動來導引體內之氣的無形運轉，為「以形導氣」的訓練方法；反之，利用體內無形之氣的潛轉運動來催動肢體有形的纏繞運動，為「以氣導體」的訓練方法。功積日久，氣息充盈，以意為主體，以丹田氣的運聚為基礎，循經絡、充骨節而氣遍周身。這樣能疏經活絡，壯骨洗髓，調整陰陽，養育五臟，濡潤筋骨，靈活關節而強身延壽，從而達到肌肉要鬆、皮毛要攻、節節貫穿、虛靈在中，此即結合經絡學的要義所在。

四、陳式太極拳名稱簡介

陳王廷所創太極拳，又名「十三勢」。所謂十三勢，指的是對掤、捋、擠、按、採、挒、肘、靠、進、退、顧、盼、定的靈活運用。從另一角度講，「十三勢」是從後天八卦圖中的離、坎、震、兌四正位，衍變出掤、捋、擠、按四正勁，繼而，從八卦圖中巽、艮、坤、乾四斜位，衍變出採、挒、肘、靠四隅勁，又按五行中的火、水、木、金、土衍變出進、退、顧、盼、定「五行步」（雖言步法，身法自在其中）。不難看出，太極拳鍛鍊的原理，較集中地表現在手舞八卦圓圈運，身穿九宮內勁足，腳踏五行圓中方，周身無處不象數。雖曰「十三勢」，實為太極圖借於人身。

在陳王廷創編太極拳的拳勢名稱中，很多都保留著中

國象形文化的特點，並結合了儒、道、釋（佛）三家的練功形象和理論，歸納起來有以下四種類型：

（一）以佛教中「金剛」命名的拳勢。「金剛」指的是佛前的侍從力士，守護在寺院門前穿堂的兩邊，一邊兩位，合稱「四大金剛」，其中一位名韋佗的手持金剛杵（古印度時代的一種兵器）做搗碓狀，若要拜真佛，先要見金剛。陳王廷借用「金剛搗碓」隱喻後來之學拳者要先練金剛不壞身，逐漸修煉成真佛。

（二）以內氣和勁別命名的拳勢。是依據動作中內勁的運行路線和定勢時的內勁而得名。如六封四閉拳勢，是指內勁要求以（左）六成封、（右）四成閉分配於雙臂；閃通背拳勢，是指該拳勢在運動中使體內的氣機三次通達其背；尤其是上步七星拳勢（「七星」是道家練氣中丹田所在處，位於人體兩乳正中膻中穴內），要求氣機在「七星」位內潛轉運行。

（三）以禽獸撲嬉、搏鬥的象形姿態而命名的拳勢。如白鵝亮翅、野馬分鬃、金雞獨立、雀地龍、白猿獻果等。

（四）以肢體運動姿勢而命名的拳勢。如懶紮衣、單鞭、摟膝拗步、初收、再收、掩手肱拳、披身捶、背折靠、雙推手、三換掌、肘底捶、倒捲肱、退步壓肘、雲手、左右擦腳、左右蹬一跟、翻身二起腳、擊地捶、護心拳、旋風腳、小擒打、抱頭推山、前招、後招、雙震腳、擺蓮跌岔、十字擺蓮、指襠捶、退步跨虎、當頭炮等。

除此之外，還有以各勢動作或定勢形狀而命名的，這裏不再一一列舉。

五、雙人推手的較技運動

陳王廷經多年實踐，精心創立了迎接勁中須纏繞、接住敵勁能沾黏的推手較技（原名為「擖手」或「靠手」）運動方法。它以纏繞黏隨、勁由內換為中心內容，鍛鍊皮膚觸覺的靈敏和肢體的反應能力，以及關節、韌帶在對拉拔長中的旋轉能動性；它還綜合了擒拿、跌、打、擲、放等技法，並在此基礎上有所發展。尤其是推手較技中的拿法，不限於專拿對方的關節，還側重於拿住對方的勁路，這要比一般拿法巧妙，難度也大，只有功力高深的人才能做到。

陳式太極拳的這種推手較技方法，和長拳中的「挨膀擠靠」「摔跌法」一樣，技擊性強，對抗頗為強烈，對提高內勁、耐力、速度、靈敏和技巧都具有相當大的幫助。由於踢法的傷害性較大，一般只採用跌法中的「管腳法」「繃腿法」「掃腿法」和「上下合勁」等方法。

陳王廷推手較技方法，也是太極拳架中擊、拿、化、發、跌諸法的綜合運用。多以掤、捋、擠、按四正勁為主攻方法，以採、挒、肘、靠為輔助方法，結合前進、後退、左顧、右盼、中定等動步換位方法，應用沾（黏）、遊（鬥）、連（續）、隨（不丟）、騰（挪）、閃（戰）、折（疊）、空（虛）、活（順），促使引進落空合即出，無不出於自然。其中講究以靜制動、以逸待勞、逆來順受、以柔克剛、逢頂抖引、逢懈即發、捨己從人、隨機應變、力點變換、觸處成圓、我守我疆、不貪不欠，

以及要求意自心發、招隨意換、隨曲就伸、剛柔適中、靜心待動、動以處靜、以不變應萬變等。

推手較技的問世，解決了實習技擊的場地和護具問題，隨時隨地均可兩人搭手練習，為我國武術技擊運動注入了新鮮的血液。如今，社會上保留的推手方法有單推手、雙手立圓推手、挽花、合步四正手、進一退一（順步四正手）、大捋大靠、雙進鴛鴦步、進三退三、進五退五、亂採花、花腳步等。

第三節　太極拳的發展與演變

陳式太極拳廣納諸家傳統拳法之精華，形成了自身技巧神奇的獨特風格，理法精密而又包羅萬象，經幾百年的不斷演變和發展而不衰。自陳王廷後，陳家溝世代沿襲，名手輩出，傳至十四世時，出現了兩位傑出的代表人物——陳長興和陳有本。

陳氏十四世陳長興（1771～1853），字雲亭。秉承家學，功夫深厚，練拳行走身正合一，當時人稱「牌位先生」。著有《陳式太極拳十大要論》《陳式太極拳戰鬥篇》《太極拳用武要言》等。他還在祖傳套路的基礎上，精煉歸納，創造性地衍變出今日流傳的陳式太極拳一路和二路（又名炮捶）。他所創編的太極拳在畫圓走圈的基礎上，由鬆入柔，由簡到繁，按照「大圈、中圈、小圈」和「有圈意無圈形」的不同功夫層次，採取「以形導氣」（練精化氣的基礎架），「以氣導體」（練氣化勁的提高

架），「以意導氣」（練勁還神的功夫架）。利用三種架子的不同訓練步驟，驅使體內勁路傳遞越來越細膩的運動方法，以求達到先開展後緊湊的效果。

他的特點表現在手臂較為開展，步法大而輕靈，架子舒展大方，手法靈活多變，陰陽轉換虛實分明，胸腰運化、折疊蛹動自然，鬆柔圓活，外柔內剛，氣勢磅礡，爆發力強，秉承傳統而又見特色。世人稱之為「陳式太極拳大架」。現在河南與陳家溝稱為「老架」和「新架」。他傳授的著名弟子有陳耕耘和楊露禪等。

陳氏十四世陳有本，秉承家學，拳藝精湛，造詣極深。他在原有家傳套路的基礎上，精益求精，創編了一套以身圈勁路變化為主體、手法從略的太極拳。演練時要求以身圈為主，其五層功夫的昇華程度是先把圈走圓，而後走大圈，再由大圈變中圈，中圈變小圈，最後達到有圈意無圈形的功夫。他的特點較陳長興所傳的太極拳套路動作簡練緊湊，步小靈活，古樸典雅，勁順氣厚，並以鬆柔入手，積柔成剛，剛柔相濟，秉承傳統而又獨具風格。世人稱之為「陳式太極拳小架」或「略架」（省略之意）。時至今日，陳家溝還流傳著「小架不小，大架不大」的拳諺，這主要是指兩種拳架的身法而言。他傳授的著名弟子有陳仲甡、陳季甡、陳清萍和陳耕耘等。

陳氏十五世陳清萍（1795～1868），師承陳有本，後遷居趙堡鎮（距陳家溝東北 2.5 公里），傳拳授徒，同時創編了一套以小架為主的加圈套路，世人稱之為「趙堡架」。他傳授的著名弟子有和兆元、張開、張罩山、武禹襄等。到了晚年，他又收了一個弟子李屯（李景延），李

屯創編了一套「圪顫架」，又名「忽雷架」。該拳架以內功為主，其外形動作猶如人在打顫，「圪顫架」由此而得名。後來，李屯弟子陳名標傳該拳於杜毓澤，再由杜帶到臺灣傳授。現在溫縣張圪達村一帶還有人演習此拳。

陳氏十六世陳鑫（1849～1929），字品三。自幼隨父陳仲甡秉承家學，精武通文。他費時 12 年，完成了《陳氏太極拳圖說》四卷，還著有《陳式太極拳易象數》六卷、《三三六拳譜》和《陳氏家乘》等，全面整理了以陳式太極拳小架為主體的練拳經驗與心得體會，著述了以易理講氣機與勁運行的拳術；並以《易經》中「太極中分一氣旋」的哲理為依據，引用經絡學說，將歷代拳家未曾闡明的「中氣」和形體螺旋纏繞有機地結合起來，創立了陳式太極拳以中氣潛轉為軸線，形體纏繞運螺旋的「纏絲功」學說，為陳式太極拳理論寶庫立下了一座世人矚目的豐碑，為後來者提供了詳盡的太極拳理論依據。其傳授的著名弟子很多，族姪中有陳子明、陳春元等，族孫中有陳克忠、陳鴻烈、陳金鰲、陳克弟等。

陳氏十七世陳子明，文武兼備，著有《陳氏世傳太極拳術》，他自幼隨父復元（小架學於陳仲甡，大架學於陳耕耘）習練大、小兩種架子，後又跟隨陳鑫改學小架和拳理拳法。20 世紀 20 年代初曾到懷慶府（現河南省沁陽市）、上海、南京一帶授拳；1928 年，南京中央國術館成立，被館長張之江聘為國術館教練，是陳式太極拳惟一在中央國術館任教之人。

為考察太極拳起源問題，他帶領武術史家唐豪三下陳家溝，取得了大量的有價值的材料，為考證太極拳史作出

了巨大的貢獻。他傳授的著名弟子有張來運等。

陳氏十七世陳發科（1887～1957），字福生。幼承家學大架，功夫深厚精湛，是近代最傑出的陳式太極拳代表人物。1928～1957年在北京教拳授徒，把陳氏世代而秘不外傳的提高架和功夫架公佈於世。這兩路拳架起點高、難度大，氣勢磅礡，威武俊秀，架子較低，身法較大，動作舒展大方，見功夫快。此種拳架以鬆柔和筋骨對拉拔長為前提，以胸腰運化和折疊蛹動的加圈運動為基礎，驅使拳勢動作轉關過節（氣）規範而準確，以「鬆活彈抖」「快慢相間」為功夫昇華手段。拳套中手法靈活多變，技擊性明確，動作嚴謹規整，勁路清晰細膩，在快慢相間的功夫中發勁完整而頻繁，以求儘快達於身，挨何處何處有反擊的反應。世人稱之為「新架」。其傳授的弟子很多，其中有陳照奎、陳照旭、陳豫霞、陳寶渠、陳照丕、陳茂森、王彥、巢振民、馮志強、顧留馨、洪均生、田秀臣、雷慕尼、蕭慶林、李經梧等。

陳氏十八世陳照丕（1893～1972），字績甫。曾隨叔祖父陳延熙習練大架，隨陳鑫學小架，後又隨叔父陳發科攻學大架。20世紀30年代曾到南京教拳授藝，著有《陳氏太極拳匯宗》《陳氏太極拳理論十三篇》等書，晚年一直在陳家溝教拳授徒，由他傳授的陳式太極拳一、二路（炮捶）簡易樸實，易學易練，大開大合，鬆柔圓活，老少皆宜，陳家溝稱之為「老架」。其傳授的著名弟子有陳小旺、陳正雷、王西安、朱天才、陳夢松等。除陳夢松外，其餘四人在1974年從學於陳照奎，受益匪淺，功夫突飛猛進。

陳氏十八世陳照奎（1928～1981），自幼秉承家學，功夫巧道深厚而又獨特。他演練的拳架鬆緊得體，行雲流水，無人似有人，體用結合，架子較低，瀟灑大方，開合有序，氣勢磅礴；在實戰方面，精於擒拿、跌打、驚閃、靠擊、彈抖諸法，尤其善於抓筋、拿脈、反骨等技擊技術；在家傳五種推手法的基礎上，又精心創編了進三退四、單人活步、雙進鴛鴦步和進五退五的推手訓練方法，以加強手、眼、身法、步的協調配合以及提高沾黏連隨的應用能力。此外，還創編了纏絲勁單勢和一套由三十個發勁所組成的「彈抖功夫」。自1962年起，先後在上海、南京、北京、鄭州、陳家溝、開封、焦作等地傳授陳式太極拳（提高架和功夫架）一、二路及推手較技和擒拿反骨等技術，二十年如一日，培養出一大批具有高水準的學生，使陳式太極拳承前啟後，後繼有人，為陳式太極拳的發展與傳播作出了巨大的貢獻。1963年，他與師兄巢振民合編出版了《簡談陳式太極拳拳式和推手》一書，20世紀70年代末期他撰寫了「陳式太極拳」，因多種原因，尚未出版（由其子陳瑜保存），實為憾事。

　　他傳授的弟子很多，較出色的有張茂珍、陳瑜、馬虹、楊文笏、萬文德、張才根、張春棟、劉鵬、妥木斯、林致安、張長海、王長海、李得平、張麒麟、吳高奇等。

　　陳氏十八世陳克忠（1908～1960），自幼隨叔祖陳鑫攻學陳式太極拳小架，理法精湛，拳架規範而細膩，鬆活又柔順，精通陳式太極拳器械和小架五種層次昇華的訓練。他一直在陳家溝教授小架一、二路和陳式太極拳器械，是近代陳式太極拳小架的代表人物之一，傳授的弟子

有陳伯先、陳伯祥等。

陳式太極拳經過一百多年的發展與演變，逐步成熟完善，且又派生出楊、武、吳、孫為主體的多種太極拳流派，其中以楊式太極拳流傳最廣。

楊式太極拳

楊福魁（1799～1872），字露禪，河北省永年縣人。10歲到河南溫縣陳家溝，跟隨陳氏十四世陳長興學習陳式太極拳大架二十餘年，功力深厚。後到北京瑞王府授拳，獨步京師未逢敵手，世人譽為「楊無敵」。他教拳時，為了適應學者（大部分是八旗子弟）體力嬌弱的特點，捨棄了套路中的難度和發勁動作，使其姿勢較為簡化，其特點是動作簡練易學，緩慢柔和，拳架舒展大方，外柔內剛，綿裏藏針，姿勢順達，氣勢連貫。其傳授的弟子有楊班侯、楊健侯、王蘭亭等。

楊澄甫（1883～1936），係楊露禪之嫡孫。盡得家學，功夫精湛，多在北京、上海、廣州授拳。1928年南京中央國術館成立後，被館長張之江聘往國術館教授楊式太極拳。今人所習練的楊式太極拳是他晚年所創，著有《太極拳體用全書》等。其傳授的弟子有崔毅士、陳微明、傅鍾文、楊振基、田兆麟、褚桂亭、李雅軒等。

武式太極拳

武禹襄（1812～1880），河北省永年縣人，清舉人。初學陳式太極拳大架於楊露禪，後到溫縣趙堡鎮跟陳氏十五世陳清萍學習陳式太極拳小架。他在陳式太極拳小架與

大架的基礎上，衍變成現在流傳的武式太極拳。他著有《太極拳行功心解》，並創立了「一身備五弓」的學說，為後來練習太極拳者提供了寶貴的理論依據。由武傳其甥李亦畬（1832～1892），李著有《太極拳五字訣》，並再傳郝為真（1849～1920）。其特點是動作輕靈、步法敏捷、緊湊纏綿，特別注重胸中腰間運化。

吳式太極拳

旗人全佑學楊式太極拳於楊班侯，其子鑑泉（1870～1942）從漢姓吳。鑑泉在楊式太極拳套路的基礎上，修編改進，形成現代流傳的吳式太極拳。他以柔化著稱，動作輕靈自然，拳式小巧緊湊，守靜而不妄動。他多在上海、長沙一帶教拳，傳授的弟子有吳公儀、吳公藻、吳英華、馬岳良等。

孫式太極拳

孫祿堂（1860～1933），河北省完縣人。精練形意拳、八卦掌，著有《拳意述真》《形意拳學》《太極拳學》等書，在北京有「活猴」等美稱。他師從郝為真學習武式太極拳，後將形意拳、八卦掌、太極拳融為一體，創編出開合有序、架高步活、獨具特點的孫式太極拳。其弟子有孫劍雲等。

趙堡太極拳

和兆元，河南省溫縣趙堡鎮人，學陳式太極拳於陳清萍，武藝較精，始終在趙堡鎮教拳授藝，有「和家拳」之

稱，至今多流傳於本鎮和西安等地。

簡化太極拳與競賽太極拳

國家為了普及和開展太極拳的群眾性運動，20 世紀 50年代，由國家體委組織有關專家學者，在楊式太極拳套路的基礎上，重新創編了二十四式簡化太極拳。

為了使陳、楊、吳、孫、武各式太極拳在參加全國比賽時動作規範、標準統一，從 20 世紀 80 年代開始，由中國武術院相繼組織專家、教授，在陳、楊、吳、孫、武各家太極拳原來套路的基礎上，以求得外形姿勢飄柔和動作美觀大方為前提，編排了五式太極拳的競賽套路與四十二式綜合套路，便於太極拳的普及和推廣。

太極拳推手對練套路

為了普及推廣群眾性的太極拳推手運動，1992 年 2月，由中國武術院組織專家、教授創編了一套以陳、楊、吳、孫四家推手內容為主體的太極拳推手對練套路，並經中國武術協會和亞洲武術聯合會審訂（本書作者參與了此項工作）。

第二章

陳式太極拳對身體各位的要求

第一節　頭　部

　　頭為六陽之首，一身之主，周身六條陽經會聚於此，又是人體神經中樞之所在，四肢百骸皆受其支配和影響。可以說，頭部在太極拳運動過程中居於主導地位，頭部姿勢正確與否，直接影響到人體周身整體動作的品質。

　　太極拳的放鬆，首先講究思想鬆靜無為，也就是平常要求的無心無慮靜下來。道家認為「人首有一虛空，與耳、目、口、鼻、咽喉各竅相連通」。此處即是「泥丸宮」，是周身六陽聚集之地，又稱「太陽」。《易經》八卦稱之「乾卦」，聚陽而光現，由印堂出現一個光亮點，謂之「月亮」，此即是一陰出動，在八卦中稱之為「巽卦」。宋時邵子（雍）詩云「乾遇巽時觀月窟」，即此時也。陳式太極拳稱之為「上丹田」。

　　宋人邵子（雍）曰：「耳司聰明男子身，洪鈞賦於不為貧，因探月窟方知物，未攝天根豈識人，乾遇巽時觀月窟，地逢雷復見天根，天根月窟常往來，三十六宮都是

春。」邵子此詩講的是丹田的形成。他按《易經》先天八卦圖中的始復之機借於人身，利用「陰極陽生」和「陽極陰生」的物極必反現象，促使人體內部以八卦爻相變之理，引導氣息起到相對應的變化，求得丹田的形成，成為宋代以後儒道兩家練內功和煉丹的法則。詩中的「乾遇巽時觀月窟」即為陳式太極拳「上丹田」形成的情景。

陳鑫云：「拳自始至終，頂勁決不可失，一失頂勁，四肢若無所附麗，且無精神，故必領起，以為周身綱領。」為此，在練拳過程中必須頂勁領好，全身上下協調一致，輕輕運行，動作就會輕捷柔順，而毫無滯呆之象。

對頭部的要求是虛領頂勁，頭頂百會穴要有領意，上領之意應在似有似無之間（要求前頂與後頂在百會穴上方微微碰起即可），不可太過，也不可不及，若有若無，不可硬往上頂，百會穴與會陰穴要上下呼應，一線貫穿，頭顱自始至終正直平整。

練習拳時要求做到頂勁虛領起，下頜微內收，喉頭內含裏藏，輕輕納氣，頭顱自然端正無偏，切忌俯、仰、搖、扭、晃等。俯則失前頂，會導致精神不振，暈頭轉向；仰則失後頂，會發生呼吸緊張，橫氣填胸；搖則氣散，不易運聚；扭則氣偏，易失中正；晃則氣機上浮，樁根不穩。

一、面　部

面部肌肉自然放鬆，表情坦然，端莊大方，顯露儒雅風度。切忌故意做作或愁眉不展，更忌張牙舞爪，風度盡

失。

二、眼　睛

眼為傳心之官，須注意收斂，含光脈脈，收視返聽。練拳時，要求合目息氣，兩眼平視，兼顧上下左右，目光延展極遠，做到威而不猛，眼肌放鬆，餘光注視主手，眼隨主手的運動而旋轉；定勢時，眼神要注視前方或下勢欲動的方向。眼的黑白消漲，迎來送往，陰陽轉換均在其中，引動印堂穴內氣機潛轉，功久天目自然有靈感。

一身之精神，俱在雙眼，切忌故做精神，怒目而視，也不可目光呆滯，毫無生氣。眼神隨身而旋，光兼四射。眼光應有定向而又不可亂轉亂看和呆視。正確的眼法，也是推手和散手的關鍵。眼法的訓練，能使動眼神經和視眼神經得到調節，有利於增強視力，眼光自然會奕奕有神，敏銳而靈活。練拳時不要把眼隨手轉誤解為頭隨手轉，練拳時搖頭晃腦以為靈活，其實差矣。

三、鼻

鼻孔放鬆，準頭納氣，喉頭隨著頂勁微有內收之意並含有吸氣之感。一般學者，要求先用鼻孔呼氣，做到細、緩、深、勻、長，所以拳論中有納氣如吞川、出氣如吐絲之說。

遇到運動激烈、呼吸不暢時，口與鼻可一起呼氣，尤其是初學者，應以自然呼吸為宜。隨著功力的增進和動作

熟練程度的提高，還要注意呼吸與動作相配合，逐漸達到心息相依，使周身毛孔隨著呼吸而張弛有序，以至綿綿不斷，內氣緩緩流長。有些動作，還須借助鼻腔和喉部發聲助力，如快慢相間和彈抖勁時的動作所採用的「哼、哈、唉」等。總之，要以自然和順為宜。

另外，練拳還要求兩手以鼻為界，隨著兩腰隙的旋轉與傳遞，各領半身運動。

四、嘴

嘴唇輕閉，牙齒自然吻合，舌尖輕抵上腭齦齒間。首先要求嘴角微上翹，與耳根有上合之意，這樣舌下易生津液，隨吸氣將其嚥下，既可澆灌心火，資助元氣增長，又可避免練拳時喉頭乾燥影響呼吸。

其次要求下頦配合頂勁微向內收，這樣既能保護咽喉不受攻擊，又有利於頭顱正直。下頦不內收，喉頭藏不住，則會影響虛領頂勁和含胸拔背；內收過度，則壓迫上呼吸道，引起呼吸不暢，影響姿勢的準確與美觀。

五、耳

耳聽身後，兼顧左右，平心靜氣，心意貼背。一能知自身的氣息所動，二能防範身後半部的空虛，敵自後來，先有動靜，故以聽防之。耳後完骨以意微上領，以助於虛領頂勁和聽覺靈敏。

另外，兩耳後貼直豎可起到維持身體平衡的作用。

六、頸

上負頭顱、下連軀幹，是極其重要的聯繫環節。在太極拳的習練過程中，頸部應做到自然鬆豎，不可強硬，亦不可軟塌。因二者都會直接影響頸部轉動的靈活性、協調性和全身動作姿勢的靈活完整及身體的自然平衡，導致頂勁全失。頸部自然豎直，便於腦後二股大筋鬆緊旋轉，從而協助中氣上下暢通。

訓練中要求頂勁領好，喉頭內藏，頸椎自然鬆緊構成縱軸，隨勢徐徐轉動，使二十四節椎骨虛虛攏直，軀幹的上下旋轉連成一體。

陳鑫云：「項要端正豎起，如中流砥柱，不前不後，不左不右，不至倒塌方得。」「項要靈活，靈活則在左右轉動自易。」

第二節　軀幹部

一、胸背部

胸廓介於頸與腹之間，其中有心、肺等器官。前面稱之為胸，是人體任脈的主要通道，屬陰性；後面稱之為背，是人體督脈的主要通道，屬陽性；兩側稱之為肋。太極拳對於這部分的要求是含胸、拔背、束肋。

含胸：

是指在沉肩垂肘的協助下，使胸鎖關節放鬆，鎖骨相合，胸骨、胸肌同時向下鬆沉，有向膻中穴（中丹田）合聚之意，這樣既能使整個胸部在重力作用下處於自然鬆沉狀態，又有利於心氣下降、氣機暢順、氣沉丹田和胸腰運化，以及降低人體重心。

拔背：

含胸拔背是緊密相連的，含胸自然拔背，二者的關係體現了人體陰陽升降、相輔相成的作用。拔背就是在虛領頂勁和骶骨尖上泛下沉的合作下，使背部骨節間虛虛拉開攏直。同時要求在兩肩前捲中，使兩肩連線背部的中點處橫向拉開，引導背肋部肌肉向前抱合而含鬆沉之感，使膻中穴與夾脊穴（中間即中丹田）相吸相繫，利於心氣貼背，這就是橫中寓下的開，背部具有一張弓和彈性，從而使縱橫都備有弓的彈性和蓄勢。陳氏歷代拳家雖不提拔背二字，但其內在運動規律皆異曲同工。初學者只需脊椎虛虛攏直，不可著意上拔，以免弊病發生。到了內氣扶搖直上（中氣由長強穴螺旋上升）之日，自然有胸背部的陰陽升降開合，即「拔」自在其中。

束肋：

在含胸的前提下，肋骨節節放鬆，肋骨和肌肉同時由後向前下中線捲合之意，形成自然的鬆沉抱合之狀，謂之束肋。也可助心氣下行或氣沉丹田，兩肋隨呼吸如同魚鰓，開合有序又能幫助體內之氣升降。

束肋必須合腹。合腹指的是腹的側部肌肉，尤其是兩軟肋處自然鬆沉，向身體中線聚合，隨著心氣下降，引導

氣機向中極穴與關元穴處合聚。合腹的動作有利於「氣沉丹田」「氣沖命門」「氣聚結中宮」。

含胸、拔背、束肋無論從醫學和健身的角度，還是從技擊攻防角度來看，都有其完備的必要性和科學性。

運動是絕對的，靜止是相對的。含胸拔背這一靜態姿勢，是太極拳大部分動作和定勢的要求（除開胸動作外）。拳論曰：「一開一合為之拳。」有相對靜態的「含」，必有絕對動態的「開」，才能構成矛盾的開合運動。

推手技擊中含胸的目的是為了運化，含得越適當，運化就越靈便。但是，我們要看到這靜態的「含」，只是運化與引空的前提，真正的「運」和「化」是靠胸部的旋轉、折疊等具體動態手段來實現的。

為了動作需要，時常要有兩肩爭衡、傳遞和開胸合背的過程，在必要時，開胸不但可以化解對手的來勁，還可以在含胸變開胸的一瞬間，以胸擊敵，稱為胸靠，運用此法往往可以出奇制勝。

應該注意含胸決不是凹胸（胸部內含過度即為凹），開胸也決不是挺胸，即使使用胸靠也應該不失身法中正、不挺胸凹腰，而應脊椎下降、腰部塌平、胸骨上泛前擊。有些動作，初學者會感到不可思議，但功積日深，自見真諦。

拳論上講：「緊要全在胸中腰間運化。」胸部的運化主要指胸大肌的旋轉，「七星位」的氣機打旋催動兩肩窩氣機旋轉，兩肩窩又以「七星位」為中軸，反過來又帶動七星位旋轉。這樣，胸部的運動便可以做到上與兩臂相繫，下與腰隙傳遞。

胸的吞吐、開合、運化等能助胸部的散亂之氣收斂於

膻中穴內，意加旋轉使之沿任脈下行，氣歸丹田，以達胸部空闊虛靈，避免橫氣填胸，即所謂「氣以直養而無害」。拳套中的「上步七星」即典型的「七星位」（膻中穴）內氣機打旋的拳式。

拔背的作用在於使身弓蓄勢，具有張力，便於內勁貫串，力由脊發。含胸多為使勁力更好地運聚，拔背是將勁力更充分地發放，二者既是蓄發相變的根本，又是太極拳中柔化剛發的關鍵所在。拔背時脊背攏直，由後弓前拔成近似直線狀（脊背曲中求直），不僅使脊椎得到鍛鍊、脊神經受到良好刺激，而且直狀脊柱較彎曲脊柱有更強的傳遞能力，利於氣直通暢，中氣貫串，更便利牽動往來氣貼背。

脊是左右身之關鍵，脊骨虛虛攏直，上下相照，內氣節節貫串，中氣扶搖直上，這樣才能做到氣達脊背，力由脊發。人體督脈下起於會陰，經長強（尾閭穴）順脊上行，過百會，止於人中。督脈兩側的腧穴是人體氣穴總匯，臟腑諸氣都由腧穴相貫通。脊部肌肉向前抱合，利於腧口納氣，血脈暢通，增強身體的代謝機能。

胸膛內有心、肺、胸腺及重要的血管和神經，中醫理論認為心藏神，心主神明、司呼吸、主一身之氣。拳論有「心為令，氣為旗，心氣一發，五官百骸無不聽命……以心行氣，務令沉著，乃能收斂入骨」之語。為此，太極拳要以「心」作為人體的主宰。

太極拳術中，以心腎作為人體中陰陽的代表。心居膈上，為陽性，在八卦中稱之為離宮，方向為南；在五行中屬火，火者，陽明在離之外、陽濁在內，故火能照外物，

不能入影於內。腎居膈下，為陰性，在八卦中稱之為坎宮，方向為北；在五行中屬水，水者，陽明居坎之中，陰濁在外，故水可入影以內，不能照物於外。心腎之間的聯繫，反映為人體上下、陰陽、水火平衡協調和互相制約的關係。

陳式太極拳所鍛鍊的內養功就是使心火下降於腎，與腎陽共同溫熙腎陰，使腎水不寒，久之，則水中火發，腎水必然上濟於心，與心陰滋養心陽，則心火不亢。年久功深，既可入影以內，又可照物於外，這即是「心腎相交」「水火即濟」「取坎填離」「坎離對位」也。如此，則生機旺盛，生生不已。

肺為嬌臟，居高位，為臟腑之華蓋。肺主氣，其中包括主呼吸之氣和一身之氣兩個方面。肺的呼吸就是靠胸腔的擴大和縮小造成內外氣體的壓力差及肺泡本身的彈性，來吸進外界清氣，排出體內濁氣。含胸時，胸廓在重力的作用下自然鬆沉，加大了胸腔上下徑，呼吸運動時，膈肌會下降得更充分，胸腔的容積增大，肺活量也相應增大，使肺部處於輕鬆自然的最佳工作狀態，從而做到在不增加呼吸頻率的前提下，加強了呼吸深度，並做到自然流暢，細、勻、深、長。功夫深厚者，甚至可以減少呼吸頻率，清氣吸的量足，濁氣排得充分。

拳式中採用逆腹式呼吸法，吸氣時小腹收斂，呼氣時小腹展中有沉，訓練中始終保持空胸實腹，這樣才能有利於氣沉丹田和氣沖命門。

太極拳的這種呼吸方法是科學的，尤其在天氣寒冷或空氣不太好的環境中練功，呼吸的細、勻、深、長，使氣

體受到鼻腔、呼吸道黏膜的過濾、清潔和溫暖作用，減輕了空氣對肺的刺激和損害。當然，練拳時到空氣清新和環境好的地方為佳。

從醫學的角度來看，胸腺實質上是淋巴器官，與人體的免疫功能有密切的聯繫。胸腔上縱膈的前部大部分被肺和胸膜所掩蓋，後面附於心包及大血管前面。

只有太極拳這類要求嚴謹、理法細膩的內功拳運動，才能很好地鍛鍊它。所以，太極拳強調胸部開合有序，胸肌旋轉、胸腰折疊，胸中吞吐、運化等，不僅是技擊的需要，而且可以達到對胸腺的按摩，增強機能，從而增強人體的免疫功能。

二、腹　部

腹部位於人體胸廓下緣和盆骨之間，陳式太極拳對腹部的要求是「合」。腹部是下丹田所在的地方，丹田是中氣歸宿的場所。

陳式太極拳練習是根據腹肌鬆緊運動產生腹壓這一規律，採用腹式深呼吸進行練精化氣、聚陰生陽。腹式深呼吸有兩種表現方式，一為「順呼吸」，又稱自然呼吸，是利用小腹微微鼓張而吸氣，小腹內斂而呼氣；二為「逆呼吸」，又稱先天性呼吸，是利用小腹內斂引導中極穴和關元穴有納氣之意而吸氣，小腹鬆沉聚合而呼氣。

二者在拳術中是根據功夫層次而採用的。一般初學者應以自然呼吸為宜，隨著套路熟練、功夫精進，才可以按照拳式的動作，手足抬時吸落時呼，動作開時呼合時吸，

動作捲時吸放時呼的逆呼吸方式。這樣有利於氣機下沉、氣沉丹田和腰勁下串，對勁力貫串注入腳底生根有很大的幫助。但是，無論是順呼吸還是逆呼吸，都以自然為本，呼吸時要求慢、細、勻、深、長。

腹部在人體上稱之為太陰，在先天八卦中居坤位元，陰極生變，聚陰而生陽，隨著雷復之機，由坤宮生成為震宮，天根出現，即一粒粟米落於黃庭之中。宋時邵子（雍）詩中所指「地逢雷復見天根」，即陳式太極拳稱為「下丹田」形成的情景（參照頭部解釋）。

拳論中講：「五臟藏於胸腹，經絡源於五臟，心為一身之主，腹為內氣之源，心息相依，息息歸根，根在丹田。」腹部是任脈運行的主要通道，尤其是下丹田（沖脈與帶脈的交織點）部位，是體內中氣歸宿的場所。人體力學認為，此部位是人體的總重心所在，道家稱為「黃庭」「黃極」「丹田」等，易經稱為「中宮」，五行中稱為「中央戊己土」，這些指的都是丹田部位。由此可見，丹田在練習內功拳上佔有非常重要的地位。

太極拳要求的氣沉丹田、腹內鬆靜氣騰然等，都是由腹式深呼吸來實現的。腹部鬆靜，騰然有序，是陳式太極拳訓練的原則；氣沉丹田則是太極拳訓練過程中的規律，二者是辯證統一的，是一個問題的兩個方面。開寓合之中，合寓開之內，陳式太極拳要求在聚合之中（合中寓開）必須做好氣沉丹田，尤其是拳勢在動中求靜的一瞬間，隨著呼氣將體內之氣沉於丹田之中，小腹內部由鬆變實，猶如不倒翁一樣，上輕下重。

而胸寬腹實，一般使用於靜勢之中，既能利於身體重

心螺旋下降，腰勁下串，注入腳底，植地生根，又能提高丹田中氣機騰然時腳底之勁上翻傳導的能力。隨著欲動之勢，小腹內由呼變吸、由實換鬆，腹內即刻呈現一片鬆靜景象，忽然一抖，丹田勃發，內氣隨動騰然有序，引導腎氣滾動旋轉（有人稱此為丹田內轉），以腰為主宰，催動四肢百骸活潑的天機動盪，周身絲毫不顯露呆滯之意，一般使用於動勢之中。

由此可見，實腹和鬆腹兩者是相輔相成的，都是腹部肌肉在放鬆狀態下隨中氣出入丹田而有張有弛，這就是「中氣行於中，虛靈存其內」。

三、腰　部

腰部位於人體兩側軟肋以下髖骨以上，是人體運動的關鍵所在，對全身的動作變化、重心調整與穩定和諧起著極其重要的作用。

從脊柱的正常彎曲度觀之，它是一拱形結構，有良好的彈性，起著傳遞壓力、緩衝震動和護腦的作用，又能擴大胸腔與盆腔的容積，以容納內臟器官。另外，胸腹的內臟器官皆位於脊柱前方，腰脊彎曲而前凸，有利於維持身體平衡和人體直立。

陳式太極拳訓練過程中，要求束肋、塌腰，就是在正常彎曲度前凸的腰脊向後撐起，二十四節脊骨虛虛攏直，腰部形成後圓前抱之姿勢，腰部肌肉、骨節一起鬆開下沉合住勁，這樣旋轉力度大，靈敏度高，鬆活度強。

太極拳講究以腰為主宰、以腰為綱、以腰為動力、以

腰為軸心，腰的軸心是腰脊，腰的命門穴（前對肚臍眼）是人體的總重心所在，猶如天平上的中軸，起著調節人體平衡的作用。

由於兩腰隙（左邊為腎，右邊為命門）是內氣的主要出入門戶，也是動力運聚和人體爆發力的根源所在，所以太極拳多有以腰催動出勁和以腰主宰入勁之論。腰脊和腰隙控制著腰部的左右旋轉，並使腰的旋轉幅度適合生理、盤架子及其較技中的需要。

為此，要求學練者腰的旋轉不但要鬆活柔順，而且還要與肩、胯的旋轉配套，在腰勁出入的主宰下，腰、肩、胯的旋轉須協調一致。

太極拳要求腰部鬆、沉、直、豎，以利於氣沉丹田和氣機騰然。拳論中講「腰為軸，氣為輪」。可見腰的旋轉纏繞是一種螺旋式的運動方式，決不是左右擺動磨來磨去，不要誤以為腹部亂轉便是腰的旋轉，更不允許以臀部和胯部旋轉取而代之，這樣就不會導致身樁不端、尾閭偏倚和樁根不穩，在較技中不為人所制。

太極拳的虛實轉換全在腰間，也就是一身總虛實在腰，此處虛實分清，則全身的虛實得以分清；此處虛實不清，則全身虛實皆不清。活不活在腰，腰是人體運動的樞紐所在，人的行、走、坐、臥、跑、跳、翻騰全由此處調節。太極拳的虛實轉換也是如此，所以陳式太極拳有「練拳不練腰，終身藝不高」和「活潑於腰」的說法。

腰部的虛實轉換，全憑兩腰隙（眼）上下左右旋轉和傳遞，兩腰隙的旋轉幅度決定腎氣滾動的大小。可見腎氣的氣息旋轉則是腰部虛實變化的主要動力，腰勁的出入轉

換則表現於腰隙氣息滾動和互相傳遞的能力。命意源頭在腰隙，聚腎氣而化勁，形成了陳式太極拳「腰勁」變化的規律。

腰部的靈活在於旋轉，腰勁的運行主宰著身體重心的調整。拳論云「左重則左虛，右重則由右杳」即此意也。腰勁的轉動有三種表現形式，即「套腰勁」「花腰勁」和「螺旋腰勁」。

僅以「套腰勁」為例，在運動中利用左腰隙下沉擎起右腰隙時，以左腰隙入勁為實、為催，催動右腰隙出勁為虛、為領。在一催一領的前提下，驅使右半身用出勁的方式以腰催肩，以肩催肘，以肘催手，以手領勁，以腰催胯，以胯催膝，以膝催足，以足領勁，節節貫穿，使勁運至中指（趾），意加停息，一旋經勞宮穴或湧泉穴歸入丹田。隨著轉關換勢，使右腰隙由起變沉，由虛換實，由出勁改為入勁，左腰隙則由入勁變為出勁，反之亦然，循環無端。

關於太極拳中旋轉問題的認識，學練者必須在明師的指導下分清楚。陳式太極拳認為「旋是旋」「轉歸轉」。

所謂的「旋」是指腎氣打旋而帶動外形在原位忽然加速或逐漸加速而有升降的螺旋勁。它表現為幅度小、轉速高、勁力強、彈性足，多用於內勁的潛轉，體現於驚、顫、彈、抖之中。

所謂「轉」是指以一個中心點為軸心，形體和勁力圍繞著這個軸心進行纏繞運動，表現為纏繞幅度較大、速度相應緩慢、柔勁足、韌性強，多運用於外形的纏繞，體現於運動與柔化之中。

太極拳的腰勁要求旋中有轉，轉中有旋，旋於轉之中，轉於旋之內，二者相輔相成，蘊藏於拳術和推手較技中則要表現出外柔內剛的現象。

腰勁螺旋纏繞的轉動既有助於腎氣的滾動傳遞和腰脊的對拉拔長，又有利於腰部做功距離加大和肌肉健壯、富有彈性。可見，只有腰勁正確的旋轉帶動四肢纏繞運動，才能更好地達到周身相隨和節節貫穿的效果。

從上述觀點，不難看出，只要做到返先天的塌腰動作，和處處以腰為主宰及腰勁下串、勁串腳底而植地生根，腰部即會自然鬆沉靈活，使周身自然顯出勁有支撐八面之威勢。

四、臀　部

陳式太極拳對臀部姿勢的要求是「泛」，要求在放鬆的原則下保持自然鬆沉豎直，尾閭中正不偏，二十四節脊骨虛虛攏直，以確保腰勁下串，加強底盤的穩固和靈活，不允許臀部左右搖擺和後凸。

從人體生理結構的角度來看，人在自然站立時的表現是胸脯前提，腰脊前凸，雙胯根微前凸，骨盆微前傾，臀部自然向後上方撅起。而人在半蹲時的表現卻截然不同，首先要求重心下降，骨盆由前傾變為後傾，鬆胯屈膝，尻骨（骶骨尖）微有泛意，尾閭自然豎直，坐骨結節自然向兩邊分開，臀部肌肉隨勢由會陰處橫向分開微有上泛之意，尾閭鬆豎下沉，好像多出一條無形的腿來構成虛座，陳式太極拳一般稱之為「泛臀」。

陳鑫云：「兩屁股臀肉向上泛起來，不泛起則前襠合不住。軟肋下為腰，腰勁串不下，則膝與足無力。」又云：「屁股泛不起來，不惟前襠合不住，即上體亦皆扣合不住。」

為此，陳式太極拳訓練過程中，要求在含胸、束肋、塌腰、合腹、鬆胯、圓襠的正確配合下，尻骨微有上泛之意，尾閭骨鬆沉直豎，兩臀之勁在盆骨後傾、兩胯與坐骨結節爭衡的對拉拔長中，由會陰橫向而分，帶動臀部肌肉經髖部外側而泛起前捲至襠前，使兩勁合住同入會陰穴內，同時要求穀道輕輕上提，會陰微收。如此動作，既有利於尾閭中正神貫頂，又有利於腰勁下串入腳底植地生根和丹田氣的團聚與運行。

陳式太極拳的「泛臀」決不是彎腰撅屁股，也不是「凸臀」。「泛臀」是指虛領頂勁、鬆肩垂肘、含胸塌腰、束肋合腹、開胯圓襠、開膝合膝的有機結合，是內勁傳遞和臀胯部位纏繞的表現。練習時只有臀勁泛起，開後襠，前襠自然合住勁，腰勁才能自前襠順腹股溝串入雙腿貫至腳底，以助腳底之勁上翻傳導，達到勁起於腳跟、行於腿、主宰於腰、通過脊背達於手指的效果。

此外，有些太極拳要求在運動中做到「斂臀」的姿勢，即是在鬆胯圓襠的前提下，做到腰勁下串，使臀部肌肉上側向外、向下舒展，然後臀部下方向前、向裏收斂，尾閭骨自然向體內前勾。

陳式太極拳的個別拳勢也有類似的動作，不過沒有「斂臀」這樣的提法，一般把此類動作歸在臀部的虛實開合之中，多用於「四正勁」的出步。尤其是出前正步時，

腰勁鬆沉，由臀部串入雙腿，在開中寓合和合中寓開的有機配合下，才能以腰催胯、以胯催膝、以膝催足，以節節貫穿的運動方式使腿伸出。在推手較技中進暗步時更需要這類動作。可見，「泛臀」和「斂臀」都是太極拳運動中臀部虛實開合的需要，以及襠勁調整和勁力轉換的舉措。初學者應注意臀部的開合旋轉一定要在腰勁旋轉的帶動下運動，不能以臀部的旋轉與擺動來代替腰的旋轉。

此外，太極拳講究力由脊發，全在腿蹬，雙足擰把、旋腰、扣襠、泛臀，勁力才能更好地傳遞，才能更有效地調動和發揮身體的整體勁。

臀部的技擊作用，主要是為了應付背後和側身的來犯之敵，或配合身法和手法移步將臀部貼近敵方小腹，腰旋步換，臀胯一起向上猛然一抖，使敵方隨我上捋下採之勁，從我背後前翻跌出倒地。

在陳式太極拳的順步較技中，臀部也可以發力猛坐敵方的大腿內側或膝關節，導致其樁根不穩而跌地。

第三節　上肢部

一、肩　部

上肢的運動，肩居要位。太極拳重視對肩部鬆柔和順的訓練，尤其強調肩部關節的陰陽開合動作。肩部的轉動和高度放鬆，能使上肢、胸、背等處全部放鬆下來，從而

達到上肢輕鬆靈活，下肢沉實穩固。也就是說，肩部的鬆沉和旋轉活動，既能起到舒展肩部肌肉和韌帶的作用，又能牽引胸肌下沉內含、背部兩側肌肉上升，形成後（陽）升前（陰）降、氣貼脊背的作用。

肩關節是人體中最靈活的一個關節，也是穩固性較差的一個關節。練拳中之所以要求肩的鬆沉，就是要加大肩關節腔的空隙，加強肩關節周圍肌腱、韌帶的收縮強度和韌性，從而增強上肢的彈簧勁。用陳鑫的話說，即「此處一開，則全胳膊之往來屈伸，如風吹楊柳，天機動盪，活潑潑地毫無滯機，皆繫於此。此肱之樞紐，靈動所關，不可不知」。此處一開，才能使兩肩動作似脫，兩臂像掛在肩上自然運動。

肩井穴下沉。肩井穴要與湧泉穴一線貫通，形成人體半身之中線（猶如木偶的操縱線），是人體半身之「中氣」運行的通道，肩窩的內含、下塌、外輾、前捲、磨合與轉換等，都必須在放鬆狀態下運行，並且要求腋下極泉穴要虛，要留有餘地，不致使兩臂與肋部夾在一起而失去變化和彈性。

在太極拳的運動過程中，有些動作是由兩肩爭衡、相繫、傳遞和開胸合背來完成的，但定勢時，必須是兩肩微向前捲、抱合，形成含胸拔背、鬆肩垂肘、立身中正等負陰抱陽的正確姿勢。

從運動解剖學的角度來看，鎖骨與胸骨構成的胸鎖關節是連接上肢與軀幹的惟一關節。腰背的動作可以由胸鎖關節傳遞給上肢，即所謂「以身催手」，反之，即是「以手領身」。制敵應使其腰背被串，腰勁制死失去靈機，不

能變化方妙。攻敵膀根，制死肩鎖關節，透過胸鎖關節的槓桿作用串死其腰背，才能牽動敵方重心，達到以巧制敵、四兩撥千斤之妙。故推手較技運化中有「金肩、銀胸、錫蠟肚」之說。

由此可見，肩部的輕靈和順、鬆柔走化是十分重要的，故肩必須鬆沉。在練習中肩是最容易用僵力、發硬的部位，尤其是初學者易犯架、扛、抽、斜、壓等錯誤。架肩，是指兩肩上聳和肩頭或肩胛骨上翹，有人亦稱「寒肩」，就是人在發冷時，脖子下縮雙肩上聳之狀態；扛肩、抽肩，是指運動中肩膀不照，肩過界則為扛，肩不到位則為抽；斜肩，即兩肩高低不平，亦稱「鴛鴦肩」，雙肩不平整為斜；壓肩，就是曲解了沉肩的含義和要求，肩關節沉塌過度，以至肩部壓成死角，轉換不靈，毫無彈性，亦稱為「死肩」。

太極拳運動中肩不會下沉，氣就不能自肋下上升；胸不能開，氣就不得合於後；胸不能合，氣就不能合於中；肩不能前捲裏合，氣就很難沉於丹田。內勁上達於梢節，全憑以腰催肩，以肩催肘，以肘催手。肩關節則是傳遞內勁的關鍵環節，內勁由肩傳遞到另一側肩，多為兩肩傳遞，亦稱之「通背勁」。雙肩同步旋轉一致，互相吸引，多有「兩膀相繫」之稱。為此，肩部運動要求鬆而活，柔而順。

陳式太極拳在推手時肩部運用方法較為廣泛，一般稱為「肩靠」，是以肩的部位作為發勁點而得名。用肩部前面，稱為「前肩靠」；用肩部上面，稱為「迎門靠」；用肩部側面，稱為「側肩靠」；用肩部後面稱為「背折

靠」；肩部離地七寸，用肩頭上挑發勁稱為「七寸靠」（功夫深厚者方能做到）。靠的運用在陳式太極拳中為「根節勁」，猶如元帥出馬，八面威風。推手較技運化中講究主要肩，次在胸，主宰於腰。另外，在勁力發放時還強調肩窩吐氣，勁力達於末梢。

二、肘　部

陳式太極拳強調鬆肩垂肘，並視之為一體。「垂」有垂吊懸掛之意。「垂肘」則指的是曲池穴、曲澤穴氣機下沉，力透肘內側（肘尖內側）。肘是否垂，不僅指外形動作，而且強調內勁和意念的鬆沉。有時，個別動作肘高於肩（如肘擊法中的「上挑肘」），其勁發出的一瞬間，仍要保持垂肘狀態。同時，由於肘關節曲池、曲澤二穴內氣機旋轉和肱骨的撐轉及尺橈二骨的扭撬翻轉形成了肘關節的對拉拔長，不僅可以拉開肘關節，而且可以協調肩肘關節更好地鬆弛開合，年積力久，肩自然會開，使胸大肌放鬆，鎖骨相合固定，以便做到含胸適中。

在陳式太極拳運動過程中，不但講究曲中求直、直中求曲的旋轉變化，而且強調肘關節的旋轉圓活如珠，內藏裏裏。

內藏，指的是運動中不應使肘顯露於外（不包括某些含有肘擊法的動作），而是要求肘微屈，手臂似直非直、似曲非曲，猶如一張有彈性的弓，開合自然，即拳論中所說的「有肘不見肘」，這樣在運動中有利於上肢的「接骨斗榫」，使內勁貫注如滔滔江河，川流不息，生生不已，

達於末梢。

裹裹，是指運動過程中肘下垂並含有裏合之意，兩肘有相吸相繫之感，使上肢動作協調並能保護肋下，提高整體抱合能力和彈性，拳論中「肘不離肋」即源於此。

雙臂像掛在肩上，動作時如風吹楊柳，活潑潑地毫無滯機，只有肩、肘關節充分拉開才會有此妙趣。拳論云：「出手脫肩裏合肘，雙手扶助似水流」。故肘關節必須對拉拔長，曲池與曲澤穴虛空沉穩，氣機打旋，帶動肌肉、骨骼螺旋纏繞，由肩催動手臂令其骨轉，鬆肩垂肘，這也是使手臂在伸縮、升降、纏繞中增強旋轉力度最有效的方法。

技擊中的肘法威力極大，是較技中的第二道防線（有二門勁之稱），又屬於四隅手之一。凡是勁力過肘，以前臂擊人，都屬於「寬面肘」擊法，如「拗鸞肘」「護心肘」等；以肘尖擊人，都屬於「窄面肘」擊法，如「穿心肘」「順鸞肘」「上挑肘」等。由於「窄面肘」法傷害極大，一般忌用。

三、腕　部

腕部是人體中一個十分靈活的關節，是內勁達於梢節的最後一個關口，腕關節的鬆柔靈活程度對內勁能否貫穿流暢起到決定性的作用。

拳論云：「其根在腳，發於腿，主宰於腰，通過脊背，達於手指。」練拳時，內勁過肘到腕後，易發生截氣現象，使內勁不能達於手指肚，其主要原因在於腕部僵硬或太軟，造成內氣運行受阻。再者，從技擊角度上講，硬

則發滯，失去靈活，不利於變化；軟則無力，易被採拿。能折其中方為最妙。

一般在手掌外推或運展到終點時，都需掌根下塌，勞宮穴外挺吐勁，也叫「坐腕」或「塌腕」。腕坐或塌的程度應以腕部少出現魚尾紋為宜。「勾手」「折腕」等腕部展伸動作，也都不應折、勾成死角或有懈怠之意，即使是某些腕擊動作，也應使腕部留有鬆活的餘地。

陳式小架拳中，除勾手外，一般都要求腕部直豎旋轉，以便中氣運行。

腕部鬆柔靈活的前提是挺拔旋轉，特具韌性，謹記不要耍腕子，否則便是鬆懈。應具有一定的韌性和強度，又不致丟失鬆柔靈活，否則便僵硬。

腕肘的靈活是在配合整體運動的前提下來講的，氣聚肘腕、腰為動力，就是指肘腕的靈活性是在腰的主宰下進行的。不論是手領身轉，還是身催手運，都有一個整體的連動性，決不是單純強調靈活，一味追求耍手腕，有些甚至用手腕的運動代替了身腰的運轉，這樣實在是本末倒置，緣木求魚。陳式太極拳前輩們常說，功夫要練在身上，不要練在手上，即是此意。

四、手　部

手在人體運動中最為靈活，手法變化豐富多彩。太極拳的手型分為掌、拳、勾三種，套路中則以掌法為主。陳式太極拳的掌法要求手掌鬆舒，手指放鬆自然伸直，不可有一點拙力現象，這跟別家拳派截然不同。

初學拳時，手掌要求以自然舒展放鬆為宜，隨著功夫的長進，體內氣息有所充盈，掌形和手指的變化則會要求得愈加細膩。

在練習陳式太極拳基礎架和小架時，要求五指虛虛攏直的自然掌形，才能在每招每勢的運動中，講究以手領勁（勁催到手掌時，手方可領著運），氣貫中指。久而久之，掌中勞宮穴內氣機會隨著出入勁而旋轉，掌指之間也會相應產生出陰陽虛實的轉換。陳式太極拳提高架與功夫架的掌形則要求小指領勁拇指合、拇指領勁小指合的瓦楞掌，掌中勞宮穴內含成窩狀形。

掌的動作是整體動作的一部分，掌的虛實變化、螺旋纏繞應與整體動作協調一致。掌的纏絲勁講究「順纏」與「逆纏」。小指領勁拇指合，手掌向身體內側旋轉為「順纏絲」；拇指領勁小指合，手掌向身體外側旋轉為「逆纏絲」。

手掌的虛實轉換決定於內勁出入於腎。出勁時氣勁由腎而發，表現在以腰催身，以身催手，氣貫指肚；入勁時氣勁歸腎而藏，表現在以手領身，以腰為主宰。隨著氣勁出入有序，掌形也隨之變化，實者，五指舒展，勞宮穴外挺，掌根下塌，沉實吐勁；虛者，勞宮穴內收，氣歸腎而藏。

在拳勢的練習中，兩手尖要呼應，手與腳也要上下相通，大部分拳勢還要求手尖、腳尖、鼻尖「三尖相照」。但有個別動作是專門鍛鍊腳手扭摽，忽然一抖，氣聚中宮，如「雙擺蓮」與「十字擺蓮」等式。拳論中強調「一手管半身」「各領半身轉動」，即是指雙手以鼻尖正中為中界，各領半身運動，不得越界。

陳式太極拳中拳的地位僅次於掌，出現次數比掌稍少些。因為太極拳不主張貿然進攻，而是以防為主，後發先至，要求是不發則已，一發奏效。

　　太極拳中的拳俗稱為「捶」，故太極拳有「五捶」（掩手捶、披身捶、肘底捶、擊地捶、指襠捶）之說。太極拳的握拳方法是四指併攏，由中指尖領著四指向掌心捲合，然後拇指彎曲，扣在食指和中指之間，握成拳形。太極拳雖是柔中寓剛的拳種，但他以鬆柔入手，握拳不宜太緊，也不可鬆懈，折中為宜，忌握空心拳，正如拳諺云：「握拳如疊饅，四棱帶八角。」

　　另外，太極拳出拳要求手腕正直，忌彎忌斜，以防擊人時手腕被折拿。

　　陳式太極拳在技擊中講究出擊撒手，旋轉自如，著人成拳，勁發後立即鬆開，即是柔過氣，剛落點。此外，氣聚軸腕，機關在腰，要求伸手出拳時，不僅注重勞宮穴內氣機潛轉，中指根端領勁，使氣與勁貫注於整個拳面，而且還要講究捶自心出，拳隨意發。這樣才能有速度快、勁力整、彈性足、威力大的效果。

　　太極拳中的勾手，就是五指撮在一起，指肚相挨相聚而形成，通常由掌變勾。

　　陳式太極拳的勾手有兩種，一種是以拇指肚與食指肚撮住，餘下三指虛攏靠於旁側成勾手狀，一般用於陳式太極拳小架和基礎架；另一種是以拇指肚和中指肚撮住，餘下三指虛攏於旁側成勾手狀，一般用於提高架和功夫架。演練時要求腕部旋轉力度大，在技擊上是擒拿和反擒拿手法的一種，並且有「腕擊」「指擊」之功效。為此，對勾

手的練習和使用決不可忽視。

第四節　下肢部

一、胯襠部

腰與腿的連接處稱為髖關節（俗稱胯關節），它支撐上體的重量，牢固而又靈活，陳式太極拳稱為「胯襠」部位。

由於太極拳的胯與襠既是調整動作的關鍵所在，又是腿勁轉關過節的主要組成部分，所以，襠的轉關過節與勁力調整全在於胯的靈活程度，胯關節鬆不開，襠部就撐不圓，襠勁不會靈活，腰腿也很難相隨。胯關節的靈活訓練，則是襠勁調整層次昇華的主要手段。

陳式太極拳對胯（髖關節）的要求是開胯圓襠，動作中胯關節應在放鬆的基礎上有對拉拔長之意，臀肌由會陰穴橫向分開上泛前合，同時催動胯根上部的闊筋膜張肌放鬆前捲裏合，坐骨結節有爭衡對拉拔長和下沉之感，並使恥骨聯合腔和坐骨結節的關節縫隙擴大，運動幅度從而增大，這樣既可靈活腿腳的纏繞運動，又能促進內勁由足經腿纏至腰間；反之，能使腰勁下串，注入腳底，植地生根。

另外，臀部的開合也離不開雙胯的陰陽虛實轉換，尤其是運動中重心的轉換調整更體現於雙胯之鬆活運動，雙

胯的開合轉動則是襠勁調整的主要動力，但胯的旋轉必須是在腰勁的統領下進行，絕不能以胯的旋轉來代替腰的轉動，學者不可不知。

陳式太極拳所講的「襠部」，是指大腿根前側和內側及會陰穴周圍，大腿根前側窩狀（氣衝穴周圍）部分為「前襠」，此處自始至終都要合住勁；大腿根內側腎囊兩旁和會陰穴部分則為「後襠」，此處自始至終都要撐開。

襠部的裹裹內捲（指前襠勁），通稱為合襠，又稱為扣襠；襠部的爭衡對拉拔長，使襠部撐開撐圓（指後襠勁），通稱為開襠；前襠內合裹捲扣住勁，後襠同步向外撐圓，通稱為圓襠（開襠、圓襠都呈現「∩」字形，與現代力學中的拱橋原理有異曲同工之妙）；兩胯同步下沉，坐骨結節如同虛座，要沉穩有力，腰勁隨腹股溝順雙腿下串，注入腳底，稱為鬆襠，也稱為鬆腰下氣；以圓襠和鬆襠為前提，運用襠勁的轉換來調整動作或重心，通稱為調襠；襠不開，呈現「大」字形，稱為尖襠。

陳鑫云：「腎囊兩旁謂之襠，貴圓貴虛，不可夾住，襠要圓，圓者穩。」

「襠勁」是指兩胯根在對拉拔長、放鬆旋轉的運動過程中，襠部生出一種類似彈性極佳的勁。隨著束肋、塌腰、合腹動作的配合，以鬆胯圓襠為基礎，以及腰勁在腹股溝內斂、外撐、下沉的前提下，串入雙腿注入腳底而植地生根；同時要求兩胯根的旋轉運行平、順、鬆、活，確保髖關節和兩個大轉子及其坐骨結節的關節在爭衡對拉拔長中後開前捲，引導胯根內側的兩條大筋（恥骨韌帶）在恥骨內收和前捲中自然內藏。

恥骨聯合腔擔負著人體的減震功能，在對拉拔長中使其縫隙增大，提高減震效果。臀部肌肉隨盆骨和髖骨對拉前捲中有上泛之意，催動闊筋膜張肌放鬆前捲合住勁，同時尻骨尖（骶骨尖）要有微微上泛之意，尾閭骨中正不偏，在鬆沉有力中又有直豎下沉之感，穀道要注意輕提，會陰穴則自虛。

陳式太極拳訓練中，「襠勁」調整的運行路線有以下四種。一是勁運下弧為下弧調襠，二是勁運上弧為上弧調襠，三是勁運後弧為後弧調襠，四是勁運S形為背絲扣調襠。在襠部運行和調整時按照以上四種方法進行，並要求前襠勁不可有、後襠勁不可無，就是指襠的陰陽變化、虛實換勢、輕重調整應自始至終在前襠合、後襠開的情況下進行。

訓練中還要注意雙胯始終保持窩狀，使前胯正中的氣衝穴虛靈，開合得中。此外，還須保持雙胯平整自然，不可有忽高忽低上下起伏、直線平移襠勁以及尖襠、夾襠、涮襠、蕩襠等弊病出現，初學者應當細心參之。

胯部的技擊作用一般多用於「上引下進」和「胯靠」之中。所謂「胯靠」是指遇敵較技時在近身得機、得勢的情況下，用髖部外側抖出彈簧勁來擊打敵方。

二、膝　部

膝部位於腿的中節，膝關節由股骨、脛骨的內外側髁和相應的上下關節面以及臏骨後面的關節所構成。陳式太極拳對膝部的要求是開膝合臏，即指在坐骨結節的對拉拔長中，

腿部向裏纏繞，膝關節內撐外掤，帶動臏骨自然合住勁。

拳諺云：「腰似蛇形腿似鑽，周身纏繞運螺旋。」腿部是支撐全身重量的根本所在，而膝關節的負重最為顯著。因此，陳式太極拳對膝關節的要求非常講究。

首先，要求拳架始終在鬆胯屈膝的狀態下完成，以及重心移動在胯關節的放鬆旋轉和襠勁的運行轉換中調整。在重心移動調整時，前腿膝蓋弓度不失，以腰為主要動力，靠著襠勁轉換傳遞來移動重心，胯關節和臏骨不能抽（前後）來擺（左右）去；定勢時，重心比例大都以四六分成為宜，這樣要求，一是利於前腿的留勁和入勁以及增強腿、膝關節的掤勁，二是利於襠部的對拉拔長和增強襠勁的調整能力，如套路中懶紮衣、單鞭、摟膝拗步等拳式尤須如此。

其次，要求膝關節必須有力而靈活。有力的表現在於膝關節內側的外撐和臏骨的內合，體現了太極拳術中所要求的開中寓合和合中寓開的拳理拳法；靈活則表現在胯根的旋轉引動膝關節的旋動以及臏骨上下旋轉引領雙膝中的「雙虎眼（膝眼）」內氣機上下潛轉。此處的氣機要求和腎氣的旋轉合拍，使臏骨升降有序，便於勁力和氣血上通下達，腰勁向下鬆串，注入腳底。

此外，運動中不可有跪腿現象，這也是減輕膝關節承受壓力的主要手段。初學太極拳時，應先練高盤架子，待腿部有了力量再逐漸降低重心，並以臀部不低於臏骨為宜，小腿儘量保持正直，以免膝關節受損。

膝的技擊作用，是以腰腿的出入勁為度，舉步要輕靈，邁步似貓行。乘其步動之機，膝關節微屈提起，同時

以腳大趾領勁，使氣、勁一起上串，提膝聚勁於臏骨之上，忽然向上一抖，即是散手中的「膝頂」擊法，常用的有「足來提膝」和「近便加膝」等方法。推手較技中有「膝靠」「撞膝」「腿繃勁」和「跪腿纏法」等。

三、足 部

足是步型、步法和全身的根基，兩足姿勢正確與否，對步法的穩健靈活有著重要作用。陳式太極拳對兩足的要求是實足腳底前後都要用力平實踏住地，湧泉穴要虛。

太極拳中常用旋踝轉腿的方法來表達其勁，達到千變萬化由我運，兩腿兩腳定其根，足穩則身不會搖擺，前後左右用勁就會均勻；足稍有偏倚，步型與步法必亂，身勁也必渙散。

足部的纏繞運動，主要靠足踝旋轉引動脛腓二骨正反擰摽旋轉，在腰的主宰下，股骨旋轉帶動腿膝同步纏繞，乃是陳式太極拳訓練的重要環節。

腳的每一動作都要以足大趾和足二趾同時領勁，引導隱白、厲兌二穴納氣，促使雙腳向內旋轉，五趾微微收斂含抓地之意，以加強腳弓的做功能力，增強腳內側的力度。同時，湧泉穴虛含吸地，使清氣經踝、膝、胯旋轉而上，利用鬆胯圓襠纏至會陰穴內，使兩腿之勁融合在會陰穴處瓤住（瓤為西瓜子外黏膜，有連接瓜子與瓜瓤之功能，同時又使瓜子、瓜瓤保持獨立，此處，借用「瓤」來表示，兩腿勁既融合又獨立運行），此為陳式太極拳術中勁起於腳跟的概念。

拳論云：「四肢百骸主於動，而實動之以步。步者，乃一身之根基，運動之樞紐也。」太極拳的步法活與不活全在於腰腿轉換，靈與不靈在於步法調整，以腰為主要樞紐，始終輪流以一腿支撐重心，腰勁沿腹股溝順腿纏繞而下串，兩胯同步撐開旋轉，以腰的出入勁為度，舉步講輕靈，邁步如貓行，落步須穩健，不可有絲毫的顫抖或晃動現象。

　　此外，在陳式太極拳的運動中，向前邁步或左右開步，都要在鬆胯屈膝的情況下進行。

　　一般來說，以足尖領勁上翹裏合，隱白穴和內虎眼（膝眼）有相吸相繫之意，同時以腰為動力，催動腿勁鬆串入足跟內側鏟地而出。出到位時，隨著鬆胯、調整襠勁、移動重心，腳尖徐徐落下擺到位後，前腳掌才能落實，五趾及時抓地。如要退步，前腳掌要先行落地，隨著襠勁調整重心後移，腳跟逐漸落下踏實；足尖外擺和裏扣，應以足跟為軸旋轉，還要使腿部具有螺旋纏絲勁，並要注意前襠的合勁與臍骨的合意不能丟，否則樁根不穩，身法與勁力也會渙散偏倚。

　　拳套中的虛實轉換，有時還以前腳掌為軸，引導腳跟隨著襠勁內旋外轉，而腳的虛實轉換應在纏繞中進行，兩腳的旋轉力度要平衡均勻，如果左腳力點旋至腳跟、右腳力點則纏至前掌，反之亦然。這就是腳底勁力轉換的法則，初學者必須細心揣摩，方能得竅。

　　足的技擊作用有管腳、鉤腳、蹬膝關節、踩臁腳、踏腳面、點軟隙（骨縫）等，其中管、鉤、點、踢等用的是腳尖和腳面，踏與踩用的是腳掌，蹬用的則是腳跟。

第五節 骨和關節

人體中的骨頭，是靠關節的連接來負擔重量，憑靭帶、肌肉的鬆緊牽拉而進行活動。為此，陳式太極拳要求在動作中始終保持立身中正，虛領頂勁，鬆肩垂肘，含胸塌腰，束肋合腹，鬆胯圓襠，開膝合臏，心氣下降。在此前提下，用意念為主導來放鬆肌肉，拉開關節，拔長靭帶，從而增強周身的彈性、韌性和靈活性，使拳勢達到互相傳遞、節節貫串。同時要注重對「接骨斗榫」動作的完成與掌握。

所謂接骨，是指在運動中關節腔對準接牢，否則關節無力；所謂斗榫，是指關節在旋轉運動中骨與關節腔的轉動、磨合，使關節和靭帶在對拉拔長中增強彈性和韌性。尤其是脊柱二十四骨節虛虛攏直，加強了旋轉能力，達到靈活而穩固，並使骨與骨之間更充分地負擔重量，增強持久力和爆發力。

陳式太極拳要求在周身放鬆的同時，以接骨斗榫的方式逐漸使關節拉開，充滿氣機，在一動無有不動中，以腰脊為原動力，帶動四肢百骸進行上下、左右、前後螺旋形的纏繞運動，從而達到互相傳遞、節節貫串，使肢體在旋轉運動中放長。

其中講究既要有以頸、脊、腰、肩、胯、肘、膝、腕、踝為軸做旋轉的大圈，又要有以股肱為軸做正反翻轉的小圈，藉以提高身體各部的中氣潛轉和運聚能力，達到

節節鬆開、互相傳遞、周身合住和相連相隨的要求，這就是轉動腰脊四饋（雙肩與雙胯部位）鬆，節節貫串旋股肱，負陰抱陽合住勁，周身相隨齊蛹動。

陳式太極拳對骨和關節的講究是非常細膩的。要求骨節在纏繞運動中處處開張，並在開張中顯現出圓活。圓活的表現在於骨骼縫隙間拉開後充滿氣機（像軸承加添了潤滑油），借助引動骨縫內與周圍穴道內氣機潛轉，此為陳式太極拳鬆活的奧妙所在。由此可見，陳式太極拳能使骨和關節在肌肉、韌帶的牽引下得到時緊時鬆及有規律的適量運動。

陳式太極拳要求骨和關節在運動中做到開合生變，運聚成圓，圓能鬆活，活則氣斂（收斂入骨）。為此，在太極拳訓練中，關節必須在鬆活的狀態下，利用接骨斗榫的運動方式，以求旋轉中不出現稜角為宜。習練者，關節時常會出現一種響聲，陳式太極拳稱之為「骨鳴」，主要原因在於接骨斗榫運動中關節旋轉時的圈沒有轉圓，關節腔內的摩擦力所致。這種響聲開始微小，逐漸變大，尤其是肩胯關節表現為最。

出現「骨鳴」表示骨節已有開意，但放鬆的程度遠不夠理想，關節在轉動時多少還有用力的現象，使旋轉不能圓活，所以，拳論明確指出「勿使有缺陷處，勿使有凸凹處，勿使有斷續處」。為此，需要在放鬆上多下工夫，使其旋轉之圈愈轉愈圓，隨著功夫精進，骨鳴聲會由強變弱、由弱變無，肢體則會輕靈活順。

初學太極拳者，應從鬆開關節著手，以「四饋」（雙肩與雙胯部位）放鬆為主體，以便更有效地帶動四肢靈活運動。因此，四肢關節的旋轉，要求始終在腰、肩、胯旋

轉一致的基礎上，不但講究轉關過節得體，而且還要保持曲而不直、直中含曲、留有餘地的狀態，決不能挺直僵硬，這樣才能符合拳論中的「勁以曲蓄而有餘」「鬆開我勁勿使屈」的要求。

可見，只有在曲蓄而有餘的前提下做到以中氣潛轉為軸線，周身纏繞走螺旋，方能在盤架和推手較技中保持立身中正、周身相隨，並始終貫串開則俱開（勁力不散）、合則俱合（形不可僵），開中寓合、合中寓開，開合得體，虛實分明，六合（外三合與內三合）俱備。

第六節　陳式太極拳的外三合

老子云：道生一，一生二，二生三，三生萬物，萬物負陰而抱陽。所謂負陰抱陽主要說的是「合」字。

陳式太極拳要求明其陽而注其陰、知其開而注其合，「合」指的是太極拳的每一動作必須在合（陰）中寓開、開（陽）中寓合中運行。其氣勢開者其大無外，合者其小無內，拳勢中只有合得住，才能蓄得足、開得開，陳式太極拳的外三合尤能體現此意。

要知「三合」，須明「三節」。陳式太極拳將人體按特點分為三節，整體分之，頭為梢節，軀幹為中節，下肢為根節；局部分之，肩胯為根節，肘膝為中節，手足為梢節。根節的主要作用在於催，中節的主要作用在於隨，梢節的主要作用在於領。陳式太極拳的外三合指的是肩與胯合、肘與膝合、手與足合。

一、肩與胯合

　　肩與胯合是太極拳術中根節與根節相合相繫的一種代表。它講究肩與胯合於一條直線上，並有正斜之分。正線是左肩與左胯合、右肩與右胯合，合時形成一條正直線，太極拳稱它為「四正勁」；斜線是左肩與右胯合、右肩與左胯合，合時構成一條斜線，太極拳稱之為「四斜勁」（又名「四隅勁」）。

　　陳式太極拳動作以弧形和曲線畫圓為表現方式，體內勁路以《河圖》《洛書》中的奇數與偶數生成變化之數，

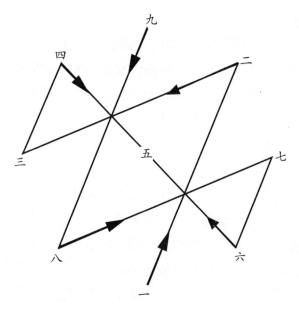

圖 2-1

按八卦的乾、坤、坎、離、巽、震、艮、兌八個方位的爻位變化為依據，縱、橫、斜、正互相綜（卦）、錯（卦）交織著，以中央五數為中心構成九疇，內含勾三、股四、弦五的運動方式借於人體，勁路按照依次連三方（圖2-1）和隔次連三方（圖2-2）及其開中寓合、合中寓開的運動方式，促使內勁在體內串宮換位，形成了肩與胯合的表現。

綜卦為圓，錯卦為方，肩與胯合中的雙肩、雙胯相吸相繫與相互傳遞的方式符合太極易理中巽兌相綜、震艮相綜之爻卦變化；左肩與左胯合、右肩與右胯合，符合震兌相錯之爻卦變化；左肩與右胯合、右肩與左胯合，符合巽震相錯之爻卦變化（圖2-3）。

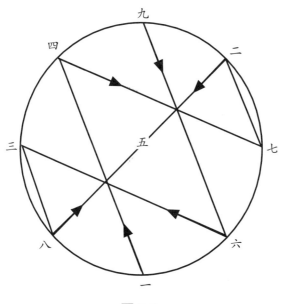

圖 2-2

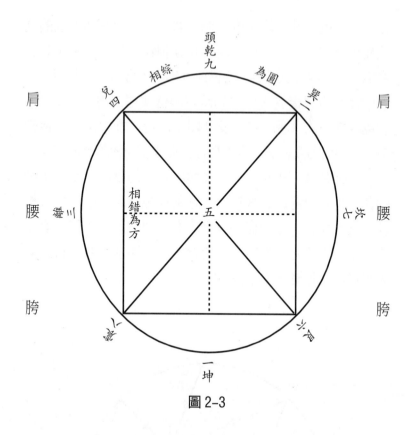

圖 2-3

　　按《易經》中的術數變化角度來看，由於雙肩（二、四）或兩胯（六、八見圖 2-3）的相繫相連及相照相合，雙肩與雙胯之正中間形成一條橫向穿插往復運動的傳遞勁路，構成《易經》術數中的「勾三」借助於人身；在左（右）肩與左（右）胯相合時，肩井穴和氣衝穴之間合出一條豎直不偏的勁路，構成《易經》術數中的「股四」借助於人身；再有左（右）肩與右（左）胯相合時，由上到下、由左（右）到右（左）合出一條斜的勁路，構成《易經》術數中的「弦五」借助於人身。

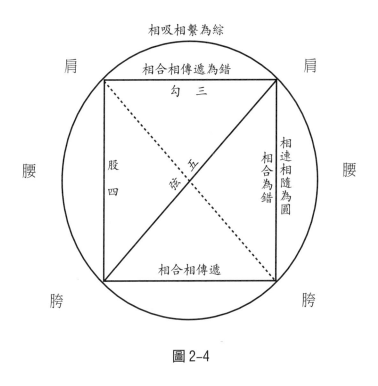

圖 2-4

　　由此不難看出，《易經》術數中所講究的是綜卦為之圓，錯卦為之方，肩胯相繫相合的旋轉則是綜錯之卦借於人身的體現，從而促使身體內外利用開中寓合和合中寓開的三角形運動方式，形成了陳式太極拳運動中術數變化和畫弧走圓的基本概念，也是太極拳中方圓相生的規律所在（圖2-4）。

二、肘與膝合

　　外三合中的肘與膝合，是太極拳中中節與中節相合的一種代表。在太極拳運動中，以腰為主宰，要求肘關節與

膝關節上下呼應、相合相照、相隨相連，以利於周身的環抱和協調。太極拳講究一動周身無有不動，因此，在旋轉過程中，肘與膝的旋轉必須一致。

一致的表現在於肘部曲池穴和膝部內虎眼的氣機打旋同步進行，這是中節與中節相合的關鍵所在，學練者不可不知（肘與膝合中的肘部、膝部動作要領參看前面關於肘、膝部分的論述）。

三、手與腳合

陳式太極拳訓練過程中，注重勁由內換、勁力協調連貫，節節蛹動、傳遞貫串，以腰的轉動為主要動力，形成根節催（肩胯）、中節隨（肘膝）、梢節領（手足）的運動法則，引導內勁出入有序，連綿不斷。

詳而推之，陳式太極拳運動的出勁要領就是：以腰催肩，以肩催肘，以肘催手，以手領勁；以腰催胯，以胯催膝，以膝催足，以足領勁。這也是陳式太極拳梢節領勁的原理。

所謂領勁，指的是勁領起即可，猶如騎自行車和兩輪摩托車那樣，雙手扶把在放鬆協調狀態下把握方向，就是動力（催勁）自後向前，待動力催到前方（梢節）時，自然會出現一種領勁，使勁隨著意念設定的方向而運行。

領勁須自然，不可刻意追求，否則，勁領太過則會導致關節和肌肉緊張發硬，容易產生橫氣，關節轉動不靈活，氣血不能順達，影響節節貫串的品質。如果勁領不及，則會導致動作鬆懈無力，把握不準方向，毫無生機可

言，起不到領勁的效果。總之，手足領勁力度適中，方向才能準確無誤，才能達到勁貫梢節的要求。

外三合中的手與足合，是陳式太極拳運動中梢節與梢節相合的一種代表，尤其定勢時更要求如此。在陳式太極拳運動中，以腰勁的旋轉為公轉，促使手足在協調的前提下做自轉動作，其中手與腳不但旋轉一致，而且要求在自轉中有相照相合、相吸相繫、相隨相連、合拍與扭擺等動作。

手與足相照，是指手足方向、角度一致並上下相照；手足相合，是指手足運動時在相照的前提下有相合之意；手足相連相隨，是指手足運動在相合的前提下旋轉一致；手足合拍，是指手腳合擊的動作（如拳勢中的「擦腳」「翻身二起」「旋風腳」等）；手足扭擺，是指拳勢中手腳左右分離時，合勁依然不丟，形成蓄勁狀態，即內勁欲合先開的動作（如拳勢中的「雙擺蓮」「十字擺蓮」「當頭炮」等）。

綜上所論，陳式太極拳所講究的外三合是練習周身的整體合勁，也是鍛鍊周身相隨的途徑。為此，在太極拳的旋轉運動中不僅僅要體現外三合，而且還要注意雙肩相合、雙胯相合、雙肘相合，雙膝相合、雙手相合、雙足相合、肩與手肘胯膝足相合，反之亦然，即左半身與右半身相合等。一合，周身上下左右前後無處不合。只有合住勁才可能互相傳遞、相吸相繫，才能放得開。

由此可見，太極拳術中的「合」是目的，「開」是一種相應的外觀表現。所以說太極拳中的「合」是絕對的合，「開」則是相對的開。這就是太極拳要求的明其陽而

注其陰、知其開而注其合的原理，也是開中寓合和合中寓開的運動規律所在。

第七節　小　結

以上所述，是陳式太極拳對身體各部位的要求與外三合的表現。必須貫穿於整套的拳術中，它們在各拳勢中起到互相聯繫、互相制約的作用。

在勁路方面則增強了相吸相繫、互相配合、互相傳遞和節節貫串的能力。其中任何一個部位的動作正確與否，都會影響到全身各部位勁路的運行與團聚。為此，要求習練者在老師指導下，明理研學以後，細心揣摩，用心體會，嚴格遵照身體各部位運動規則的要求，恰當配合，掌握動作的速度、路線和方法，使動作逐漸由粗到細，由斷到連，由簡到繁，由生到熟直至熟中生巧，再由繁到簡，由巧入精，由精到妙，這就是「由著熟而漸悟懂勁，由懂勁而階及神明」的必然過程。

功積日久，逐漸再向立身中正安舒、動作圓活、周身協調、上下相隨，直至內氣鼓蕩、神奕內斂、快慢相間、鬆活彈抖的功夫邁進。

第三章

陳式太極拳入門功法和手型步型

第一節　陳式太極拳入門功法

一、無極樁

無極者，一物未有也，心靜如水，無物所著，無念所思。內固精神，外示安逸。

身樁端然恭立，思想鬆靜無為，頭顱正直，頂勁虛領，肩井穴下沉，雙肩鬆脫，膻中穴內含，心氣下降，橫膈膜下沉，束肋合腹，腰部向後撐平而下塌，鬆胯圓襠，開膝合臏，雙腳內旋，湧泉穴虛而含吸地氣之感，雙腳外側與肩同寬站立，周身放鬆合住勁，清濁之氣共同渾合至小腹之內，等待陰聚陽震之機。功積力久，漸悟無極樁。待無極樁鍛鍊純熟後，內氣已較充盈，並有陽震之機，即可進行太極樁的訓練（圖3-1、附圖3-1）。

圖 3-1

附圖 3-1

二、太極樁

太極樁又名混元樁，是指在無極樁站立的基礎上，腹部內氣較前段時期充盈，配合束肋合腹，小腹的關元、中極二穴共同內斂納氣，沖震命門穴。

與此同時，利用肩部和肘部的鬆垂動作，催動兩臂自下而上畫弧緩緩抬起，高與胸平。由於雙肩鬆脫、內捲裏合，鎖骨下沉相合，心氣與橫膈膜向小腹中極穴沉降，以助內部氣息團聚，向命門穴沖震，使兩臂內側（陰經）微微內纏向身體外側撐住勁，構成內撐外挪、內圓外方、負陰抱陽的太極狀態。

兩手指鬆直向內，十指尖左右相對相照，指甲縫的氣機含互相滲透和相吸相合之意，同時注意鼻準頭的吐納氣與印堂穴（上丹田）、膻中穴（中丹田）、中極穴（下丹

圖 3-2

圖 3-2 附圖

田）及三心（頭心百會穴、手心勞宮穴、足心湧泉穴）的
吐納氣一致，並將氣納入中脈（上通百合穴，下達會陰穴
一線串之）之軌道，以助中氣潛轉。同時下閉穀道，氣方
不向下泄，構成呼氣時使氣由內達外，勁貫梢節，氣貫指
（趾）肚；吸氣時退藏隱密，氣結中宮，循環無端。久而
久之，體內會出現一種輕靈景象，氣機運聚之意象，皆由
心發，中氣之潛轉，上下不停。

　　如能將此意象融會於拳架之中，與動作、勁路結合起
來，身體內外就會化生出一種渾厚靈敏、韌性極佳、彈性
極強的混元氣佈滿周身。正如拳諺所云：「學者若會混元
氣，哪怕他人有全功。」（圖 3-2、附圖 3-2）。

三、纏絲勁單式訓練

(一)胸腰運化練習

動作一：以預備勢為準。身椿端然恭立，以中氣潛轉為軸，腎氣橫向滾動向左傳遞，腰勁向左旋套，身體螺旋下沉，雙肩鬆開似脫，下塌外碾，內捲裏合，右催左領，引導肩井、雲門、極泉、曲池、曲澤、內關、勞宮、膻中、中脘、氣衝、氣海、足三里、崑崙、湧泉等諸穴內氣機潛轉，膻中穴微向內含，心氣與橫膈膜同步沉降，胸腰由右向左做下弧運化動作。以左手為主，右手為賓。

左手出勁逆纏，自左胯外側折腕旋轉，借助旋腕轉膀之勁，畫下弧運展至身體左側下方，氣聚軸腕，上掤下折，肘微裏合，高與臍平，手指鬆直向左偏下，虎口撐圓，勞宮穴內含，掌心向內；右手入勁順纏，自右胯外側折腕旋轉，借助旋腕轉膀之勁，畫下弧運展至身體中線前約 20 公分，氣聚軸腕，上掤下折，肘微裏合，高與臍平，手指鬆直向左偏下，虎口撐圓，勞宮穴內含，掌心向內。

同時，鬆右胯，泛左臀，雙胯掙衡前捲裏合，開膝合臏，雙腿裏纏，十趾抓地，襠部撐圓，借助旋踝轉腿之勁下弧調襠，重心移於左腿，右足出勁以腳跟內側向右鏟地而出，開步約 80 公分，腳尖上翹裏合，重心七三分成，腰勁向下鬆串，注入腳底植地生根。

周身合住勁，同時吸氣，氣結中宮，眼注視右下方，耳聽身後，兼顧兩腎（圖 3-3、4）。

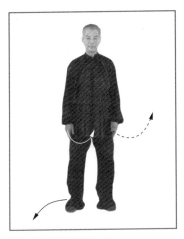

圖 3-3　　　　　　　　　　圖 3-4

　　動作二：接上勢。頂勁虛虛領起，以中氣潛轉為軸，腎氣橫向滾動向右傳遞，腰勁向右旋套，身體螺旋下沉，雙肩鬆開似脫，下塌外碾，左催右領，引導肩井、雲門、極泉、曲池、曲澤、內關、勞宮、膻中、中脘、中極、氣衝、會陰、尾閭、委中、膝眼、足三里、崑崙、湧泉等諸穴內氣機潛轉，膻中穴微向內含，牽動往來氣貼背，胸腰由左向右做上弧運化動作。以右手為主，左手為賓。

　　右手出勁逆纏，自身體中線前坐腕旋轉，借助旋腕轉膀之勁，畫上弧運展至身體右側上方，乘肩部的轉關過節，由逆纏變為順纏，放鬆落點，氣聚軸腕，內折外掤，肘微裏合，高與眼平，手指鬆直向右側上方，虎口撐圓，勞宮穴內含，掌心向前；左手入勁變為逆纏，自身體左側下方折腕旋轉，借助旋腕轉膀之勁，屈肘畫上弧運合至身體右胸前，氣聚軸腕，內折外掤，肘微裏合，高與胸平，五指彎曲放鬆，形似虎爪，虎口撐圓，勞宮穴內含，掌心

向內。

同時，鬆左胯，泛右臀，雙胯掙衡前捲裏合，開膝合臏，雙腿裏纏，十趾抓地，襠部撐圓，借助旋踝轉腿之勁上弧調襠，重心移至右腿，六四分成，右腳尖落下踏實，五趾及時抓地，腰勁向下鬆串，注入腳底植地生根。

圖3-5

周身合住勁，同時呼氣，氣聚中宮，眼注右手，耳聽身後，兼顧兩腎（圖3-5）。

動作三：接上勢。虛領頂勁，以中氣潛轉為軸，雙腰隙橫向傳遞，腎氣滾動，腰勁向左旋套，身體螺旋下沉，雙肩鬆開似脫，下塌外碾，右催左領，引導肩井、雲門、極泉、曲池、曲澤、內關、勞宮、膻中、中脘、中極、氣海、氣衝、會陰、尾閭、委中、膝眼、足三里、崑崙、湧泉等諸穴內氣機潛轉，膻中穴微內含，心氣與橫膈膜同步沉降，胸腰由右向左做下弧運化動作。同時以左手為主，右手為賓。

左手出勁變為順纏，自身體右胸前折腕旋轉，借助旋腕轉膀之勁，畫下弧運合至左胸前，氣聚軸腕，外掤內折，肘微裏合，高與胸平，手指放鬆，自然彎曲，形似虎爪，虎口撐圓，勞宮穴內含，手掌心向內；右手入勁變為順纏，自身體右側上方坐腕旋轉，借助旋腕轉膀之勁，畫下弧由身體右側上方纏繞半圈，氣聚軸腕，上折下掤，肘

微裏合，高與肩平，手指鬆直
向右偏上，虎口撐圓，勞宮穴
內含，掌心向前。

圖 3-6

　　同時，鬆右胯，泛左臀，
雙胯掙衡前捲裏合，開膝合
臍，雙腿裏纏，十趾抓地，襠
部撐圓，借助旋踝轉腿之勁下
弧調襠，重心移於左腿，六四
分成，腰勁向下鬆串，注入腳
底植地生根。

　　周身合住勁，同時吸氣，
氣結中宮，眼注視右手，耳聽身後，兼顧兩腎（圖3-
6）。

　　動作四：動作和要求與動作二相同（圖3-7）。
　　動作五：動作和要求與動作三相同（圖3-8）。

圖 3-7

圖 3-8

要點說明：

1. 胸腰運化是陳式太極拳加強身體畫弧運圈的鍛鍊。以上介紹的動作，其中動作一為訓練的起手勢，動作二至動作三合起來為第一圈，動作四至動作五為第二圈，以此類推，循環無端。每日練習百圈千圈，一旦純熟，即可悟到身體圓圈運動之趣。

2. 以上動作是以右手自身體右側上方、左手在胸前互為主賓同時旋轉。關鍵要瞭解和掌握以下的左右轉、纏方法：胸腰先自右向左做下弧的運化動作，然後自左向右做上弧的運化動作，為右順轉法；反轉之，為右逆纏法。另外，以左手自身體左側上方、右手在胸前互為主賓同時旋轉，胸腰先自左向右做下弧的運化動作，然後自右向左做上弧的運化動作，為左順轉法；反轉之，為左逆纏法。

3. 胸腰運化的動作訓練，以外形而觀之，主要是以胸圈和腰圈橫向立圓運動為主，以套腰勁為動力帶領雙肩和雙胯互相催領傳遞，使肋部如同魚鰓一樣在陰陽開合的運動中自然旋轉。其關鍵在於腰、肩、胯旋轉協調一致、連貫順遂，並以身運手，以手領身，構成了根節催、中節隨、梢節領、節節貫串的螺旋纏繞運動，引導身體內部氣機潛轉，結束以意導形的基礎訓練過程；邁入以形導氣階段，則四肢走圓畫圈較大，身圈旋轉較小，一旦純熟，身圈旋轉逐漸擴大，四肢旋轉逐漸內斂，致使內氣充盈，引動中氣潛轉為軸，方能步入以氣導形階段。

年積力久，再經過以意導氣練習，四肢圈與身圈會繼續向體內收斂，直至退藏隱密，勁與神合，舉手抬足有圈不見圈，即是陳式太極拳有圈意而無圈形的高級境界。

4. 襠勁變化與調整，主宰著重心的虛實轉換。乘襠勁調整和重心移動之機，注重胯關節鬆活旋轉與重心腿的留勁，使襠勁在運動中自始至終保持前合後開，這也是襠部撐圓及調整的關鍵所在，是陳式太極拳訓練周身相隨的最佳方法。

(二)胸腰折疊單式訓練

動作一（預備勢）：身椿端然恭立，頂勁虛虛領起，以中氣潛轉為軸，鬆腰下氣，身體螺旋下沉，雙肩鬆開似脫，下塌外碾，內捲裏合，膻中穴微內含，心氣與橫膈膜同步沉降，雙手同時轉換有序，互為主賓。

雙手出勁雙順纏，自身體胯側折腕旋轉，借助旋腕轉膀之勁，畫下弧分別運升至身體兩側上方，氣聚軸腕，上掤下折，肘微裏合，高與肩平，雙手指鬆直偏下，虎口撐圓，勞宮穴內含，掌心向下。

雙腳右（左）前左（右）後站立，橫向距離約 60 公分，前腳尖對準後腳跟，同時，鬆（右）左胯，泛（左）右臀，雙胯掙衡前捲裏合，開膝合臍，雙腿裏纏，十趾抓地，襠部撐圓，重心蓄於右（左）腿，六四分成，腰勁向下鬆串，注入腳底植地生根。

周身合住勁，同時呼氣，氣聚中宮，眼注前方，耳聽身後，兼顧兩腎（圖 3-9）。

圖 3-9

動作二：接上勢，頂勁虛虛領起，以中氣潛轉為軸，腰勁後撐，向下鬆塌，身體螺旋下沉，雙肩鬆開似脫，下塌外碾，乘開中寓合的運動掙衡對拉拔長，由前向後旋轉半圈，引導肩井、雲門、極泉、曲池、曲澤、內關、勞宮等諸穴內氣機潛轉。開胸合背，雙手同時轉換有序，互為主賓。

雙手入勁變為雙逆纏，自身體兩側上方坐腕旋轉，借助旋腕轉膀之勁，由前向後畫上弧纏繞半圈，氣聚軸腕，上折下掤，肘微裏合，高與眼平，雙手指鬆直，虎口撐圓，勞宮穴內含，掌心向前。

同時，鬆（左）右胯，泛（右）左臀，雙胯掙衡前捲裏合，開膝合臏，雙腿裏纏，十趾抓地，襠部撐圓，借助旋踝轉腿之勁，小腹關元與中極穴向內收斂納氣，沖震命門，襠勁上弧調動，重心移至後腿，六四分成，腰勁向下鬆串，注入腳底植地生根。

周身合住勁，同時吸氣，氣結中宮，眼注視前方，耳聽身後，兼顧兩腎（圖3-10）。

動作三：接上勢。頂勁虛領，以中氣潛轉為軸，鬆腰下氣，身體螺旋下沉，畫內下弧做合胸開背，雙肩鬆開似脫，下塌外碾，乘合中寓開的內捲裏合運動，由後向前做下弧立圓旋轉，引導肩井、雲門、極泉、曲池、

圖3-10

曲澤、內關、勞宮等諸穴內氣機潛轉，膻中穴微內含，心氣與橫膈膜同步沉降，雙手轉換有序，互為主賓。

圖 3-11

雙手出勁變為雙順纏，自身體兩側上方坐腕旋轉，借助旋腕轉膀之勁，由後向前畫下弧纏繞半圈，氣聚軸腕，上折下掤，肘向裏合，高與肩平，雙手指鬆直向左右兩側，虎口撐圓，勞宮穴內含，掌心向外。

同時，鬆（右）左胯，泛（左）右臀，雙胯掙衡前捲裏合，開膝合臏，雙腿裏纏，十趾抓地，襠部撐圓。借助旋踝轉腿之勁，下弧調襠，重心移至右（左）腿，六四分成，腰勁向下鬆串，注入腳底植地生根。

周身合住勁，同時呼氣，氣聚中宮，眼注右手，耳聽身後，兼顧兩腎（圖 3-11）。

動作四：接上勢。頂勁虛虛領起，以中氣潛轉為軸，腰勁後撐，向下鬆塌，身體螺旋下沉，畫外上弧做開胸合背，雙肩鬆開似脫，下塌外碾，乘開中寓合的運動掙衡對拉拔長，由前向後做上弧立圓旋轉，引導肩井、雲門、極泉、曲池、曲澤、內關、勞宮等諸穴內氣機潛轉，雙手同時旋轉有序，互為主賓。

雙手入勁變為逆纏，自身體兩側上方坐腕旋轉，借助旋腕轉膀之勁，由前向後畫上弧纏繞半圈，氣聚軸腕，上折下掤，肘微裏合，高與眼平，雙手指鬆直向前上方，虎

口撐圓，勞宮穴內含，掌心向前。

圖 3-12

同時，鬆（左）右胯，泛（右）左臀，雙胯掙衡前捲裏合，開膝合臏，雙腿裏纏，雙足內旋，十趾抓地，襠部撐圓，借助旋踝轉腿之勁，小腹關元與中極穴向內收斂納氣，沖震命門，上弧襠勁，重心移至左（右）腿，六四分成，腰勁向下鬆串，注入腳底植地生根。

周身合住勁，同時吸氣，氣結中宮，眼注前方，耳聽身後，兼顧兩腎（圖 3-12）。

動作五：接上勢。頂勁虛領，以中氣潛轉為軸，鬆腰下氣，身體螺旋下沉，畫內下弧做合胸開背的蛹動，雙肩鬆開似脫，下塌外碾，乘合中寓開的內捲裏合運動，由後向前做下弧立圓旋轉，引導肩井、雲門、極泉、曲池、曲澤、內關、勞宮等諸穴內氣機潛轉，膻中穴微內含，心氣與橫膈膜同步沉降，雙手同時轉換有序，互為主賓。

雙手出勁變為順纏，自身體兩側上方坐腕旋轉，借助旋腕轉膀之勁，由後向前畫下弧纏繞半圈，氣聚軸腕，上折下掤，肘微裏合，高與肩平，雙手指鬆直，虎口撐圓，勞宮穴內含，掌心向外。

同時，鬆（右）左胯，泛（左）右臀，雙胯掙衡前捲裏合，開膝合臏，雙腿裏纏，十趾抓地，襠部撐圓，借助旋踝轉腿之勁，下弧調襠，重心移至右（左）腿，六四分

成，腰勁向下鬆串，注入腳底植地生根。

　　周身合住勁，同時呼氣，氣聚中宮，眼注視前方，耳聽身後，兼顧兩腎（圖3-13）。

　　要點說明：

　　1.胸腰折疊，動作一為練習的預備勢，動作二（畫上弧半圈）至動作三（畫下弧半圈）合成為第一圈，動作四至動作五為第二圈，以此類推，遵循規矩，循環無端，功不間斷，圈自會轉圓。

圖3-13

　　2.綜上圖例所述，以身圈旋轉為動力，以節節貫串為傳遞方法，將勁別傳遞於掌指間，方可領勁。否則，手決不可妄動。這就是太極拳以身催手、以手領身的拳理，學者不可不知。

第二節　陳式太極拳手型步型

一、手　型

(一)掌

　　五指鬆直微分，虎口撐圓，勞宮穴內含，掌似瓦楞狀

（圖 3-14）。

圖 3-14

（二）拳

四指鬆直併攏，指尖向掌心捲曲握實，然後拇指彎曲扣至食指與中指的中節背面。握拳力度適中，鬆緊得當，忌握空心拳（圖 3-15）。

圖 3-15

（三）勾　手

拇指與中指肚相黏，餘下三指聚合，屈腕放鬆（圖 3-16）。

二、手　腕

圖 3-16

（一）直　腕

氣聚軸腕，手腕鬆直，氣貫指肚（圖 3-17）。

（二）坐　腕

圖 3-17

氣聚軸腕，五指放鬆斜向上，手腕上折下挷，勁貫掌根或掌沿（圖 3-18、19）。

圖 3-19

圖 3-18

(三)折　腕

氣聚軸腕，五指鬆直向下，手腕上掤下折（圖3-20）。

圖3-20

三、步　型

(一)正虛步（左右）

雙腳前後站立，後腳尖外撇45°，雙腳跟在一條直線上，距離30公分，前腳掌或腳跟向前虛點地，重心偏後，八二分成（圖3-21～24）。

圖3-21

圖3-22

圖3-23

圖3-24

(二)側虛步(左右)

雙腳平衡，外撇 15°，重心偏左（右），右（左）腳前腳掌虛點於左（右）腳內側（圖 3-25、26）。

圖 3-25　　　　　　　圖 3-26

(三)右前側虛步

重心偏左，右腳前腳掌在身體右前方虛點地（圖 3-27）。

圖 3-27

(四)川字步(左右)

雙腳一前一後，腳尖向前，寬度 75～80 公分，前腳跟

與後腳尖在一條橫線上，雙腳形同川字，重心偏前，六四分成（圖 3-28、29）。

圖 3-28

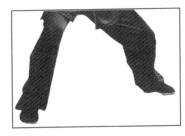

圖 3-29

(五) 弓馬步（左右）

雙胯放鬆，爭衡前捲裏合，雙腿裏纏，內撐外掤，開膝合臏，襠圓似橋拱狀，右（左）腿弓，左（右）腿蹬，步型有弓步馬步的雙重特點（圖 3-30、31）。

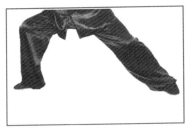

圖 3-30

圖 3-31

(六) 獨立步（左右）

鬆胯泛臀，小腹內收，關元、中極二穴共同納氣，實

圖 3-32

圖 3-33

腿腳趾抓地獨立站穩，虛腿腳趾微收，湧泉穴含吸地氣之意，膝蓋旋起，高與胯平，小腿鬆垂直豎，腳底平整（圖3-32、33）。

(七)單　叉

雙胯鬆開，襠勁撐圓，重心右移。右腿彎曲下伏，大腿與小腿折疊成90°，左腳跟向前鏟出，以右腳內側和左腳跟用力撐地，雙腿與臀部全部著地（圖3-34）。

圖 3-34

第四章

陳式太極拳提高架第一路

第一節 陳式太極拳提高架第一路拳式名稱

陳式太極拳精義

90

第二節　陳式太極拳提高架第一路拳式圖解

一、關於圖解的幾點說明

1.書中圖解的動作，是按照先師陳照奎所傳授的陳式太極拳提高架第一路，又經作者三十年修練與參悟，示範演練拍攝成照片。

2.為了便利讀者學習、查對拳式的運動路線，圖解中的拳式方位為面南背北、左東右西。待讀者修練純熟後，可根據場地任意選定方向。

3.在文字說明中，除特殊注明外，不論先寫或後寫身體某一部分，各運動部位都要同時協調活動，不要先後割裂。

4.方向轉變以人體為準標明前後左右。

5.圖上的線條是表明從這一動作到下一動作經過的路線和部位。左手左腳為虛線（┈┈┈►），右手右腳為實線（────►）。個別動作的線條受角度、方向等限制，可能不夠詳盡，應以文字說明為準。

6.某些背向、側向動作，增加了附圖，以便對照。套路中相同的拳式，可參照前面。

7.書中所要求的纏絲勁、氣機走向、呼吸等，初學時

不易參照模仿，待有一定基礎後，再細心研究。

二、拳式圖解

第一式　預備勢（面向南）

身樁端然恭立，思想鬆靜無為，心中一念無所思，一物無所著，內固精神，外示安逸（圖4-1）。

虛領頂勁，頭頸正直，前頂與後頂在百會穴上方微微相碰合住勁，使脊骨二十四節虛虛對準攏直，中氣方能領正並暢通無阻。面部肌肉放鬆微含笑意，嘴唇輕閉，牙齒微合，舌尖輕抵上腭齦齒間，下頦微收，喉頭內藏，意用鼻準頭納氣，兩耳略含豎感，靜聽身後，兼顧兩腎。眼神平視極遠，隨體鬆氣沉，合目息氣，返觀內視。

立身中正，雙肩鬆開似脫，肩井穴有意鬆沉，雲門穴內含，兩鎖骨下沉裏合，雙肩微含前捲裏合之意。兩肘向下鬆沉，肘尖含有鬆垂之意。雙腋下微向外撐，極泉穴略有下沉之感。胸大肌放鬆內斂，膻中穴聚而內含，心氣與橫膈膜同時鬆降，沉於小腹關元與中極穴之內。

與此同時，在束肋合腹的配合下，氣沖命門，促使腰部微微向身後方撐平向下塌住勁。隨著腰勁向下鬆串和尻骨（骶骨尖）上泛，使

圖 4-1

尾閭骨中正直豎含有向下鬆沉之感，似長出一條無形的腿來，以助下盤堅實穩固。

此外，雙胯掙衡前捲裏合，胯根前側形成窩狀，氣沖穴自會虛靈。隨著盆骨或坐骨結節掙衡對拉，臀部骨肉分別向左右兩側微微泛起，同時，恥骨內收，前陰收斂，穀道上提，襠部撐圓，會陰穴自虛，襠勁前合後開。雙腿向裏纏繞，兩膝關節微微彎曲，並含內撐外掤之意，臏骨輕輕由外向內、向上旋轉內合，引導腳拇趾與內虎（膝）眼穴合住勁。委中穴必須有挺拔之意，決不可軟而無力。

兩腳尖外撇 15°，腳尖外側與肩同寬。乘其腰勁向下鬆串，注入腳底植地生根。同時要求腳拇趾和二趾領勁內旋，餘下六趾隨之，十趾內收抓地，腳掌內側實外沿虛，陰陽分成而互濟，湧泉穴虛又含有吸地氣之意，清氣順雙腿直上，二氣和勁經會陰穴聚合升於小腹內，與頭頂百會穴所採納的天氣共同融會到小腹關元穴和中極穴內，構成陰陽混濁的無極狀態，等待震機。

雙臂隨肩部的鬆開似脫自然下垂，雙手指自然鬆直併攏，中指輕貼兩腿外側褲縫，凝神靜氣，等待陰聚陽震之機（圖 4-2）。

以上所述，不僅適合於預備勢，而且也是陳式太極拳運動的法則。為此，要求習練者細心體會，將此法貫穿融會於整套拳術的每一個動作之中。

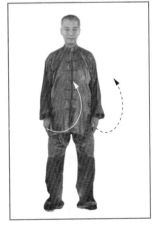

圖 4-2

第二式　金剛搗碓（面向南）

動作一：接上勢。乘氣機聚之將動未動之機，隨心意一動，頂勁虛虛自然領起，以中氣潛轉為軸（從第二式起到收勢止，每一動作都要求「頂勁虛虛領起，以中氣潛轉為軸」。以下不再一一敘述），腰勁先左後右旋套，身體螺旋下沉。雙肩鬆開似脫，下塌外碾，內捲裏合，左旋右轉，互相催領傳遞，引導肩井、雲門、極泉、曲池、曲澤、內關、勞宮、氣衝等諸穴內氣機潛轉，膻中穴微內含，胸腰先左（下弧）後右（上弧）做弧形的運化動作，牽動往來氣貼背。雙手轉換有序，互為主賓。

左手先出後入勁先逆纏後順纏，折腕旋轉，借助旋腕轉膀之勁，向左側微畫下弧，接著向右畫上弧運升至腹前，氣聚軸腕，上掤下折，肘微裏合，高與胸平，手指鬆直向下，掌心向下；右手先入後出勁先順纏後逆纏，折腕旋轉，借助旋腕轉膀之勁，向左畫下弧運至身體前，接著向右畫上弧運升至右前方，氣聚軸腕，上掤下折，肘向裏合，高與胸平，手指鬆直向下，掌心向下。

同時，鬆右胯、泛左臀，雙胯掙衡前捲裏合，開膝合膕，雙腿裏纏，十趾抓地，襠部撐圓，借助旋踝轉腿之勁，先下弧調襠，重心移於左腿，然後上弧調襠重心移於右腿，六四分成，腰勁向下鬆串，注入腳底植地生根（此要求貫穿融會於整套拳術的每一個動作之中）。

周身合中寓開，同時吸氣，氣結中宮，眼注視右方，耳聽身後，兼顧兩腎（圖4-3、4）。

圖 4-3

圖 4-4

　　動作二：接上勢。腰勁微向右旋，身體螺旋下沉微向左轉動。雙肩左催右領，引導諸穴內氣機潛轉（同上動），膻中穴微內含，心氣與橫膈膜同步沉降。雙手同時以右手為主，左手為賓。

　　右手出勁變為順纏，坐腕旋轉，借助旋腕轉膀之勁，畫下弧運至右膝上方，氣聚軸腕，內掤外折，肘向裏合，高與胯平，手指鬆直向右前下方，掌心向左前偏下；左手入勁變為逆纏，坐腕旋轉，借助旋腕轉膀之勁，畫下弧運展至腹前約 25 公分，氣聚軸腕，下掤上折，肘微裏合，高與胯平，手指鬆直向右前方，掌心向下。

　　同時，鬆右胯、泛左臀，雙胯掙衡前捲裏合，開膝合膁，雙腿裏纏，十趾抓地，襠部撐圓，借助旋踝轉腿之勁，下弧調襠，重心移於左腿，六四分成。

　　周身合中寓開，同時呼氣，氣聚中宮，眼注視右手，耳聽身後，兼顧兩腎（圖 4-5）。

圖 4-5　　　　　　　　　圖 4-6

　　動作三：接上勢。腰勁右旋，身體螺旋下沉，微向左轉動。雙肩鬆開似脫，下塌外碾，右領左催，引導諸穴內氣機潛轉（同上動），膻中穴微內含，牽動往來氣貼背。雙手轉換有序，互為主賓。

　　左手先出後入勁繼續逆纏，坐腕旋轉，借助旋腕轉膀之勁，畫上弧運展至身體左前上方約 50 公分，氣聚軸腕，外掤內折，高與嘴平，手指鬆直向右上方，掌心向左前方；右手先入後出勁繼續順纏，坐腕旋轉，借助旋腕轉膀之勁，畫下弧運展至身體前約 45 公分，氣聚軸腕，上掤下折，高與嘴平，手指鬆直向左前方，掌心向上。

　　同時，鬆左胯、泛右臀，雙胯掙衡前捲裏合，開膝合膪，雙腿裏纏，十趾抓地，襠部撐圓，借助旋踝轉腿之勁，後下弧調襠，重心移於右腿，六四分成。

　　周身合住勁，同時吸氣，氣結中宮，眼注視右手及前方，耳聽身後，兼顧兩腎（圖 4-6）。

動作四：接上勢。腰勁向左旋轉，身體螺旋下沉右轉45°。雙肩鬆開似脫，下塌外碾，內捲裹合，右催左領，膻中穴微內含，心氣與橫膈膜同步沉降。雙手以左手為主，右手為賓。

左手出勁變為順纏，坐腕旋轉，借助旋腕轉膀之勁，畫下弧運展至身體前約45公分，氣聚軸腕，上掤下折，肘向裏合，高與嘴平，手指鬆直向前，掌心向

圖4-7

右偏上；右手入勁變為逆纏，坐腕旋轉，借助旋腕轉膀之機，畫上弧運展至身體右側上方，氣聚軸腕，外掤內折，高與鼻平，手指鬆直向上偏前，掌心向外。雙手構成右上掤勢。

同時，鬆右胯、泛左臀，雙胯掙衡前捲裹合，開膝合膻，雙腿裹纏，借助旋踝轉腿之勁，後下弧調襠，重心移於左腿，六四分成。右腳跟為軸，前腳掌擦滑地面外擺75°，左膝弓度不可超越腳尖，內虎眼與腳拇趾相合。

周身合住勁，同時呼氣，氣聚中宮，眼注視前方，耳聽身後，兼顧兩腎（圖4-7）。

動作五：接上勢。腰勁向右旋轉，身體螺旋下沉，向左轉動45°。雙肩鬆開似脫，下塌外碾，內捲裹合，左催右領，膻中穴微內含，心氣與橫膈膜同步沉降，胸腰由左向右做下弧運化動作。雙手以右手為主，左手為賓。

右手出勁繼續逆纏，坐腕旋轉，借助旋腕轉膀之勁，

畫下弧繼續向身體右側上方運
展，氣聚軸腕，外掤內折，高與
嘴平，手指鬆直向上微偏前方，
掌心向外；左手入勁繼續順纏，
坐腕旋轉，借助旋腕轉膀之勁，
畫下弧繼續在身體前領勁，氣聚
軸腕，外掤內折，肘繼續裏合，
高與鼻平，手指鬆直向前，掌心
向上。

圖 4-8

同時，鬆左胯、泛右臀，雙
胯掙衡前捲裏合，開膝合臏，十
趾抓地，襠部撐圓，借助旋踝轉腿之勁，下弧調襠重心移
於右腿，六四分成。

周身合住勁，繼續呼氣，氣聚中宮，眼注視前方，耳
聽身後，兼顧兩腎（圖 4-8）。

動作六：接上勢。腰勁向左旋轉，身體螺旋下沉，右
轉 45°。雙肩鬆開似脫，下塌外碾，右催左領，膻中穴微內
含，牽動往來氣貼背。雙手以左手為主，右手為賓。

左手出勁繼續順纏，坐腕旋轉，借助旋腕轉膀之勁，
微畫上弧在身體前領勁，氣聚軸腕，上掤下折，肘向裏
合，高與眼平，手指鬆直向前上方，掌心向右上方；右手
入勁繼續逆纏，坐腕旋轉，借助旋腕轉膀之勁，在身體右
側上方畫上弧領勁，氣聚軸腕，外掤內折，高與鼻平，手
指鬆直向前上方，掌心向外。

同時，鬆右胯、泛左臀，雙胯掙衡前捲裏合，開膝合
臏，雙腿裏纏，五趾抓地，小腹關元、中極二穴共同內斂

納氣沖震命門，借助旋踝轉腿之勁，左足入勁畫上弧領左膝提起，高與胯平，小腿鬆垂直豎，腳底平整，五趾微收，湧泉穴含有吸地氣之意。腰勁順其右腿鬆串腳底植地生根。

周身合中寓開，同時吸氣，氣結中宮，眼注視前方，耳聽身後，兼顧兩腎（圖4-9）。

圖4-9

動作七：接上勢。鬆腰下氣，身體螺旋下沉。雙肩鬆開似脫，下塌外碾，右領左催，膻中穴微內含，心氣同步沉降。雙手以右手為主，左手為賓。

右手出勁繼續逆纏，坐腕旋轉，借助旋腕轉膀之勁，在身體右前上方繼續微畫上弧領勁，氣聚軸腕，外掤內折，高與鼻平，手指鬆直向上偏前，掌心向右偏上；左手入勁繼續順纏，坐腕旋轉，借助旋腕轉膀之勁，微畫上弧領勁，氣聚軸腕，上掤下折，肘向裏合，高與眼平，手指鬆直向前上方，掌心向右偏上。

同時，鬆右胯、泛左臀，雙胯掙衡前捲裏合，開膝合膕，雙腿裏纏，借助旋踝轉腿之勁，左足出勁向左前方出腿，待足伸展至七八分時，腳尖上翹裏合，以腳跟內側擦滑地面鏟出九分，使濁氣順著左腿沉降至湧泉穴，一吐即納，五趾一伸即收。

周身合住勁，同時一吸即呼，氣聚中宮，眼注視前方，耳聽身後，兼顧兩腎（圖4-10）。

圖 4-10

圖 4-11

動作八：接上勢。腰勁一鬆，向右旋轉，身體螺旋下沉，向左轉動 45°。雙肩鬆開似脫，下塌外碾，右催左領，引導諸穴內氣機潛轉（同動作三），膻中穴微內含，心氣與橫膈膜同步沉降，胸腰由右向左做下弧運化動作。雙手以左手為主，右手為賓。

左手出勁變為逆纏，折腕旋轉，借助旋腕轉膀之勁，畫下弧運展至胸前約 45 公分，氣聚軸腕，上掤下折，高與胸平，手指鬆直向右偏下，掌心向下，勁力貫注掌沿，構成左擠勢；右手入勁變為順纏，坐腕旋轉，借助旋腕轉膀之勁，畫下弧運至右膝上方，氣聚軸腕，前掤後折，肘向裏合，高與胯平，手指鬆直向右偏後，掌心向右偏前。

同時，鬆右胯、泛左臀，雙胯掙衡前捲裏合，開膝合膕，雙腿裏纏，借助旋踝轉腿之勁，下弧調襠，重心移於左腿，六四分成，左腳跟為軸，前腳掌外擺 45°徐徐落地踏實，五趾抓地，湧泉穴由吐變吸。

周身合住勁，繼續呼氣，氣聚中宮，眼注視前方，耳聽身後，兼顧兩腎（圖4-11）。

動作九：接上勢。腎氣左右上下立圓滾動，以花腰勁旋轉各領半身轉動，身體螺旋上升。雙肩鬆開似脫，下塌外碾，內捲裏合，左旋右轉互為催領，引導諸穴內氣機立圓潛轉（同上動），牽動往來氣貼背。雙手轉換有序，互為主賓。

左手先出後入勁變為順纏，順腕旋轉，借助旋腕轉膀之勁，畫下弧向前方運展，乘手臂運至將展未展之機，利用肩部的轉關過節，由順纏變為逆纏，畫上弧運回胸前約25公分，落於右前臂上，氣聚軸腕，上掤下折（腕），高與胸平，手指鬆直向右，掌心向下；右手以先入後出勁繼續順纏，坐腕旋轉，借助旋腕轉膀之勁，畫下弧運展至胸前約45公分，與左手合住勁，氣聚軸腕，上掤下折，肘向裏合，高與胸平，手指鬆直向前偏下，掌心向前偏上。

同時，鬆左胯、泛右臀，雙胯掙衡前捲裏合，開膝合臏，雙腿裏纏，借助旋踝轉腿之勁，小腹關元、中極二穴內收納氣，沖震命門，右足以先入後出勁向前畫上弧運至左腳前約30公分，前腳掌虛點地面，襠勁前合後開撐圓，重心偏於左腿，八二分成。

周身合中寓開，同時吸氣，氣結中宮，眼注視前方，耳聽身後，兼顧兩腎（圖4-12、附圖4-12）。

動作十：接上勢。腰勁鬆塌，身體螺旋下沉。雙肩鬆開似脫，下塌外碾，前捲裏合，膻中穴微內含，心氣與橫膈膜同步沉降。雙手以右手為主，左手為賓。

右手出勁繼續順纏，折腕旋轉，借助旋腕轉膀之勁，

圖 4-12　　　　　　　　　　附圖 4-12

以中指領勁畫下弧向掌心彎曲握拳捲合，引導右肩部之勁順其肩胛骨縫貫串於上臂向手上輸送，注入中指第二節，握拳力度適中，拳實不僵，拳虛不空（忌握空心拳），氣聚軸腕，下掤上折，肘微裏合，高與腹平，拳面向前偏上，拳眼向右，拳心向內上方；左手入勁繼續順纏，折腕旋轉，借助旋腕轉膀之勁，畫上弧向前翻轉滾動至右前臂內側上方，氣聚軸腕，下掤上折，肘微裏合，高與胸平，手指鬆直向右，掌心向上。

　　同時，鬆右胯、泛左臀，雙胯掙衡前捲裏合，開膝合臏，雙腿裏纏，襠勁撐圓，重心仍偏於左腿，八二分成。

　　周身合住勁，同時呼氣，氣聚中宮，眼注視前方，耳聽身後，兼顧兩腎（圖 4-13、附圖 4-13）。

　　動作十一：接上勢。鬆腰下氣，身體螺旋下沉。雙肩鬆開似脫，下塌外碾，內捲裏合，膻中穴微內含，心氣貼背。雙手以右手為主，左手為賓。

圖 4-13

附圖 4-13

　　右手出勁繼續順纏，折腕旋轉，借助旋腕轉膀之勁，利用肩井穴向下鬆串的氣與勁，通過肩胛骨縫順其臂向手背貫注，以中指根領勁畫外上弧上沖，運展至身體前上方約 35 公分，氣聚軸腕，外掤內折，肘微裏合，高與鼻平，拳面向上，拳眼向右，拳心向內；左手入勁繼續順纏，折腕旋轉，借助旋腕轉膀之勁畫外下弧運合至腹前，離腹臍一拳，氣聚軸腕，下掤上折，高與腹臍平，手指鬆直向右偏上，掌心向上，構成臼交狀態。雙手雖形成上下兩奪之形，但有一鬆即合之勢。

　　同時，鬆左胯、泛右臀，雙胯掙衡前捲裏合，開膝合臍，雙腿裏纏，襠部撐圓，借助旋踝轉腿之勁，小腹內收，引導關元、中極二穴收斂納氣，沖震命門，右足入勁提膝上頂，高與胯平，小腿鬆垂直豎，腳底平整無偏，五趾微向內收攏，湧泉穴含吸地氣之意，重心全部移於左腿立穩。腰勁順左腿向下鬆串，注入腳底植地生根。

圖 4-14

圖 4-15

　　周身渾然一體，構成負陰抱陽之狀，有一觸即發之勢，同時吸氣，氣結中宮，眼注視前方，耳聽身後，兼顧兩腎（圖 4-14）。

　　動作十二：接上勢。鬆腰下氣，身體螺旋下沉，丹田勃發鼓蕩。雙肩鬆開似脫，下塌外碾，內捲裏合，膻中穴微內含，心氣與橫膈膜同步沉降。雙手以右手為主，左手為賓。

　　右手出勁變為逆纏，折腕旋轉，借助旋腕轉膀之勁，畫外下弧沉落至左掌中，氣聚軸腕，上折下掤，高與臍平，拳面向左，拳眼向前，拳心向上；左手出勁繼續順纏，折腕旋轉，借助旋腕轉膀之勁，微畫下弧向下一沉，與右拳構成搗碓狀態合於腹前，氣聚軸腕，上折下掤，高與腹平，手指鬆直向右，掌心向上。

　　同時，鬆右胯、泛左臀，雙胯掙衡前捲裏合，開膝合膕，雙腿裏纏，襠勁撐圓，借助旋踝轉腿之勁，右足出勁

隨氣勁沉降下落，震地有聲，雙腳外側與肩同寬，重心偏於左腿，六四分成。

周身合住勁，同時呼氣，氣沉丹田，眼注前方，耳聽身後，兼顧兩腎（圖4-15）。

第三式　懶紮衣（面向南）

動作一：接上勢。腰勁向左旋轉，身體螺旋下沉，右轉30°。雙肩鬆開似脫，下塌外碾，右催左領，膻中穴微內含，心氣與橫膈膜沉降。雙手以左手為主，右手為賓。

左手出勁右手入勁繼續雙順纏，折腕旋轉，借助旋腕轉膀之勁，畫上弧運展至右膝上方，氣聚軸腕，下掤上折，肘微裏合，高與腹平，左手指鬆直向右前偏上，掌心向上偏內；右拳面向前偏上，拳眼向右上方，拳心向內上方。

同時，鬆右胯、泛左臀，雙胯掙衡前捲裏合，開膝合膕，雙腿裏纏，十趾抓地，襠部撐圓，借助旋踝轉腿之勁，後下弧調襠，重心繼續左移，七三分成。

周身合住勁，同時吸氣，氣結中宮，眼注視雙手及右前下方，耳聽身後，兼顧兩腎（圖4-16）。

動作二：接上勢。腰勁向右旋轉，身體螺旋下沉，左轉30°。雙肩鬆開似脫，下塌外

圖4-16

碾，左催右領，膻中穴微內含，心氣與橫膈膜同步沉降，胸腰由右向左做下弧運化動作。雙手以右手為主，左手為賓。

圖 4-17

右手出勁，左手入勁變為雙逆纏，折腕旋轉，借助旋腕轉膀之勁，右拳與左掌心沾黏旋動畫下弧運合至腹臍前，氣聚軸腕，上折下掤，右拳面向左，拳眼向前，拳心向上；左手指鬆直向右，掌心向上，還原成「金剛搗碓」狀態。

同時，鬆右胯、泛左臀，雙胯掙衡前捲裏合，開膝合臏，雙腿裏纏，十趾抓地，襠勁後開前合，重心仍偏於左腿，六四分成。

周身合中寓開，同時呼氣，氣聚中宮，眼注視前方，耳聽身後，兼顧兩腎（圖 4-17）。

動作三： 接上勢。腰勁向右旋轉，身體螺旋下沉，左轉 30°。雙肩鬆開似脫，下塌外碾，左催右領，膻中穴微內含，心氣與橫膈膜同步沉降。雙手繼續以右手為主，左手為賓。

右手出勁變為順纏，由拳變掌坐腕旋轉，借助旋腕轉膀之勁，畫下弧運展至左膝上方，氣聚軸腕，上掤下折，肘向裏合，高與胯平，手指鬆直向左偏下，掌心向左上方；左手入勁繼續逆纏，借助旋腕轉膀之勁，畫下弧運展至左膝上方，氣聚軸腕，上折下掤，肘向裏合，高與胯

平，手指鬆直向右偏上，掌心向上。雙手腕右上左下沾黏相搭，成十字交叉狀態，交叉點正對左膝。

同時，鬆左胯、泛右臀，雙胯掙衡前捲裏合，開膝合臏，雙腿裏纏，十趾抓地，襠部撐圓，借助旋踝轉腿之勁，後下弧調襠，重心移於右腿，六四分成。

圖4-18

周身合住勁，繼續呼氣，氣聚中宮，眼注視雙手，耳聽身後，兼顧兩腎（圖4-18）。

動作四：接上勢。腎氣立圓滾動，腰隙旋轉有序，互相傳遞，腰勁螺旋轉動，身體旋轉下沉，微向右轉動。雙肩鬆開似脫，下塌外碾，左旋右轉，互為催領，帶動雙肩窩（雲門穴）氣機潛轉，胸背開合轉換有度，胸腰先下後上做弧形運化動作。雙手虛實轉換有序，互為主賓。

右手先出後入勁變為逆纏，借助旋腕轉膀之勁，畫上弧運升至臉前約30公分，氣聚軸腕，內折外掤，肘微裏合，高與鼻平，手指鬆直向上，掌心向左；左手以先入後出勁變為順纏，借助旋腕轉膀之勁，畫下弧運展至身體左側上方時，乘肩部的轉關過節，變為逆纏，接著畫上弧運至臉前約30公分，氣聚軸腕，內折外掤，肘微裏合，高與鼻平，手指鬆直向上，掌心向右。雙手腕沾黏旋轉，成左外右內十字交叉狀態，雙手背相對，手指含相吸相合之意。

同時，鬆右胯、泛左臀，雙胯掙衡前捲裏合，開膝合臏，雙腿裏纏，十趾抓地，襠部撐圓，借助旋踝轉腿之勁，下弧調襠，重心移於左腿，六四分成。

周身合中寓開，同時吸氣，氣結中宮，眼注視雙手及前方，耳聽身後，兼顧兩腎（圖4-19）。

圖4-19

動作五：接上勢。腎氣滾動，雙腰隙立圓旋轉，腰勁向右旋套，身體螺旋下沉。雙肩鬆開似脫，下塌外碾，左催右領，膻中穴微內含，心氣與橫膈膜同步沉降。雙手以右手為主，左手為賓。

右手出勁繼續逆纏，微畫上弧，勁貫掌沿，高與鼻平，手指鬆直向左，掌心向內；左手入勁變為順纏，借助旋腕轉膀之勁，運用採按之法畫外弧運合至左膝上方，氣聚軸腕，上折下捌，肘向裏合，高與胯平，手指鬆直向前，掌心向下。雙手成右掤左採之勢。

同時，鬆左胯、泛右臀，雙胯掙衡前捲裏合，開膝合臏，雙腿裏纏，十趾抓地，襠部撐圓，借助旋踝轉腿之勁，後下弧調襠，重心移於右腿，六四分成。

周身合住勁，同時呼氣，氣聚中宮，眼注視右手及前方，耳聽身後，兼顧兩腎（圖4-20）。

動作六：接上勢。腰勁向右旋套，身體螺旋下沉。雙肩鬆開似脫，下塌外碾，繼續左催右領，膻中穴微內含，

圖 4-20   圖 4-21

心氣與橫膈膜同步沉降。雙手以右手為主，左手為賓。

　　右手出勁繼續逆纏，借助旋腕轉膀之勁，畫上弧運展
至身體右側上方，氣聚軸腕，外掤內折，高與眼平，手指
鬆直向上，掌心向前偏右；左手入勁變為逆纏，借助旋腕
轉膀之勁，畫下弧運展至左膝上方外側，氣聚軸腕，上折
下掤，肘微裏合，高與胯平，手指鬆直向左下方，掌心向
後。

　　同時，鬆左膀、泛右臀，雙胯掙衡前捲裏合，開膝合
臏，雙腿裏纏，十趾抓地，襠部撐圓，借助旋踝轉腿之
勁，上弧調襠，重心繼續右移，七三分成。

　　周身合住勁，同時吸氣，氣結中宮，眼注視右手及右
前方，耳聽身後，兼顧兩腎（圖 4-21）。

　　動作七：接上勢。腰勁向左旋套，身體螺旋下沉。雙
肩鬆開似脫，下塌外碾，右催左領，膻中穴微內含，心氣
與橫膈膜同步沉降。雙手以左手為主，右手為賓。

左手出勁變為順纏，坐腕翻掌旋轉，借助旋腕轉膀之勁，經左側畫下弧運升至左側上方，氣聚軸腕，內折外掤，肘向裏合，高與鼻平，手指鬆直向左偏上，掌心向前；右手入勁變為順纏，借助旋腕轉膀之勁，畫下弧運合至右膝外側，氣聚軸腕，上掤下折，肘向裏合，高

圖 4-22

與胯平，手指鬆直向右下方，掌心向前下。

　　同時，鬆左胯、泛右臀，雙胯挣衡前捲裏合，開膝合臏，雙腿裏纏，襠部撐圓，借助旋踝轉腿之勁，下弧調襠，重心移於左腿，右足入勁，膝蓋上提，高與胯平，小腿鬆垂直豎，腳底平整，五趾微收，湧泉穴內含吸地氣之意。小腹聚合收斂，引導關元、中極二穴納氣，沖震命門。腰勁順左腿向下鬆串，注入腳底植地生根。

　　周身合中寓開，繼續吸氣，氣結中宮，眼注視右手，耳聽身後，兼顧兩腎（圖4-22）。

　　動作八：接上勢。腰勁繼續向左旋套，身體螺旋下沉。雙肩鬆開似脫，下塌外碾，內捲裏合，膻中穴微內含，心氣與橫膈膜同步沉降。雙手以右手為主，左手為賓。

　　右手出勁繼續逆纏，借助旋腕轉膀之勁，經腹臍前畫下弧運展至身體前約45公分，氣聚軸腕，下折上掤，肘向

裏合，高與鼻平，手指鬆直向前，掌心向左上方；左手入勁變為逆纏，借助旋腕轉膀之勁，經左肩上方屈肘畫上弧運合至右上臂內側，氣聚軸腕，內折外掤，肘微裏合，高與肩平，手指鬆直向上，掌心向右。

圖 4-23

同時，鬆左胯、泛右臀，雙胯掙衡前捲裏合，開膝合臏，雙腿裏纏，襠部撐圓，借助旋踝轉腿之勁，右足出勁畫下弧向右側出腿開步（以自己一腿為度），以足拇趾領勁，腳尖上翹裏合，腳跟內側擦滑地面鏟地而出，重心仍偏於左腿，八二分成。

周身開中寓合，同時吸氣，氣結中宮，眼注視右方，耳聽身後，兼顧兩腎（圖 4-23）。

動作九：接上勢。腰勁向右旋轉，身體螺旋下沉，微向左轉。雙肩鬆開似脫，下塌外碾，並左催右領，膻中穴微內含，牽動往來氣貼背。雙手以右手為主，左手為賓。

右手出勁繼續順纏，借助旋腕轉膀之勁，手引身進畫下弧向左上方引渡，氣聚軸腕，上掤下折，肘向裏合，高與鼻平，手指鬆直向前，掌心向左上方。成手引身進之勢，勁貫肩背，呈顯「靠」威；左手入勁繼續逆纏，借助旋腕轉膀之勁，沾黏右臂內側畫下弧纏繞小半圈，氣聚軸腕，內折外掤，肘微裏合，高與肩平，手指鬆直向上，掌

圖 4-24

圖 4-25

心向右偏前。

　　同時，鬆左胯、泛右臀，雙胯挣衡前捲裏合，開膝合
臍，雙腿裏纏，襠部撐圓，借助旋踝轉腿之勁，後下弧調
襠，重心移於右腿，六四分成，右前腳掌徐徐落地，五趾
及時抓地。

　　周身合中寓開，同時呼氣，氣聚中宮，眼注視右下
方，耳聽身後，兼顧兩腎（圖 4-24）。

　　動作十：接上勢。腰勁向左旋轉，身體螺旋下沉。雙
肩鬆開似脫，下塌外碾，左催右領，膻中穴微內含，牽動
往來氣貼背。雙手以右手為主，左手為賓。

　　右手出勁變為逆纏，坐腕翻掌旋轉，借助旋腕轉膀之
勁，畫上弧運展至身體右側上方，氣聚軸腕，內折外掤，
高與鼻平，手指鬆直向右前方；左手入勁繼續逆纏，借助
旋腕轉膀之勁，畫下弧運合至腹臍前，氣聚軸腕，上折下
掤，高與臍平，手指鬆直向右，掌心向下。

同時，鬆左胯、泛右臀，雙胯掙衡前捲裏合，開膝合膪，雙腿裏纏，十趾抓地，襠部撐圓，借助旋踝轉腿之勁，重心繼續右移，七三分成，左腳跟為軸，腳尖微內合裏扣。

周身合住勁，同時吸氣，氣結中宮，眼注視右手，耳聽身後，兼顧兩腎（圖4-25）。

動作十一：接上勢。腰勁向右旋轉，身體螺旋下沉，微左轉。雙肩鬆開似脫，下塌外碾，左催右領，膻中穴微內含，心氣與橫膈膜同步沉降。雙手以右手為主，左手為賓。

右手出勁變為順纏，借助旋腕轉膀之勁，畫上弧在原位纏繞小半圈，氣聚軸腕，上折下掤，肘向裏合，高與眼平，手指鬆直向右前上方，虎口撐圓，勞宮穴向外吐勁，待勁力貫注中指肚的一瞬間，意加停息，勞宮穴及時內含，將氣勁經手臂復歸丹田之中，掌心向前下方；左手入勁變為順纏，折腕旋轉，借助旋腕轉膀之勁，翻掌畫下弧纏繞小半圈，氣聚軸腕，上折下掤，高與臍平，手指鬆直向右偏上，掌心向上。

同時，鬆右胯、泛左臀，雙胯掙衡前捲裏合，開膝合膪，雙腿裏纏，十趾抓地，襠部撐圓，借助旋踝轉腿之勁，下弧調襠，重心移至左腿（右膝蓋的弓度不可失），六四分成。

周身合住勁，同時呼氣，氣沉丹田，眼注視右手，耳聽身後，兼顧兩腎（圖4-26）。

圖 4-26　　　　　　　　圖 4-27

第四式　六封四閉（面向南）

動作一：接上勢。腰勁一鬆，向右旋套，身體螺旋下沉。雙肩鬆開似脫，下塌外碾，左催右領，膻中穴微內含，牽動往來氣貼背。雙手以右手為主，左手為賓。

右手出勁變為逆纏，坐腕側折旋轉，借助旋腕轉膀之勁，畫上弧向內圈合，氣聚軸腕，內折外掤，高與眼平，手指鬆直向左上方，勁貫虎口間，掌心向前；左手入勁變為逆纏，折腕旋轉，借助旋腕轉膀之勁，畫上弧向內、向上圈合，左前臂旋轉上掤，尺、橈二骨扭摽翻轉，氣聚軸腕，內折外掤，肘微裏合，高與腹平，手指鬆直向內（中指與無名指尖沾黏腹臍），掌心向內。

同時，鬆左胯、泛右臀，雙胯掙衡前捲裏合，開膝合臍，雙腿裏纏，十趾抓地，襠部撐圓，借助旋踝轉腿之勁，下弧調襠，重心移於右腿，六四分成。

周身合住勁，同時吸氣，氣結中宮，眼注視右手及右前方，耳聽身後，兼顧兩腎（圖4-27）。（如快慢相間練習，可根據上述要領，動作加速，一抖即鬆，同時呼氣，氣聚中宮）。

動作二：接上勢。腰勁一鬆，向左旋套，身體螺旋下沉。雙肩鬆開似脫，下塌外碾，右催左領，膻中穴微內

圖4-28

含，心氣與橫膈膜同步沉降。雙手以左手為主，右手為賓。

左手出勁變為順纏，腹前折腕旋轉，借助旋腕轉膀之勁，沾黏腹部由右向左畫下弧纏繞小半圈，氣聚軸腕，上折下捆，高與臍平，手指鬆直向右，掌心向上；右手入勁變為順纏，借助旋腕轉膀之勁，畫下弧運合至右膝內側，氣聚軸腕，上折下捆，肘向裏合，高與膝平，手指鬆直向右，掌心向下。

同時，鬆右胯、泛左臀，雙胯掙衡前捲裏合，開膝合膕，雙腿裏纏，十趾抓地，襠部撐圓，借助旋踝轉腿之勁，下弧調襠，重心移於左腿，六四分成。

周身合中寓開，同時呼氣，氣聚中宮，眼注視右手及右下方，耳聽身後，兼顧兩腎（圖4-28）。

動作三：接上勢。腰勁向左旋轉，身體螺旋下沉，右轉45°。雙肩鬆開似脫，下塌外碾，立圓旋轉，胸開背合

有序，胸腰折疊蛹動有度。雙手以右手為主，左手為賓。

右手出勁變為逆纏，折腕旋轉，借助旋腕轉膀之勁，畫上弧運合至胸腹前與左手合住勁，氣聚兩軸腕，上掤下折，肘微裏合，高與胸平，手指鬆直向下，掌心向右後下方；左手入勁變為逆纏，折腕旋轉，借助旋腕轉膀之勁，畫上弧運合至胸腹前與右手合住勁，氣

圖 4-29

聚軸腕，內折外掤，肘微裏合，高與胸平，手指鬆直向下，手心向內偏下。

同時，鬆左膀、泛右臀，雙膀掙衡前捲裏合，開膝合臏，雙腿裏纏，十趾抓地，襠部撐圓，借助旋踝轉腿之勁，上弧調襠，重心移於右腿，六四分成。

周身合住勁，同時吸氣，氣結中宮，眼注視右前方，耳聽身後，兼顧兩腎（圖 4-29）。

動作四：接上勢。鬆腰下沉，身體螺旋下沉。雙肩鬆開似脫，下塌外碾，前捲裏合，胸合背開，膻中穴微內含，牽動往來氣貼背。雙手以左手為主，右手為賓。

左手出勁變為順纏，折腕旋轉，借助旋腕轉膀之勁，畫上弧運展至身體右前方約 40 公分，氣聚軸腕，內折外掤，高與肩平，手指鬆直向右，掌心向內；右手入勁繼續逆纏，坐腕旋轉，借助旋腕轉膀之勁，畫上弧運展至身體右前方約 45 公分，氣聚軸腕，內折外掤，高與鼻平，手指

鬆直向左，掌心向右前方。雙
手背相對相合含有相吸之意。

同時，鬆右胯、泛左臀，
雙胯掙衡前捲裏合，開膝合
臏，雙腿裏纏，十趾抓地，襠
部撐圓，借助旋踝轉腿之勁，
下弧調襠，重心移於左腿，六
四分成。

周身合住勁，同時呼氣，
氣聚中宮，眼注視雙手及右前
方，耳聽身後，兼顧兩腎（圖
4-30）。

圖 4-30

動作五：接上勢。腰勁向右旋轉，身體螺旋下沉微向
左轉。雙肩鬆開似脫，下塌外碾，左催右領，膻中穴微內
含，心氣與橫膈膜同步沉降。胸腰由右向左做下弧運化動
作。雙手以右手為主，左手為賓。

右手出勁變為順纏，坐腕旋轉，借助旋腕轉膀之勁，
畫下弧運展至身體右前方約 45 公分，氣聚軸腕，下折上
掤，肘向裏合，高與肩平，手指鬆直向右，掌心向上；左
手入勁變為逆纏，折腕旋轉，借助旋腕轉膀之勁，畫下弧
運展至身體左前方約 50 公分，氣聚軸腕，上掤下折，肘微
裏合，高與肩平，手指鬆直向下偏內，掌心向下。

同時，鬆右胯、泛左臀，雙胯掙衡前捲裏合，開膝合
臏，雙腿裏纏，十趾抓地，襠部撐圓，借助旋踝轉腿之
勁，下弧調襠，重心移於左腿，六四分成。

周身開中寓合，同時一吸即呼，氣聚中宮，眼注視右

圖 4-31

圖 4-32

手及右前方，耳聽身後，兼顧兩腎（圖4-31）。

動作六：接上勢。腰勁繼續向右旋轉，身體螺旋下沉微向左轉。雙肩鬆開似脫，下塌外碾，並掙衡對拉旋轉，引導肩井、雲門、極泉、曲池、曲澤、內關諸穴內氣機潛轉，胸開背合。雙手以右手為主，左手為賓。

右手出勁變為逆纏，左手入勁繼續逆纏，坐腕旋轉，借助旋腕轉膀之勁，以肘為旋動樞紐，向左右兩側畫後上弧運合至耳旁，氣聚軸腕，上掤下折，肘向上挑，手指鬆直向內，掌心向上偏前，高與耳平。

同時，鬆左胯、泛右臀，雙胯掙衡前捲裏合，開膝合臏，雙腿裏纏，十趾抓地，襠部撐圓，重心在左，六四分成。

周身合住勁，同時吸氣，氣結中宮，眼注視右前方，耳聽身後，兼顧兩腎（圖4-32）。

動作七：接上勢。鬆腰下氣，身體螺旋下沉。雙肩鬆

開似脫，下塌外碾，內捲裏合，膻中穴微內含，心氣沉降。雙手轉換有序，互為主賓。

雙手入勁變為雙順纏，坐腕旋轉，借助旋腕轉膀之勁，畫下弧運合至雙頰，氣聚軸腕，外折內掤，兩肘同向裏合，高與胸平，雙手指鬆直向上，掌心向內，並含相吸相合之意。

圖4-33

同時，鬆右胯、泛左臀，雙胯掙衡前捲裏合，開膝合膁，雙腿裏纏，十趾抓地，襠部撐圓。

周身合中寓開，同時呼氣，氣結中宮，眼注視右方偏下，耳聽身後，兼顧兩腎（圖4-33）。

動作八：接上勢。腰勁向右旋套，身體螺旋下沉。雙肩鬆開似脫，下塌外碾，左催右領，膻中穴微內含，心氣與橫膈膜同步沉降。胸腰由左向右做下弧運化動作。雙手以右手為主，左手為賓。

右手出勁變為逆纏，坐腕旋轉，借助旋腕轉膀之勁，畫下弧經胸腹運至右胯外側，乘其勁落點的一瞬間，由逆纏變為順纏放鬆，氣聚軸腕，內折外掤，高與胯平，手指鬆直向前，掌心向右下方；左手入勁變為逆纏，坐腕旋轉，借助旋腕轉膀之勁，畫下弧經胸腹運至右胯前，乘其勁落點的一瞬間，由逆纏變為順纏放鬆，氣聚軸腕，上折下掤，肘微裏合，高與胯平，手指鬆直向右，掌心向右下

方。

同時，鬆左胯、泛右臀（右胯外側向右凸出，成胯靠），雙胯掙衡前捲裏合，開膝合臏，雙腿裏纏，借助旋踝轉腿之勁，下弧調襠，重心移於右腿，左足入勁以前腳掌擦滑地面，畫後弧運至右腳內側，前腳掌虛點地面，雙腳構成不丁不八狀態，八二分成。

圖 4-34

周身合住勁，同時一吸即呼，氣沉丹田，眼注視雙手及右下方，耳聽身後，兼顧兩腎（圖 4-34）。

第五式　單鞭（面向南）

動作一：接上勢。腰勁向左旋轉，身體螺旋下沉，右轉 45°。雙肩鬆開似脫，下塌外碾，右催左領，膻中穴微內含，心氣與橫膈膜同步沉降。雙手以左手為主，右手為賓。

左手出勁繼續順纏，坐腕翻掌旋轉，借助旋腕轉膀之勁，畫下弧運展至身體前約 45 公分，氣聚軸腕，下折上掤，肘向裏合，高與胸平，手指鬆直向右前下方，掌心向右前偏上；右手入勁繼續順纏，坐腕翻掌旋轉，借助旋腕轉膀之勁，畫下弧運合至左前臂內側（右小指肚外側沾黏左前臂），氣聚軸腕，下折上掤，肘微裏合，高與胸平，手指鬆直向右前下方，掌心向上偏內。

同時，鬆右胯、泛左臀，雙胯掙衡前捲裏合，開膝合

臍，雙腿裏纏，十趾抓地，襠部撐圓，借助旋踝轉腿之勁，左腿以前腳掌為軸向外撐地裏扣，下弧調襠，重心移於左腿（仍以前腳掌點地），六四分成。

周身合中寓開，同時吸氣，氣結中宮，眼注視左手，耳聽身後，兼顧兩腎（圖4-35）。

圖 4-35

動作二：接上勢。腰勁一鬆，向右旋轉，身體螺旋下沉，左轉45°。雙肩鬆開似脫，下塌外碾，左催右領，引導諸穴內氣機潛轉，膻中穴微內含，心氣與橫膈膜同步沉降。胸腰由左向右做後下弧運化動作。雙手以右手為主，左手為賓。

右手出勁變為逆纏，翻掌折腕旋轉，借助旋腕轉膀之勁，畫外上弧運展至身體右側，氣聚軸腕，上掤下折，肘向裏合，由掌變為勾手，高與肩平，手指鬆直合攏向右下方，勾手向後偏下；左手入勁繼續順纏，折腕旋轉，借助旋腕轉膀之勁，畫下弧運合至腹臍前，氣聚軸腕，上折下掤，手指鬆直向右偏上，掌心向上。

同時，鬆左胯、泛右臀，雙胯掙衡前捲裏合，開膝合襠，雙腿裏纏，借助旋踝轉腿之勁，左腳以前腳掌為軸，腳跟向內撐轉扣合，下弧調襠，重心移於右腿，八二分成，雙腳形成不丁不八之態勢。

周身合住勁，同時呼氣，氣聚中宮，眼注視右方，耳

聽身後，兼顧兩腎（圖 4－
36）。

圖 4-36

　　動作三：接上勢。腰勁向
右旋套，身體螺旋下沉。雙肩
鬆開似脫，下塌外碾，左催右
領，膻中穴微內含，心氣與橫
膈膜同步沉降。胸腰由左向右
做下弧運化動作。雙手繼續以
右手為主，左手為賓。

　　右手出勁繼續逆纏，折腕
旋轉，借助旋腕轉膀之勁，畫
下弧運展至身體右側上方，氣聚軸腕，外折內掤，肘微裏
合，高與肩平，勾手向右偏下；左手入勁繼續逆纏，折腕
旋轉，借助旋腕轉膀之勁，沾黏腹臍畫下弧隨身法向右運
轉，氣聚軸腕，上折下掤，手指鬆直向右偏上，掌心向上。

　　同時，鬆右胯、泛左臀，雙胯掙衡前捲裏合，開膝合
臏，雙腿裏纏，借助旋踝轉腿之勁，下弧調襠，重心繼續
向右移動，待左腿將虛未虛之機，小腹關元、中極二穴及
時內收納氣，左足入勁畫上弧領左膝旋起，高與胯平，小
腿鬆垂直豎，腳底平整，五趾微向內收，湧泉穴含吸地氣
之意。

　　周身合住勁，同時吸氣，氣結中宮，眼注視左下方，
耳聽身後，兼顧兩腎（圖 4-37）。

　　動作四：接上勢。鬆腰下沉，身體螺旋下沉。雙肩鬆
開似脫，下塌外碾，繼續左催右領，膻中穴微內含，心氣
與橫膈膜同步沉降。雙手以右手為主，左手為賓。

圖 4-37　　　　　　　　　　圖 4-38

　　右手出勁繼續逆纏，微畫下弧繼續向身體右側上方領
勁，氣聚軸腕，外折內掤，肘向裏合，高與肩平，手指鬆
直向右偏下，掌心向右下方；左手入勁繼續順纏，折腕旋
轉，借助旋腕轉膀之勁，繼續沾黏腹臍畫下弧隨身法向右領
勁，氣聚軸腕，上折下掤，手指鬆直向右偏上，掌心向上。

　　同時，鬆右胯、泛左臀，雙胯掙衡前捲裏合，開膝合
臏，雙腿裏纏，襠勁撐圓，借助旋踝轉腿之勁，左足出勁
畫下弧向左側出腿（以自己的一腿長為度），腳尖上翹裏
合，腳跟內側擦滑地面鏟地而出，使濁氣順其腿降至湧泉
穴，一吐即納，五趾一伸即收。

　　周身合住勁，繼續吸氣，氣結中宮，眼注視左下方，
耳聽身後，兼顧兩腎（圖 4-38）。

　　動作五：接上勢。腰勁一套，向左旋轉，身體螺旋下
沉。雙肩鬆開似脫，下塌外碾，左催右領，引導諸穴內氣
潛轉，膻中穴微內含，心氣與橫膈膜同步沉降，胸腰由右

向左做下弧運化動作。雙手以左手為主，右手為賓。

左手出勁繼續順纏，折腕旋轉，借助旋腕轉膀之勁，隨身法畫下弧向左領勁，以小指肚外側沾黏腹臍下沿，氣聚軸腕，上折下掤，手指鬆直向右偏上，掌心向上；右手入勁變為順纏，折腕旋轉，畫下弧運展至身體右側上方，氣聚軸腕，下折上掤，肘向裏合，高與肩平，手指鬆直向下，掌心向下。

圖 4-39

同時，鬆右胯、泛左臀，雙胯掙衡前捲裏合，開膝合膕，雙腿裏纏，五趾抓地，襠部撐圓，借助旋踝轉腿之勁，下弧調襠，重心移至左腿，六四分成，左腳尖外擺45°，徐徐落地踏實，五趾及時抓地；右腳以腳跟為軸，足尖向裏扣合 45°，襠部前合後開。

周身合住勁，同時呼氣，氣聚中宮，眼注視左方，耳聽身後，兼顧兩腎（圖 4-39）。

動作六：接上勢。腰勁向右旋套，身體螺旋下沉。雙肩鬆開似脫，下塌外碾，並左催右領，膻中穴微內含，心氣與橫膈膜同步沉降，胸腰由左向右做下弧運化動作。雙手以右手為主，左手為賓。

右手出勁變為逆纏，折腕旋轉，借助旋腕轉膀之勁，畫下弧繼續向右側上方領起，氣聚軸腕，外折內掤，肘微裏合，高與肩平，手指鬆直向右偏下，掌心向右偏下；左

手入勁變為逆纏，坐腕旋轉，借助旋腕轉膀之勁，畫下弧運升至胸前，氣聚軸腕，外掤內折，肘微裏合，手指鬆直向上，掌心向右。

圖 4-40

同時，鬆左胯、泛右臀，雙胯掙衡前捲裏合，開膝合臏，雙腿裏纏，十趾抓地，襠部撐圓，借助旋踝轉腿之勁，下弧調襠，重心移於右腿，六四分成。

周身合住勁，同時吸氣，氣結中宮，眼注視左手，耳聽身後，兼顧兩腎（圖 4-40）。

動作七：接上勢。腰勁向右旋轉，身體螺旋下沉。雙肩鬆開似脫，下塌外碾，掙衡前捲對拉拔長，膻中穴微內含，牽動往來氣貼背。雙手以左手為主，右手為賓。

左手出勁繼續逆纏，翻掌坐腕旋轉，借助旋腕轉膀之勁畫上弧運展至身體左側，氣聚軸腕，內折外掤，高與肩平，手指鬆直向上偏前，掌心向左；右手入勁繼續逆纏，折腕（勾手）旋轉，借助旋腕轉膀之勁，畫下弧繼續向身體右側上方運展領勁，氣聚軸腕，下折上掤，肘微裏合，高與肩平，手指鬆直向右下方，手掌心向右偏下。

同時，鬆右胯、泛左臀，雙胯掙衡前捲裏合，開膝合臏，雙腿裏纏，十趾抓地，襠部撐圓，借助旋踝轉腿之勁，向左上弧調襠，重心移於左腿，六四分成。

周身開中寓合，同時吸氣，氣結中宮，眼注視左手及

左前方，耳聽身後，兼顧
兩腎（圖4-41）。

　　動作八：接上勢。腰
勁向左旋轉，身體螺旋下
沉。雙肩鬆開似脫，下塌
外碾，右催左領，膻中穴
微內含，心氣與橫膈膜同
步沉降。雙手以左手為
主，右手為賓。

　　左手出勁變為順纏，
折腕旋轉，借助旋腕轉膀
之勁，微畫上弧旋至身體
左前上方，氣聚軸腕，上
折下掤，肘向裏合，高與
鼻平，手指鬆直向左，掌
心向下偏前；右手入勁變
為順纏，坐腕旋轉，借助
旋腕轉膀之勁，微畫上弧
旋至身體右前上方，氣聚
軸腕，上折下掤，肘向裏
合，高與眼平，手指合攏
放鬆彎曲向右前偏下，形
成桃形。

圖4-41

圖4-42

　　同時，鬆左胯、泛右臀，雙胯掙衡前捲裏合，開膝合
臏，雙腿裏纏，十趾抓地，襠部撐圓，借助旋踝轉腿之
勁，下弧調襠，重心移至右腿，六四分成。

周身合住勁，同時呼氣，氣沉丹田，眼注視左前方，耳聽身後，兼顧兩腎（圖4-42）。

第六式　第二金剛搗碓

動作一：接上勢。腰勁向右旋轉，身體螺旋下沉，左轉45°。雙肩鬆開似脫，下塌外碾，右催左領，引導肩井、雲門、極泉、曲池、曲澤、內關等諸穴內氣機潛轉，膻中穴微內含，心氣與橫膈膜同步沉降，胸腰由右向左做下弧運化動作。雙手以左手為主，右手為賓。

左手出勁變為逆纏，坐腕旋轉，借助旋腕轉膀之勁，畫下弧繼續向身體左側上方外碾，氣聚軸腕，外掤內折，高與眼平，手指鬆直向左前上方，掌心向左；右手入勁繼續順纏，坐腕旋轉，借助旋腕轉膀之勁，畫下弧經右胯運展至小腹前約40公分，氣聚軸腕，內折外掤，肘向裏合，手指鬆直向左前方，掌心向左。

同時，鬆右胯、泛左臀，雙胯掙衡前捲裏合，開膝合膕，雙腿裏纏，十趾抓地，襠部撐圓，借助旋踝轉腿之勁，下弧調襠，重心移於左腿，六四分成。

周身合住勁，同時吸氣，氣結中宮，眼注視左前方，耳聽身後，兼顧兩腎（圖4-43）。

圖4-43

動作二：接上勢。腰勁向右旋套，身體螺旋下沉，右轉45°。雙肩鬆開似脫，下塌外碾，左催右領，引導諸穴內氣機潛轉（同上動），膻中穴微內含，牽動往來氣貼背，胸腰由左向右做上弧運化動作。雙手以右手為主，左手為賓。

　　右手出勁由順纏變為逆纏，坐腕旋轉，借助旋腕轉膀之勁，畫上弧運展至身體右前上方，氣聚軸腕，上掤下折，高與眼平，手指鬆直向左上方，掌心向右偏上；左手入勁變為順纏，坐腕旋轉，借助旋腕轉膀之勁，畫上弧運展至身體前，氣聚軸腕，下折上掤，肘向裏合，高與眼平，手指鬆直向左偏上，掌心向右上方。

　　同時，鬆左胯、泛右臀，雙胯掙衡前捲裏合，開膝合膕，雙腿裏纏，十趾抓地，襠部撐圓，借助旋踝轉腿之勁，上弧調襠，重心移於右腿，六四分成。

　　周身合住勁，繼續吸氣，氣結中宮，眼注視左方，耳聽身後，兼顧兩腎（圖4-44）。

　　動作三：接上勢。與第二式「金剛搗碓」的動作八相同，略（參見圖4-11）。

　　動作四：接上勢。與第二式「金剛搗碓」的動作九相同，略（參見圖4-12）。

　　動作五：接上勢。與第二式「金剛搗碓」的動

圖4-44

作十相同，略（參見圖 4-13）。

動作六：接上勢。與第二式「金剛搗碓」的動作十一相同，略（參見圖 4-14）。

動作七：接上勢。與第二式「金剛搗碓」的動作十二相同，略（參見圖 4-15）。

第七式　白鵝亮翅（面向東北）

動作一：接上勢。與第三式「懶紮衣」的動作一相同，略（參見圖 4-16）。

動作二：接上勢。與第三式「懶紮衣」的動作二相同，略（參見圖 4-17）。

動作三：接上勢。與第三式「懶紮衣」的動作三相同，略（參見圖 4-18）。

動作四：接上勢。與第三式「懶紮衣」的動作四相同，略（參見圖 4-19）。

動作五：接上勢。與第三式「懶紮衣」的動作五相同，略（圖 4-45）。

動作六：接上勢。腰勁向右旋套，身體螺旋下沉。雙肩鬆開似脫，下塌外碾，左催右領，膻中穴微內含，心氣與橫膈膜同步沉降。雙手以右手為主，左手為賓。

右手出勁繼續逆纏，坐腕旋轉，借助旋腕轉膀之勁，畫上弧

圖 4-45

運展至身體右前上方，氣聚軸
腕，內折外掤，肘微裏合，高與
眼平，手指鬆直向左前上方，掌
心向右前方；左手入勁由順纏變
為逆纏，坐腕旋轉，借助旋腕轉
膀之勁，畫下弧運至左膝外側，
氣聚軸腕，上折下掤，肘微裏
合，高與胯平，手指鬆直向左下
方，掌心向後。

圖 4-46

同時，鬆左胯、泛右臀，雙
胯掙衡前捲裏合，開膝合臏，雙
腿裏纏，十趾抓地，襠部撐圓，借助旋踝轉腿之勁，上弧
調襠，重心繼續右移，七三分成。

周身合住勁，同時吸氣，氣結中宮，眼注視右手及右
前方，耳聽身後，兼顧兩腎（圖 4-46）。

動作七：接上勢。腰勁向左旋套，身體螺旋下沉，左
轉45°。雙肩鬆開似脫，下塌外碾，右催左領，膻中穴微
內含，心氣與橫膈膜同步沉降。雙手以左手為主，右手為
賓。

左手出勁變為順纏，坐腕翻掌旋轉，借助旋腕轉膀之
勁，經身體左側畫下弧運升至身體左側上方，氣聚軸腕，
內折外掤，肘向裏合，高與眼平，手指鬆直向左偏上，掌
心向左前方；右手入勁變為順纏，坐腕旋轉，借助旋腕轉
膀之勁，畫下弧運合至右膝外側，氣聚軸腕，上掤下折，
肘向裏合，高與胯平，手指鬆直向右偏下，掌心向左前
方。

同時，鬆左胯、泛右臀，雙胯掙衡前捲裏合，開膝合襠，雙腿裏纏，借助旋踝轉腿之勁，下弧調襠，重心移於左腿，小腹聚合收斂，引導關元、中極二穴納氣，沖震命門。右足入勁畫下弧領起膝蓋，高與胯平，小腿鬆垂直豎，腳底平整，五趾微內收，湧泉穴含吸地氣之意。腰勁順左腿向下鬆串，注入腳底植地生根。

圖 4-47

周身合中寓開，繼續吸氣，氣結中宮，眼注視右手及右下方，耳聽身後，兼顧兩腎（圖4-47）。

動作八：接上勢。腰勁向右旋轉，身體螺旋下沉。雙肩鬆開似脫，下塌外碾，內捲裏合，膻中穴微內含，心氣與橫膈膜同步沉降。雙手以右手為主，左手為賓。

右手出勁繼續順纏，坐腕旋轉，借助旋腕轉膀之勁，經腹臍前畫下弧運展至身體前約45公分，氣聚軸腕，上掤下折，肘向裏合，高與肩平，手指鬆直向前，掌心向左偏上；左手入勁變為逆纏，坐腕旋轉，借助旋腕轉膀之勁，畫上弧經左肩上方屈肘運合至右上臂內側，氣聚軸腕，內折外掤，肘微裏合，高與肩平，手指鬆直向上，掌心向右。

同時，鬆左胯、泛右臀，雙胯掙衡前捲裏合，開膝合襠，雙腿裏纏，十趾抓地，襠部撐圓，借助旋踝轉腿之勁，右足出勁畫下弧向右前方出腿（以自己一腿為度），

以足大趾領勁，腳尖上翹裏合，腳跟內側鏟地而出，重心仍偏於左腿，七三分成。

周身合中寓開，同時吸氣，氣結中宮，眼注視右方，耳聽身後，兼顧兩腎（圖4-48）。

動作九：接上勢。腰勁向右旋轉，身體螺旋下沉。雙肩鬆開似脫，下塌外碾，左催右領，膻中穴微內含，牽動往來

圖4-48

氣貼背。雙手以右手為主，左手為賓。

右手出勁繼續逆纏，坐腕旋轉，借助旋腕轉膀之勁，乘身體右進纏繞畫下弧向左領著勁，成靠擊姿勢，氣聚軸腕，上掤下折，肘向裏合，高與鼻平，手指鬆直向前偏上，掌心向左上方；左手入勁繼續逆纏，沾黏右上臂內側旋腕轉膀畫下弧領勁，氣聚軸腕，內折外掤，肘向裏合，高與肩平，手指鬆直向上，掌心向右。

同時，鬆左胯、泛右臀，雙胯掙衡前捲裏合，開膝合膕，雙腿裏纏，五趾抓地，襠部撐圓，借助旋踝轉腿之勁，下弧調襠，重心移於右腿，六四分成，右腳掌徐徐下落踏實，五趾抓地。

周身合住勁，同時呼氣，氣聚中宮，眼注視右方，耳聽身後，兼顧兩腎（圖4-49）。

動作十：接上勢。腰勁向右旋套，身體螺旋下沉。雙肩鬆開似脫，下塌外碾，左催右領，膻中穴微內含，心氣

圖 4-49　　　　　　　　圖 4-50

與橫膈膜同步沉降。雙手以右手為主，左手為賓。

　　右手出勁變為逆纏，坐腕旋轉，借助旋腕轉膀之勁，畫上弧運展至身體右側上方，乘肩部的轉關過節之機，由逆纏變為順纏鬆至身體右前上方，氣聚軸腕，上折下掤，肘向裏合，勁貫中指，高與眼平，手指鬆直向右上方，掌心向右前偏下；左手入勁繼續逆纏，坐腕旋轉，借助旋腕轉膀之勁，畫外上弧運至左膝上方，乘肩部轉關過節之機，再由逆纏變為順纏鬆合至左胯外側，氣聚軸腕，上折下掤，肘向裏合，高與胯平，手指鬆直向左下方，掌心向下偏內。

　　同時，鬆左胯、泛右臀，雙胯掙衡前捲裏合，開膝合臏，雙腿裏纏，借助旋踝轉腿之勁，後下弧調襠，重心繼續右移，左足向右畫後外弧，以前腳掌擦滑地面運合至右腳內側，雙腳不丁不八，重心偏於右腿，八二分成。

　　周身合住勁，同時一吸即呼，氣沉丹田，眼注視右手，耳聽身後，兼顧兩腎（圖 4-50）。

第八式　摟膝拗步（斜行拗步）（面向東）

動作一：接上勢。腰勁向右旋轉，身體螺旋下沉。雙肩鬆開似脫，下塌外碾，左催右領，膻中穴微內含，心氣與橫膈膜同步沉降。雙手以右手為主，左手為賓。

右手出勁繼續順纏，坐腕翻掌旋轉，借助旋腕轉膀之勁，畫上弧運展至身體右側上方，氣聚軸腕，上掤下折，肘向裏合，高與眼平，手指鬆直向右偏上，掌心向上；左手入勁變為逆纏，坐腕旋轉，借助旋腕轉膀之勁，畫外上弧纏繞小半圈，氣聚軸腕，上折下掤，肘向裏合，高與胯平，手指鬆直向左，掌心向下。

同時，鬆左胯、泛右臀，雙胯掙衡前捲裏合，開膝合臏，雙腿裏纏，十趾抓地，襠部撐圓，重心偏右，八二分成，左腳虛點地面，雙腳不丁不八。

周身開中寓合，同時吸氣，氣結中宮，眼注視右手，耳聽身後，兼顧兩腎（圖4-51）。

動作二：接上勢。腰勁向左旋轉，身體螺旋下沉，右轉90°。雙肩鬆開似脫，下塌外碾，內捲裏合，右催左領，膻中穴微內含，牽動往來氣貼背。雙手以左手為主，右手為賓。

左手出勁變為順纏，坐腕旋轉，借助旋腕轉膀之勁，順左側畫下弧運展至左側上方，乘肩部轉關過節，由順纏變為逆纏，屈

圖4-51

肘畫上弧運展至身體前約 40 公分，氣聚軸腕，外折內掤，肘向裏合，高與鼻平，手指鬆直向上，掌心向右；右手入勁變為逆纏，坐腕旋轉，借助旋腕轉膀之勁，畫下弧經身體中線運降至右胯外側，氣聚軸腕，上折下掤，高與胯平，手指鬆直向前，掌心向下。

同時，鬆右胯、泛左臀，雙胯掙衡前捲裏合，開膝合臏，雙腿裏纏，十趾抓地，襠部撐圓，借助旋踝轉腿之勁，下弧調襠，雙腳分別以左前掌與右腳跟為軸，向右旋轉 90°，重心移於左腿（前腳掌點地）。

周身合中寓開，同時呼氣，氣聚中宮，眼注視左手及前方，耳聽身後，兼顧兩腎（圖 4-52）。

動作三： 接上勢。鬆腰下氣，身體螺旋下沉。雙肩鬆開似脫，下塌外碾，前捲裏合，膻中穴微內含，心氣與橫膈膜同步沉降。雙手以左手為主，右手為賓。

雙手左出右入勁繼續雙逆纏，坐腕旋轉，借助旋腕轉膀之勁，隨身腰畫下弧向前領勁，氣聚軸腕，左手外折內掤，右手上折下掤，雙肘裏合，左手高與鼻平，右手高與胯平，雙手指鬆直分別向上（左）、向前（右），左掌心向右，右掌心向下。

同時，鬆右胯、泛左臀，雙胯掙衡前捲裏合，開膝合臏，雙腿裏纏，五趾抓地，襠部撐圓，借助旋踝轉腿之勁，下弧調襠，重心移於右腿，乘右腳踏實之機，領虛左

圖 4-52

足，接著鬆右胯、泛左臀，襠部前合後開撐圓，小腹內斂，關元、中極二穴共同納氣，沖震命門；左足入勁畫下弧領動左膝旋起，高與胯平，小腿鬆垂直豎，腳底平整，五趾微收，湧泉穴虛含吸地氣之意。

圖 4-53

周身合住勁，同時一呼即吸，氣結中宮，眼注視左手及前方，耳聽身後，兼顧兩腎（圖4-53）。

動作四：接上勢。腰勁一鬆，向右旋套，身體螺旋下沉，右轉 45°。雙肩鬆開似脫，下塌外碾，內捲裏合，左催右領，膻中穴微內含，心氣與橫膈膜同步沉降。雙手以右手為主，左手為賓。

右手出勁繼續逆纏，坐腕旋轉，借助旋腕轉膀之勁，畫下弧運展至身體右前上方，氣聚軸腕，外掤內折，高與眼平，手指鬆直向前偏上，掌心向右前方；左手入勁繼續逆纏，坐腕旋轉，借助旋腕轉膀之勁，畫下弧運展至身體左前約 45 公分，氣聚軸腕，側（內）折外掤，肘向裏合，高與嘴平，手指鬆直向上，掌心向右前方。

同時，鬆右胯、泛左臀，雙胯掙衡前捲裏合，開膝合臏，雙腿裏纏，五趾抓地，襠部撐圓，借助旋踝轉腿之勁，左足出勁畫下弧向左前方出腿，腳尖上翹裏合，腳跟內側鏟地而出，重心仍然偏右，七三分成。

周身開中寓合，同時呼氣，氣聚中宮，眼注視前方，

耳聽身後，兼顧兩腎（圖4-54）。

動作五：接上勢。腰勁向右旋轉，身體螺旋下沉。雙肩鬆開似脫，下塌外碾，左催右領，膻中穴微內含，心氣與橫膈膜同步沉降。雙手以右手為主，左手為賓。

圖4-54

右手出勁變為順纏，坐腕旋轉，借助旋腕轉膀之勁，畫上弧運展至身體右側上方，氣聚軸腕，前掤後折，肘向裏合，高與肩平，手指鬆直向右偏上，掌心向前；左手入勁繼續逆纏，折腕旋轉，借助旋腕轉膀之勁，畫下弧運展至左膝上方，完成「摟膝」動作，氣聚軸腕，側（外）折內掤，肘向裏合，手指鬆直向左前方，掌心向下。

同時，鬆左胯、泛右臀，雙胯掙衡前捲裏合，開膝合臏，雙腿裏纏，五趾抓地，襠部撐圓，

圖4-55

借助旋踝轉腿之勁，以左腳跟為軸，前腳掌下落外擺45°（以腳大趾領勁），五趾及時抓地。

周身合住勁，同時呼氣，氣聚中宮，眼注視左手足，耳聽身後，兼顧兩腎（圖4-55）。

動作六：接上勢。腰勁向左旋套，身體螺旋下沉。雙肩鬆開似脫，下塌外碾，右催左領，引導肩井、雲門、極泉、曲池、曲澤、內關等諸穴內氣機潛轉，膻中穴微內含，心氣與橫膈膜同步沉降。胸腰由右向左做下弧運化動作。雙手以左手為主，右手為賓。

圖 4–56

左手出勁變為順纏，由掌變為勾手折腕旋轉，借助旋腕轉膀之勁，順左腿畫下弧運展至身體左前上方約 45 公分，氣聚軸腕，上掤下折，肘向裏合，高與嘴平，五指鬆直合攏向下，並具外三合之勢；右手入勁變為逆纏，坐腕旋轉，借助旋腕轉膀之勁，屈臂合肘畫上弧運合至右頰旁，氣聚軸腕，外折內掤，肘向裏合，手指鬆直向後上方，掌心向內。

同時，鬆右胯、泛左臀，雙胯掙衡前捲裏合，開膝合膁，雙腿裏纏，十趾抓地，襠部撐圓，借助旋踝轉腿之勁，下弧調襠，重心移於左腿，六四分成。

周身合住勁，同時吸氣，氣結中宮，眼注視左手及左前方，耳聽身後，兼顧兩腎（圖 4–56）。

動作七：接上勢。腰勁向右旋轉，身體螺旋下沉，上體左轉 45°。雙肩鬆開似脫，下塌外碾，內捲裏合，左催右領。膻中穴內含，牽動往來氣貼背，背部撐圓。雙手以右手為主，左手為賓。

右手出勁繼續逆纏，坐腕旋轉，借助旋腕轉膀之勁，畫下弧推運至左胸前約 35 公分，氣聚軸腕，內掤外折，肘微裏合，高與肩平，手指鬆直向上，掌心向左，勁貫掌沿；左手入勁變為逆纏，勾手折腕旋轉，借助旋腕轉膀之勁，畫下弧向外運展，氣聚軸腕，外折內掤，高與肩平，勾手向左偏下。

圖 4-57

同時，鬆左胯、泛右臀，左膝弓度不失。

周身合住勁，同時呼氣，氣聚中宮，眼注視右手及前方，耳聽身後，兼顧兩腎（圖 4-57）。

動作八：接上勢。腰勁向左旋轉，身體螺旋下沉，右轉 45°。雙肩鬆開似脫，下塌外碾，內捲裏合，右催左領，膻中穴微內含，心氣與橫膈膜同步沉降。雙手以左手為主，右手為賓。

左手出勁繼續逆纏，勾手折腕旋轉，借助旋腕轉膀之勁，畫下弧繼續向身體左側上方領勁，氣聚軸腕，外折內掤，略高於肩，掌心向左偏下；右手入勁繼續逆纏，坐腕旋轉，借助旋腕轉膀之勁，畫上弧運展至身體右前上方，氣聚軸腕，內折外掤，略高於肩，手指鬆直向左上方，掌心向前。

同時，鬆右胯、泛左臀，雙胯掙衡前捲裏合，開膝合襠，雙腿裏纏，十趾抓地，襠部撐圓，借助旋踝轉腿之

圖 4-58 圖 4-59

勁，後下弧調襠，重心移於左腿，六四分成。

　　周身開中寓合，同時吸氣，氣結中宮，眼注視右手及右前方，耳聽身後，兼顧兩腎（圖 4-58）。

　　動作九：接上勢。腰勁向左旋轉，身體螺旋下沉。雙肩鬆開似脫，內捲裏合，下塌外碾，左催右領，膻中穴微內含，心氣與橫膈膜同步沉降。雙手以右手為主，左手為賓。

　　右手出勁變為順纏，坐腕旋轉，借助旋腕轉膀之勁，畫上弧纏繞小半圈，氣聚軸腕，下掤上折，肘微裏合，高與眼平，手指鬆直向右前上方，勁貫中指肚，掌心向下偏前；左手入勁變為順纏，順（直）腕旋轉，借助旋腕轉膀之勁，畫上弧向身體左前上方纏繞放鬆，氣聚軸腕，上折下掤，肘微裏合，高與眼平，手指放鬆形成「桃形」，掌心向右偏下。

　　同時，鬆左胯、泛右臀，雙胯掙衡前捲裏合，開膝合

臍，雙腿裏纏，十趾抓地，襠部撐圓，借助旋踝轉腿之勁，左膝蓋弓度不失，下弧調襠，重心移於右腿，六四分成。

周身合住勁，同時呼氣，氣沉丹田，眼注視左前方，耳聽身後，兼顧兩腎（圖4-59）。

第九式　初收（面向東南）

動作一：接上勢。腰勁向後旋轉，身體螺旋下沉。雙肩鬆開似脫，下塌外碾，左催右領。雙手以右手為主，左手為賓。

右手出勁變為逆纏，左手入勁變為逆纏，坐腕旋轉，借助旋腕轉膀之勁，向兩側畫上弧運合至身體前上方向內圈合，氣聚軸腕，內折外掤，高與眼平，手指鬆直向內上方，勁貫虎口，右掌心向右前方，左掌心向左前方。

同時，鬆左胯、泛右臀，雙胯掙衡前捲裏合，開膝合臍，雙腿裏纏，十趾抓地，襠部撐圓，重心仍偏於右腿，六四分成。

周身合住勁，同時吸氣，氣結中宮，眼注視左前方，耳聽身後，兼顧兩腎（圖4-60）。

動作二：接上勢。腰勁向左旋轉，身體螺旋下沉。雙肩鬆開似脫，下塌外碾，右催左領。引導肩井、雲

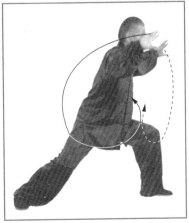

圖4-60

門、極泉、曲池、曲澤、內關等諸穴內氣機潛轉，胸背運化，一開即合，膻中穴隨勢微內含，心氣與橫膈膜同步沉降。雙手以左手為主，右手為賓。

左手出勁繼續逆纏，右手入勁繼續逆纏，坐腕旋轉，借助旋腕轉膀之勁，畫上弧運展至身體兩側上方與肩平時，乘肩部的轉關過節，由逆纏變為順纏，畫下弧經兩膝下方分別運合至胸前左45公分、右30公分（右手小指肚外側沾黏左前臂內側），氣聚軸腕，上掤下折，肘向裏合，手指鬆直向前偏下，左掌心向右上方，右掌心向上偏左。

同時，鬆右胯、泛左臀，雙胯掙衡前捲裏合，開膝合臏，雙腿裏纏，十趾抓地，襠部撐圓，借助旋踝轉腿之勁，後下弧調襠，重心移於左腿，六四分成。

周身合住勁，繼續吸氣，氣結中宮，眼注視左手及前方，耳聽身後，兼顧兩腎（圖4-61）。

動作三：接上勢。腰勁向右旋套，身體螺旋下沉。雙肩鬆開似脫，下塌外碾，內捲裏合，左催右領。膻中穴微內含，心氣與橫膈膜同步沉降。胸腰由左向右做下弧運化動作。雙手同時轉換有序，互為主賓。

雙手以右出左入勁變為雙逆纏，坐腕旋轉，借助旋腕轉膀之勁，雙手（左前右後）畫

圖4-61

上弧向體內翻掌纏繞合住勁，氣聚軸腕，上折下掤，肘向裏合，高與臍平，手指向前，掌心向下。

同時，鬆左胯、泛右臀，雙胯掙衡前捲裏合，開膝合膽，雙腿裏纏，十趾抓地，襠部撐圓，借助旋踝轉腿之勁，重心移於右腿，六四分成。

周身合住勁，同時呼氣，氣聚中宮，眼注視前方，耳聽身後，兼顧兩腎（圖4-62）。

圖4-62

動作四：接上勢。腰勁向右旋套，身體螺旋上升。雙肩鬆開似脫，下塌外碾，內捲裏合，左催右領，膻中穴微內含，牽動往來氣貼背。雙手以右手為主，左手為賓，轉換有序，互為主賓。

雙手繼續以右出左入勁變為雙順纏，坐腕翻掌旋轉，借助旋腕轉膀之勁，畫下弧運展至胸前，左前右後合住勁，氣聚軸腕，上掤下折，雙肘裏合，手指鬆直向前，掌心向上。

同時，鬆右胯、泛左臀，雙胯掙衡前捲裏合，雙腿裏纏，借助旋踝轉腿之勁，上弧調襠，重心移於右腿，乘左腿將虛未虛之機，小腹及時內斂，引導關元、中極二穴共同納氣，沖震命門，右腿獨立，五趾抓地；左足入勁畫下弧領動左膝提起，略低於胯，小腿鬆垂直豎，五趾向內微收，湧泉穴含吸地氣之意。

周身合住勁，同時吸氣，氣結中宮，眼注視前方，耳

聽身後，兼顧兩腎（圖4-63）。

動作五：接上勢。腰勁微向右旋轉，身體螺旋下沉微向左轉動。雙肩鬆開似脫，下塌外碾，左領右催。引導肩井、雲門、曲池等諸穴內氣機潛轉，向雙臂貫注，膻中穴微內含，心氣與橫膈膜同步沉降。雙手以左手為主，右手為賓。

圖 4-63

左手出勁變為逆纏，右手入勁變為逆纏，坐腕旋轉，借助旋腕轉膀之勁，利用採按勁畫下弧運展至左膝兩側，氣聚軸腕，上折下掤，肘向裏合，高與胯平，手指鬆直向前下方，掌心向下偏內。

同時，鬆右胯、泛左臀，雙胯掙衡前捲裏合，開膝合臏，雙腿裏纏，借助旋踝轉腿之勁，小腹關元、中極二穴繼續內收納氣，左膝再度上領，略高於胯，與雙手形成合勁。

圖 4-64

周身合中寓開，同時呼氣，氣沉丹田，眼注視前方，耳聽身後，兼顧兩腎（圖4-64）。

第十式　前蹚拗步（面向東北）

動作一：接上勢。腎氣滾動傳遞，腰勁向左旋轉，身

體螺旋下沉，右轉 45°。雙肩鬆開似脫，下塌外碾，右催左領。引導肩井、雲門、極泉、曲池、曲澤、內關諸穴內氣機潛轉，膻中穴微內含，心氣與橫膈膜同步沉降，胸腰由左向右做下弧運化動作。雙手以左手為主，右手為賓。

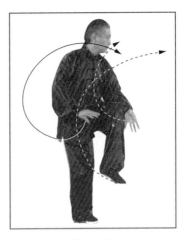

圖 4-65

左手出勁變為順纏，坐腕旋轉，借助旋腕轉膀之勁，畫下弧運合至小腹前約 20 公分，氣聚軸腕，外折內掤，肘向裏合，手指鬆直向前下方，掌心向右偏前；右手入勁繼續逆纏，坐腕旋轉，借助旋腕轉膀之勁，畫下弧運至右胯前，氣聚軸腕，上折下掤，手指鬆直向前，掌心向下。

同時，鬆右胯、泛左臀，雙胯掙衡前捲裏合，開膝合臏，雙腿裏纏，襠勁後開前合，促使周身形成扭摽之勁。

周身合住勁，同時吸氣，氣結中宮，眼注視前方，耳聽身後，兼顧兩腎（圖 4-65）。

動作二：接上勢。雙腰隙氣機滾動，互相傳遞，腰勁向右旋轉，身體螺旋下沉，左轉 90°。雙肩左催右領，膻中穴微內含，牽動往來氣貼背。胸腰由右向左做上弧運化動作。雙手以右手為主，左手為賓。

右手出勁變為順纏，坐腕旋轉，借助旋腕轉膀之勁，畫下弧運展至身體右側上方與肩平時，乘肩部轉關過節，畫外上弧運展至身體前約 45 公分，掌心向左；左手入勁變

為逆纏，坐腕旋轉，借助旋腕轉膀之勁，畫外上弧運展至身體前約45公分，掌心向右。雙手氣聚軸腕，內折外掤，肘向裏合，高與肩平，手指鬆直向前偏上，雙手腕沾黏相搭，十字交叉，右上左下，手背相對，手指含有相吸之意。

圖 4-66

同時，鬆右膀、泛左臀，雙膀掙衡前捲裏合，襠勁前合後開。左腿先出後入勁向右、向上畫外上弧向左擺動（外擺腿的高低可根據自身的具體情況量力而行），乘腰膀轉關過節，左足順身體中線落至右腳內側前約30公分，腳跟虛點地面，與右腳跟對準在一條直線上，尻骨（骶骨尖）微上泛直豎，並含下沉之意，襠勁撐圓，重心仍偏右腿，八二分成。

圖 4-67

周身合住勁，同時一吸即呼，氣聚中宮，眼注視雙手及前方，耳聽身後，兼顧兩腎（圖4-66、67）。

動作三：接上勢。腰勁向右旋轉，身體螺旋下沉，左轉45°。雙肩鬆開似脫，下塌外碾，左催右領，掙衡向後立圓轉動，乘肩井穴下沉之勁順肩胛骨縫由後向前捲串，

貫注於雙手臂，胸背開合有序，胸腰折疊蛹動有度。雙手以右手為主，左手為賓。

雙手右出左入勁變為雙逆纏，坐腕旋轉，借助旋腕轉膀之勁，畫上弧運展至身體前上方，氣聚軸腕，上掤下折，高與眼平，手腕沾黏十字折疊交叉，勁氣貫注掌沿，左手指鬆直向右後偏上，掌心向右偏前，右手指鬆直向左後偏上，掌心向左偏前。

圖 4-68

同時，鬆左胯、泛右臀，雙胯掙衡前捲裏合，開膝合臏，雙腿裏纏，借助旋踝轉腿之勁，以左腳跟為軸，腳尖向外擺動 45°，下弧調襠，重心移於左腿，左腳踏實；右腳跟隨重心前移逐漸提起，前腳掌撐地內扣，襠勁前合後開，雙腿形成交叉狀態，重心偏於左腿，八二分成。

周身合住勁，繼續呼氣，氣聚中宮，眼注視右前方，耳聽身後，兼顧兩腎（圖 4-68）。

動作四：接上勢。腰勁向左旋套，身體螺旋下沉。雙肩鬆開似脫，下塌外碾，內捲裏合，左催右領，膻中穴微內含，牽動往來氣貼背，胸腰由右向左做下弧運化動作。雙手以左手為主，右手為賓。

雙手左出右入勁繼續雙逆纏，畫上弧向前上方領勁，氣聚軸腕，下折上掤，高與眼平，雙手腕繼續沾黏十字折疊交叉，勁氣貫注掌沿。

同時，鬆左胯、泛右臀，雙胯掙衡前捲裏合，開膝合

臍，雙腿裏纏，借助旋踝轉腿之勁，小腹收斂，關元、中極二穴納氣，沖擊命門。右足入勁畫外上弧領膝旋起，高與胯平，小腿鬆垂直豎，腳底平整，五趾微收，湧泉穴虛而含吸地氣之意。

圖 4-69

接著，乘心氣與橫膈膜沉降之機，雙手繼續向上雙逆纏領勁。

同時，鬆右胯、泛左臀，右腿出勁畫下弧向右方出腿（以自身一腿為度），以大趾領勁，上翹裏合，腳跟內側擦滑地面鏟地而出，重心仍偏於左腿，七三分成，構成上合下開之勢。

周身合住勁，同時一吸即呼，氣聚中宮，眼注視右方，耳聽身後，兼顧兩腎（圖 4-69、70）。

圖 4-70

動作五：接上勢。腰勁向右旋套，身體螺旋下沉。雙肩鬆開似脫，下塌外碾，左催右領，膻中穴微內含，心氣與橫膈膜同步沉降。雙手以右手為主，左手為賓。

右手出勁左手入勁繼續逆纏，側折腕旋轉，借助旋腕轉膀之勁，畫上弧運展至身體兩側上方時，乘肩部轉關過

節，雙手及時變為順纏，繼續畫上弧一旋即鬆，運展至身體兩側，氣聚軸腕，下掤上折，肘向裏合，氣貫中指，高與眼平，右手指鬆直向右前上方，掌心向右前下方；左手指鬆直向左前上方，掌心向左前下方。

圖4-71

同時，鬆左胯、泛右臀，雙胯挣衡前捲裏合，開膝合臏，雙腿裏纏，五趾抓地，襠部撐圓，借助旋踝轉腿之勁，右腳尖徐徐下落踏實，五趾及時抓地，下弧調襠，重心移於右腿，六四分成。

周身合住勁，同時呼氣，氣沉丹田，眼注視右手，耳聽身後，兼顧兩腎（圖4-71）。

第十一式 第二摟膝拗步（面向東）

動作一：接上勢。腎氣橫向立圓滾動，腰勁向右旋套，身體螺旋下沉。雙肩鬆開似脫，下塌外碾，左催右領。引導肩井、雲門、極泉、曲池、曲澤、內關等諸穴內氣機潛轉，膻中穴微內含，牽動往來氣貼背，胸腰由左向右做上弧運化動作。雙手以右手為主，左手為賓。

右手出勁變為逆纏，坐腕旋轉，借助旋腕轉膀之勁，畫上弧繼續向身體右側上方運展，氣聚軸腕，內折外掤，高與眼平，手指鬆直向上，掌心向右偏上；左手入勁繼續

順纏，坐腕旋轉，借助旋腕轉膀之勁，畫上弧向身內運轉，氣聚軸腕，內掤外折，肘向裏合，高與眼平，手指鬆直向左偏上，掌心向右上方。

圖 4-72

同時，鬆左胯、泛右臀，雙胯掙衡前捲裏合，開膝合臏，雙腿裏纏，十趾抓地，襠部撐圓，借助旋踝轉腿之勁，上弧調襠，重心繼續右移，七三分成。

周身合住勁，同時吸氣，氣結中宮，眼注視左手及左前方，耳聽身後，兼顧兩腎（圖 4-72）。

動作二：接上勢。腰勁一鬆向左旋套，身體螺旋下沉。雙肩鬆開似脫，下塌外碾，左催右領，膻中穴微內含，引導心氣與橫膈膜同步沉降。雙手以左手為主，右手為賓。

左手出勁變為逆纏，右手入勁變為順纏，坐腕旋轉，借助旋腕轉膀之勁，畫上弧左手運展至身體左前上方，右手至身體前約 30 公分，氣聚軸腕，上掤下折，肘微裏合，高與眼平，手指鬆直向右偏上，掌心向左上方。

同時，鬆右胯、泛左臀，雙胯掙衡前捲裏合，開膝合臏，雙腿裏纏，十趾抓地，襠部撐圓，借助旋踝轉腿之勁，下弧調襠，重心移於左腿，六四分成。

周身合住勁，同時吸氣，氣結中宮，眼注視右方，耳

聽身後，兼顧兩腎（圖 4-
73）。

動作三：接上勢。腰勁向左旋轉，身體螺旋下沉。雙肩鬆開似脫，下塌外碾，右催左領，引導諸穴內氣機橫向潛轉，膻中穴微向內含，心氣與橫膈膜向下沉降。雙手以左手為主，右手為賓。

圖 4-73

左手出勁變為順纏，右手入勁變為逆纏，同步坐腕旋轉，借助旋腕轉膀之勁，畫外下弧左手運展至身體前約 40 公分，右手運至身體右前上方，氣聚軸腕，外折內掤，肘向裏合，高與鼻平，手指鬆直向右前上方。

同時，鬆右胯、泛左臀，雙胯掙衡前捲裏合，開膝合臏，雙腿裏纏，借助旋踝轉腿之勁，畫後下弧調襠，重心繼續左移，七三分成。

周身合住勁，同時呼氣，氣聚中宮，眼注視右前方，耳聽身後，兼顧兩腎（圖 4-74）。

動作四：接上勢。腰勁向右、向下旋轉，身體螺旋下沉，右轉 45°。雙肩鬆開似脫，下塌外碾，內捲裏合，左

圖 4-74

領右催，膻中穴微向內含，心氣與橫膈膜同步沉降。雙手以左手為主，右手為賓。

圖4-75

左手出勁繼續順纏，右手入勁繼續逆纏，坐腕旋轉，借助旋腕轉膀之勁，畫下弧繼續向身體前運展領勁，氣聚軸腕，內折外掤，肘向裏合，高與眼平，左手運展至左前，掌心向右上，右手運至右側上方，掌心向右後偏上，手指鬆直向前。

同時，鬆右膀、泛左臀，雙膀掙衡前捲裏合，開膝合臏，雙腿裏纏，借助旋踝轉腿之勁，左腿入勁向前畫上弧領動膝蓋一旋而起，高與胯平，小腿鬆垂直豎，腳底平整，腳尖正向前，五趾微向內收攏，湧泉穴虛而含吸地氣之感。

圖4-76

乘周身氣勁向下鬆串之機，鬆左膀、泛右臀，促使左足出勁畫下弧向左前方出腿，腳尖上翹裏合，腳跟內側擦滑地面鏟地而出，重心仍然偏右，七三分成。

周身開中寓合，同時一吸即呼，氣聚中宮，眼注視前方，耳聽身後，兼顧兩腎（圖4-75、76）。

動作五：接上勢。與第八式「摟膝拗步」的動作五相同，略（參見圖 4-55）。

動作六：接上勢。與第八式「摟膝拗步」的動作六相同，略（參見圖 4-56）。

動作七：接上勢。與第八式「摟膝拗步」的動作七相同，略（參見圖 4-57）。

動作八：接上勢。與第八式「摟膝拗步」的動作八相同，略（參見圖 4-58）。

動作九：接上勢。與第八式「摟膝拗步」的動作九相同，略（參見圖 4-59）。

第十二式　再收（面向東南）

動作一：接上勢。與第九式「初收」的動作一相同，略（參見圖 4-60）。

動作二：接上勢。與第九式「初收」的動作二相同，略（參見圖 4-61）。

動作三：接上勢。與第九勢「初收」的動作三相同，略（參見圖 4-62）。

動作四：接上勢。與第九勢「初收」的動作四相同，略（參見圖 4-63）。

動作五：接上勢。與第九勢「初收」的動作五相同，略（參見圖 4-64）。

第十三式　第二前蹚拗步（面向東北）

動作一：接上勢。與第十式「前蹚拗步」的動作一相同，略（參見圖 4-65）。

動作二：接上勢。與第十式「前蹚拗步」的動作二相同，略（參見圖4-66、67）。

動作三：接上勢。與第十式「前蹚拗步」的動作三相同，略（參見圖4-68）。

動作四：接上勢。與第十式「前蹚拗步」的動作四相同，略（參見圖4-69、70）。

圖 4-77

動作五：接上勢。與第十式「前蹚拗步」的動作五相同（圖4-77）。

第十四式　掩手肱捶（面向東南）

動作一：接上勢。腰勁向右旋轉，身體螺旋下沉。雙肩鬆開似脫，下塌外碾，左催右領，開胸合背（胸靠的基本拳勢）。雙手以右手為主，左手為賓。

右手出勁變拳，左手入勁繼續順纏，分別自身體兩側上方，坐腕旋轉，借助旋腕轉膀之勁，畫上弧向體外翻轉纏繞，運展至身體右側上方，氣聚軸腕，上掤下折，肘向裏合，高與肩平，拳面向右，拳眼向後；左手指鬆直向左，掌心向上。

同時，鬆左胯、泛右臀，雙胯掙衡前捲裏合，開膝合臏，雙腿裏纏，十趾抓地，襠部撐圓，借助旋踝轉腿之勁，下弧調襠，重心繼續右移，七三分成。

周身合住勁。同時吸氣（如練發勁須呼氣），氣結中宮，眼注視右手及右方，耳聽身後，兼顧兩腎（圖4-78）。

動作二：接上勢。腰勁向左旋轉，身體螺旋下沉，上體右轉90°。雙肩鬆開似脫，下塌外碾，右催左領，引導肩井、雲門、極泉、曲池、曲澤、內關等諸穴內氣機潛轉，膻中穴微內含，心氣與橫膈膜沉降。雙手以左手為主，右手為賓。

左手出勁、右手入勁繼續順纏，折腕旋轉，借助旋腕轉膀之勁，畫下弧沉運至身體兩側下方，氣聚軸腕，上折下掤，肘微裏合，高與胯平，左手指鬆直向內上方，指根彎曲，掌心向上偏右；右拳面向前，拳眼向右偏前，拳心向上偏左。

同時，鬆右胯、泛左臀，雙胯掙衡前捲裏合，開膝合臏，雙腿裏纏，十趾抓地，襠部撐圓，借助旋踝轉腿之勁，下弧調襠，重心移於左腿，六四分成。

周身合住勁，同時呼氣，氣聚中宮，眼注視前方，耳聽身後，兼顧兩腎（圖4-79）。

圖 4-78

圖 4-79

動作三：接上勢。腰勁繼續向左旋轉，身體螺旋上升。雙肩鬆開似脫，下塌外碾，裏合內捲，引導肩井、雲門、極泉、曲池、曲澤、內關等諸穴內氣機潛轉，膻中穴微內含，心氣貼背。雙手以右手為主，左手為賓。

雙手右出左入勁，變為雙逆纏，分別從身體左右兩側下方屈肘彎臂折腕旋轉，借助旋腕轉膀之勁，自下而上，先開後合，畫下弧運合至身體前約 25 公分，氣聚軸腕，上掤下折，肘向裏合，高與胸平（左掌上右拳下，雙手腕沾黏折疊交叉於右膝上方），左手指鬆直向下，掌心向下；右拳面向下偏前，拳眼向左，拳心向下。

同時，鬆左胯、泛右臀，雙胯掙衡前捲裏合，開膝合臏，雙腿裏纏，襠部撐圓，借助旋踝轉腿之勁，下弧調襠，重心移於左腿，前襠扣合，小腹關元、中極二穴共同內斂納氣，右足入勁，領動右膝畫上弧一旋而起，高與胯平，並含上頂之意。小腿鬆垂直豎，腳底平整，五趾微收，湧泉穴含有吸地氣之意。腰勁順左腿向下鬆串，注入腳底植地生根。

周身合住勁，同時吸氣，氣結中宮，眼注視前方，耳聽身後，兼顧兩腎（圖 4-80）。

動作四：接上勢。鬆腰下氣，身體螺旋下沉。雙肩鬆開似脫，下塌外碾，內捲裏合，膻中穴微內含，心氣與橫膈膜同步沉降，丹田鼓蕩勃發。雙手以右手為主，左手

圖 4-80

為賓。

雙手右出左入勁雙逆纏，同時坐腕旋轉，借助旋腕轉膀之勁，左掌右拳繼續沾黏十字交叉折疊，以下採之勁畫內下弧忽然向下一抖即鬆至右膝上方（雙手腕交叉點正對右膝蓋），氣聚軸腕，上掤下折，高與胯平，左手指鬆直向右，虎口撐圓，勞宮穴一吐即收，以助右掌腕採按，掌心向下；右拳面向左前方，拳眼向左，拳心向下。

同時，鬆右膀、泛左臀，雙胯掙衡前捲裹合，開膝合臏，雙腿裹纏，借助旋踝轉腿之勁，右足出勁，順左腿忽然一抖即鬆落於右腳旁，震地有聲，重心仍然偏於左腿，七三分成。

周身合中寓開，同時呼氣，氣聚中宮，眼注視前方，耳聽身後，兼顧兩腎（圖4-81）。

動作五：接上勢。腰勁一鬆，向右旋套，身體螺旋下沉。雙肩鬆開似脫，下塌外碾，左催右領，引導肩井、雲門、極泉、曲池、曲澤、內關等諸穴內氣機潛轉，膻中穴微內含，心氣與橫膈膜同步沉降，胸腰由左向右做下弧運化動作。雙手以右手為主，左手為賓。

右手出勁繼續逆纏，左手入勁變為順纏，雙手坐腕旋轉，借助旋腕轉膀之勁，畫下弧運展至右膝外側上方，氣聚軸腕，上折下掤，高與胯平，右拳面向左前方，拳眼向內偏下，拳心向右下方；左手指鬆

圖4-81

直向右前方，掌心向右下方。

同時，鬆左胯、泛右臀，雙胯掙衡前捲裹合，開膝合臏，雙腿裹纏，十趾抓地，襠部撐圓，借助旋踝轉腿之勁，下弧調襠，重心移於右腿，左足出勁向左前方出腿，以腳拇趾領勁，腳尖上翹裹合，腳跟內側鏟地而出。

周身合住勁，同時吸氣，氣結中宮，眼注視前方，耳聽身後，兼顧兩腎（圖4-82）。

圖4-82

動作六：接上勢。腰勁向右旋轉，身體螺旋下沉。雙肩鬆開似脫，下塌外碾，掙衡對拉，胸開背合。雙手以右手為主，左手為賓。

右手出勁變為順纏，坐腕旋轉，借助旋腕轉膀之勁，畫上弧運展至身體右側上方，氣聚軸腕，上掤下折，肘向裏合，高與肩平，拳面向右，拳眼向後，拳心向上；左手入勁變為逆纏，坐

圖4-83

腕旋轉，借助旋腕轉膀之勁，向身體外側畫上弧屈肘翻掌運升至右肩窩前，以中指甲黏貼於雲門穴上，氣聚軸腕，外掤內折，高與胸平，手指鬆直向右偏後，掌心向右前方。

同時，鬆右胯、泛左臀，雙胯掙衡前捲裹合，開膝合

臍，雙腿裏纏，借助旋踝轉腿之勁，左腳以腳跟為軸，腳拇趾領勁，腳尖外擺45°。

周身開中寓合，繼續吸氣，氣結中宮，眼注視前方，耳聽身後，兼顧兩腎（圖4-83）。

動作七：接上勢。腰勁向左旋轉，身體螺旋下沉。雙肩鬆開似脫，下塌外碾，前捲裏合，右催左領，乘開背合胸之機，膻中穴微內含，心氣與橫膈膜同步沉降。雙手以左手為主，右手為賓。

左手出勁變為順纏，坐腕旋轉，借助旋腕轉膀之勁，畫下弧運至右上臂內側上方，氣聚軸腕，上折下掤，高與胸平，手指鬆直向上，掌心向右；右手入勁變為逆纏，坐腕旋轉，借助旋腕轉膀之勁，自外向內畫外下弧運合至左肘旁，氣聚軸腕，內折外掤，高與腹臍平，拳面向左，拳眼向上，拳心向內。

同時，鬆左胯、泛右臀，雙胯掙衡前捲裏合，開膝合臍，雙腿裏纏，借助旋踝轉腿之勁，以左腳跟為軸，腳尖隨勢向內扣合45°，徐徐落下踏實，五趾抓地。

周身合中寓開，同時呼氣，氣聚中宮，眼注視前下方，耳聽身後，兼顧兩腎（圖4-84）。

動作八：接上勢。腰勁向左旋套，身體螺旋下沉。雙肩鬆開似脫，下塌外碾，右催左領，引導肩井、雲門、極泉、曲池、曲

圖 4-84

澤、內關等諸穴內氣機潛轉，膻中穴微內含，心氣與橫膈膜同步沉降。雙手以左手為主，右手為賓。

左手出勁變為逆纏，坐腕旋轉，借助旋腕轉膀之勁，畫上弧運展至身體左前上方時，乘肩部的轉關過節，變為順纏放鬆，氣聚軸腕，上折下捌，肘微裏合，高與眼平，手指鬆直向左上

圖 4-85

方，掌心向前下方；右手入勁變為逆纏，坐腕旋轉，借助旋腕轉膀之勁，經左肘下與腹前畫下弧運展至右膝上方時，乘肩部的轉關過節，變為順纏放鬆，氣聚軸腕，上折下捌，肘向裏合，高與胯平，拳面向右，拳眼向前偏左，拳心向下。

同時，鬆右胯、泛左臀，雙胯掙衡前捲裏合，開膝合膪，雙腿裏纏，十趾抓地，襠部撐圓，借助旋踝轉腿之勁，下弧調襠，重心移於左腿，六四分成。

周身合住勁，同時呼氣，氣聚中宮，眼注視左手，耳聽身後，兼顧兩腎（圖4-85）。

動作九：接上勢。腰勁向左旋轉，身體螺旋下沉。雙肩鬆開似脫，下塌外碾，右催左領，引導肩井、雲門、極泉、曲池、曲澤、內關等諸穴內氣機潛轉，開胸合背。雙手以左手為主，右手為賓。

左手出勁右手入勁變為雙逆纏，坐腕旋轉，借助旋腕

轉膀之勁，畫下弧繼續向身體兩側上方運展，待手臂運展至將展未展之機，乘肩部的轉關過節，變為雙順纏，運展至身體兩側上方，氣聚軸腕，上掤下折，肘向裏合，高與肩平，左手指鬆直向左偏下，手掌心向上；右拳面向右，拳眼向後，拳心向上。

圖 4-86

同時，鬆右胯、泛左臀，雙胯掙衡前捲裏合，開膝合臏，雙腿裏纏，十趾抓地，襠部撐圓，借助旋踝轉腿之勁，下弧調襠，重心繼續左移，七三分成。

周身開中寓合，同時吸氣，氣結中宮，眼注視左手及左前方，耳聽身後，兼顧兩腎（圖 4-86）。

動作十：接上勢。腰勁向右旋轉，身體螺旋下沉。雙肩鬆開似脫，下塌外碾，內捲裏合，左催右領，乘背開胸合，膻中穴微內含，牽動往來氣貼背。雙手以右手為主，左手為賓。

右手出勁變為逆纏，坐腕旋轉，借助旋腕轉膀之勁，向身內畫上弧運合至左肘內側，氣聚軸腕，外折內掤，肘向裏合，高與胸平，拳面向前，拳眼向上，拳心向內（左），與左肘同時合住勁；左手入勁變為逆纏，坐腕旋轉，借助旋腕轉膀之勁，向身內畫上弧運展至身體前約 45 公分，氣聚軸腕，外折內掤，肘向裏合，高與肩平，手指

鬆直向前，掌心向內（右），構成掩手狀態。

圖 4-87

同時，鬆左胯、泛右臀，雙胯掙衡前捲裏合，開膝合臏，雙腿裏纏，十趾抓地，襠部撐圓，借助旋踝轉腿之勁，下弧調襠，重心移於右腿，六四分成。腰勁向下鬆串，注入腳底植地生根，以助腳底之勁上翻傳導。

周身合住勁，具有一觸即發之勢，同時吸氣，氣結中宮，眼注視左手及前方，耳聽身後，兼顧兩腎（圖 4-87）。

動作十一：接上勢。腰勁向右擰旋，身體螺旋下沉，上體左轉 45°。雙肩鬆開似脫，下塌外碾，內捲裏合，左催右領，引導肩井、雲門、極泉、曲池、曲澤、內關等諸穴內氣機潛轉，膻中穴微內含，心氣與橫膈膜同步沉降，丹田鼓蕩勃發。雙手以右手為主，左手為賓。

右手出勁繼續逆纏，坐腕旋轉，借助旋腕轉膀之勁，遵照「拳由心發」的運動法則，轉臂旋拳忽然一抖，經左前臂下畫下弧抖運至身體右前上方約 50 公分，乘相合還原之機，再由逆纏變為順纏放鬆，氣聚軸腕，順直挺拔，肩順而脫，肘垂裏合，勁貫拳面（梢節），高與肩平，拳面向左前方，拳眼向內（左），拳心向下；左手入勁繼續逆纏，由掌變拳坐腕旋轉，借助旋腕轉膀之勁，經右臂上側屈肘畫下弧忽然一抖，運至左胸前，氣聚軸腕，順直挺

圖 4-88　　　　　　　附圖 4-88

拔，勁貫肘尖，高與胸平，以助右拳發勁，拳面向右前
方，拳眼向上，拳心向內，形成左肘右拳的對稱傳遞勁。

　　同時，鬆左胯、泛右臀，雙胯掙衡前捲裏合，開膝合
臏，雙腿裏纏，雙足內旋，十趾抓地，襠部撐圓，借助旋
踝轉腿之勁，前腳把、後腳蹬，重心發在前（左），鬆至
後（右），六四分成。

　　周身合住勁，同時呼氣，氣沉丹田，眼注視右手及前
方，耳聽身後、兼顧兩腎（圖 4-88、附圖 4-88）。

第十五式　第三金剛搗碓（面向南）

　　動作一：接上勢。腰勁一鬆，向左旋轉，身體螺旋下
沉，上體右轉 45°。雙肩鬆開似脫，下塌外碾，右催左領，
膻中穴微內含，心氣與橫膈膜同步沉降。雙手以左手為
主，右手為賓。

　　左手出勁變為逆纏，由拳變掌折腕旋轉，借助旋腕轉

膀之勁，畫下弧運降至左腿內側，氣聚軸腕，外掤內折，肘微裏合，高與胯平，手指鬆直向內偏上，掌心向內偏上；右手入勁變為逆纏，由拳變掌折腕旋轉，借助旋腕轉膀之勁，畫上弧運展至身體前約45公分，氣聚軸腕，上掤下折，肘向裏合，高與眼平，手指鬆直向下，掌心向下。

圖 4-89

　　同時，鬆左胯、泛右臀，雙胯掙衡前捲裏合，開膝合臏，雙腿裏纏，十趾抓地，襠部撐圓，借助旋踝轉腿之勁，上弧調襠，重心右移，七三分成。

　　周身合住勁，同時吸氣，氣結中宮，眼注視右手及前方，耳聽身後，兼顧兩腎（圖4-89）。

　　動作二：接上勢。腎氣橫向立圓滾動傳遞，腰勁向右旋套，身體螺旋下沉。雙肩鬆開似脫，下塌外碾，左催右領，膻中穴微內含，心氣與橫膈膜同步沉降。雙手以右手為主，左手為賓。

　　右手出勁繼續逆纏，坐腕旋轉，借助旋腕轉膀之勁，畫上弧運展至身體右側上方，氣聚軸腕，內折外掤，肘微裏合，高與眼平，手指鬆直向上，掌心向右；左手入勁繼續逆纏，折腕旋轉，借助旋腕轉膀之勁，畫下弧運合至左膝上方，氣聚軸腕，外折內掤，肘向裏合，高與胯平，手指鬆直向左下方，掌心向上偏左。

同時，鬆左胯、泛右臀，雙胯掙衡前捲裏合，開膝合臏，雙腿裏纏，十趾抓地，襠部撐圓，借助旋踝轉腿之勁，調整襠勁，前扣後撐，重心右六左四分成。

　　周身開中寓合，同時呼氣，氣聚中宮，眼注視右手，耳聽身後，兼顧兩腎（圖4-90）。

圖4-90

　　動作三：接上勢。腎氣橫向滾動傳遞，腰勁向左旋轉，身體螺旋下沉，上體左轉45°。雙肩鬆開似脫，下塌外碾，內捲裏合，右催左領，引導肩井、雲門、極泉、曲池、曲澤、內關等諸穴內氣機潛轉，膻中穴微內含，牽動往來氣貼背。雙手以左手為主，右手為賓。

　　左手出勁繼續逆纏，折腕旋轉，借助旋腕轉膀之勁，畫上弧後仍然旋合至左膝上方，氣聚軸腕，外折內掤，肘微裏合，高與胯平，手指鬆直向左下方，掌心向左偏下；右手入勁變為順纏，坐腕旋轉，借助旋腕轉膀之勁，經腹前畫下弧運合至左膝上方，氣聚軸腕，上掤下折，肘向裏合，高與胯平，手指鬆直向左偏下，掌心向左上方。

　　同時，鬆右胯、泛左臀，雙胯掙衡前捲裏合，開膝合臏，雙腿裏纏，十趾抓地，襠部撐圓，借助旋踝轉腿之勁，下弧調襠，重心移於左腿，六四分成。

　　周身合住勁，同時吸氣，氣結中宮，眼注視雙手及左下方，耳聽身後，兼顧兩腎（圖4-91）。

圖 4-91　　　　　　　　　　圖 4-92

動作四：接上勢。腎氣橫向滾動傳遞，腰勁欲右先左
一旋，緊接著向右旋套，身體螺旋微上升。雙肩鬆開似
脫，下塌外碾，左催右領，引導諸穴（同上動）內氣機橫
向立圓潛轉，胸腰由左向右做上弧運化動作。雙手以右手
為主，左手為賓。

右手出勁左手入勁變為雙逆纏，坐腕旋轉，借助旋腕轉
膀之勁，雙手沾黏相搭，先向左微畫下弧而後向右畫上弧運
至身體前約 30 公分，氣聚軸腕，內折外掤，肘微裏合，高
與肩平，手指鬆直向上，右手在外，掌心向左，左手在內，
掌心向右，雙手背相對，左右呼應，雙手指含相吸之意。

同時，鬆左胯、泛右臀，雙胯掙衡前捲裏合，開膝合
臏，雙腿裏纏，十趾抓地，襠部撐圓，借助旋踝轉腿之
勁，上弧調襠，重心移於右腿，六四分成。

周身合中寓開，同時呼氣，氣聚中宮，眼注視雙手及
前方，耳聽身後，兼顧兩腎（圖 4-92）。

動作五：接上勢。腰勁繼續向右旋套，身體螺旋下沉。雙肩鬆開似脫，下塌外碾，左催右領，膻中穴微內含，心氣與橫膈膜同步沉降。雙手以右手為主，左手為賓。

圖 4-93

右手出勁繼續逆纏，坐腕旋轉，借助旋腕轉膀之勁，畫上弧運展至身體右前上方，氣聚軸腕，內折外掤，肘微裏合，高與眼平，手指鬆直向上偏內，掌心向右前方；左手入勁繼續逆纏，坐腕旋轉，借助旋腕轉膀之勁，畫下弧運展至左膝上方，氣聚軸腕，上折下掤，肘微裏合，高與胯平，手指鬆直向前偏下，掌心向後下方。

同時，鬆左胯、泛右臀，雙胯掙衡前捲裏合，開膝合膁，雙腿裏纏，十趾抓地，襠部撐圓，借助旋踝轉腿之勁，上弧調襠，重心微向右移，六四分成。

周身開中寓合，繼續呼氣，氣聚中宮，眼注視右手及右前方，耳聽身後，兼顧兩腎（圖 4-93）。

動作六：接上勢。腰勁向左旋轉，身體螺旋下沉，上體微向右轉。雙肩鬆開似脫，下塌外碾，左領右催，膻中穴微內含，牽動往來氣貼背。雙手以左手為主，右手為賓。

左手出勁變為順纏，坐腕旋轉，借助旋腕轉膀之勁，畫下弧運展至左膝外側，氣聚軸腕，上掤下折，肘向裏合，引導尺、橈二骨擰摽翻轉，手指鬆直向下，掌心向左

微偏前；右手入勁繼續逆纏，坐腕旋轉，借助旋腕轉膀之勁，微畫下弧運展至身體右側上方領勁，氣聚軸腕，內折外掤，肘微裏合，高與眼平，手指鬆直向上偏前，掌心向右。

圖 4-94

同時，鬆右胯、泛左臀，雙胯掙衡前捲裏合，開膝合臗，雙腿裏纏，借助旋踝轉腿之勁，扣合前襠，以左腳跟為軸，腳尖內扣 45°，重心仍偏於右腿，七三分成。

周身合住勁，同時吸氣，氣結中宮，眼注視左手足，耳聽身後，兼顧兩腎（圖 4-94）。

動作七：接上勢。腰勁繼續向左旋轉掤身體螺旋下沉，右轉 45°。雙肩鬆開似脫，下塌外碾，繼續左領右催，膻中穴微內含，心氣與橫膈膜同步沉降。雙手以左手為主，右手為賓。

左手出勁繼續順纏，坐腕旋轉，借助旋腕轉膀之勁，微畫下弧向身體左側下方領勁，氣聚軸腕，內折外掤，肘向裏合，高與股平，手指鬆直向左下方，掌心向左微前；右手入勁繼續逆纏，坐腕旋轉，借助旋腕轉膀之勁，繼續微畫下弧向身體右側上方領勁，氣聚軸腕，內折外掤，肘微裏合，高與眼平，手指鬆直向上偏前，掌心向右。

同時，鬆右胯、泛左臀，雙胯掙衡前捲裏合，開膝合臗，雙腿裏纏，借助旋踝轉腿之勁，下弧調襠，重心繼續

右移，左足出勁向左前方出腿，以腳跟內側鏟地而出。

周身合住勁，繼續吸氣，氣結中宮，眼注視左手足，耳聽身後，兼顧兩腎（圖4-95）。

動作八：接上勢。腎氣滾動傳遞，腰勁向左旋套，身體螺旋下沉。雙肩鬆開似脫，下塌外碾，左旋右轉，膻中穴微內含，心氣與橫膈膜同步沉降。雙手轉換有序，互為主賓。

圖4-95

左手先出後入勁變為逆纏，坐腕旋轉，借助旋腕轉膀之勁，先畫下弧向身體左側上方運展至與肩平時，變為順纏，屈肘畫上弧經左肩前運合至身體前上方時，再次變為逆纏，運落至右肘上（以四指肚沾黏於肘部彎曲處），氣聚軸腕，上掤下折，肘微裏合，高與胸平，手指鬆直向左偏下，掌心向下；右手先入後出勁變為順纏，坐腕旋轉，借助旋腕轉膀之勁，先畫上弧向身體右後側運展，而後畫內下弧經右膝上方運展至身體前約40公分，氣聚軸腕，上掤下折，肘向裏合，高與胸平，手指鬆直向前偏下，掌心向前偏上。

同時，鬆右胯、泛左臀，雙胯掙衡前捲裏合，開膝合膕，雙腿裏纏，借助旋踝轉腿之勁，後下弧調襠，重心移於左腿，右足以先入後出勁，自右向左畫外弧經左腳內側運展至左腳前約30公分，前腳掌虛點地面，雙腳跟對直在一條豎線上。

圖 4-96

圖 4-97

　　周身合住勁，同時一吸即呼，氣聚中宮，眼注視右手及前方，耳聽身後，兼顧兩腎（圖 4-96）。

　　動作九：接上勢。與第二式「金剛搗碓」的動作十相同，略（參見圖 4-13）。

　　動作十：接上勢。與第二式「金剛搗碓」的動作十一相同，略（參見圖 4-14）。

　　動作十一：接上勢。與第二式「金剛搗碓」的動作十二相同，略（圖 4-97）。

第十六式　披身捶（面向南）

　　動作一：接上勢。腰勁向左旋轉，身體螺旋下沉，右轉 30°。雙肩鬆開似脫，下塌外碾，內捲裏合，左領右催，膻中穴微內含，心氣與橫膈膜同步沉降。雙手以左手為主，右手為賓。

　　雙手左出右入勁繼續雙順纏，自腹前折腕旋轉，借助

旋腕轉膀之勁，畫下弧運展至右膝上方，氣聚軸腕，上折下掤，雙肘裏合，高與腹平，左手指鬆直向右偏前，掌心向上；右拳面向右前方，拳眼向右微偏上，拳心向上偏內。

圖 4-98

同時，鬆右胯、泛左臀，雙胯掙衡前捲裏合，開膝合膁，雙腿裏纏，十趾抓地，襠部撐圓，借助旋踝轉腿之勁，後下弧調襠，重心繼續左移，七三分成。

周身合住勁，同時吸氣，氣結中宮，眼注視雙手及右下方，耳聽身後，兼顧兩腎（圖 4-98）。

動作二：接上勢。腰勁向右旋轉，身體螺旋下沉，上體左轉 30°。雙肩鬆開似脫，下塌外碾，內捲裏合，右領左催，膻中穴微內含，心氣與橫膈膜同步沉降。雙手以右手為主，左手為賓。

雙手右出左入勁變為雙逆纏，折腕旋轉，借助旋腕轉膀之勁，畫下弧運合至腹前，氣聚軸腕，上折下掤，高與腹平（還原「金剛搗碓」狀態），左手指鬆直向右，掌心向上；右拳面向左，拳眼向前，拳心向上。

同時，鬆右胯、泛左臀，雙胯掙衡前捲裏合，開膝合膁，雙腿裏纏，十趾抓地，襠部撐圓，借助旋踝轉腿之勁，後下弧調襠，重心微向右移，仍然偏左，六四分成。

周身合住勁，同時呼氣，氣聚中宮，眼注視前方，耳聽身後，兼顧兩腎（圖 4-99）。

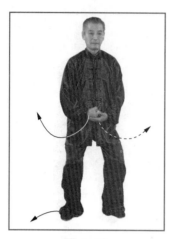

圖 4-99　　　　　　　　　圖 4-100

　　動作三：接上勢。虛領頂勁，中氣潛轉，引動腦後脖頸兩條大筋鬆緊有序，腰勁一鬆，向左旋套，身體螺旋下沉。雙肩鬆開似脫，下塌外碾，前捲裏合，並含掙衡對拉拔長之意，膻中穴微內含，牽動往來氣貼背。雙手以左手為主，右手為賓。

　　雙手左出右入勁繼續雙逆纏，右拳變掌與左手折腕旋轉，借助旋腕轉膀之勁，分別向左右兩側畫下弧運展至兩膝上方，氣聚軸腕，內折外掤，肘向裏合，高與胯平，手指鬆直向內，掌心向內相對，含相吸之意。

　　同時，鬆左胯、泛右臀，雙胯掙衡前捲裏合，開膝合膾，雙腿裏纏，十趾抓地，襠部撐圓，借助旋踝轉腿之勁，引虛右足出勁，向右側開小半步，腳尖上翹裏合，以腳跟內側鏟地而出，構成四肢對拉拔長的雙開勁。

　　周身開中寓合，同時吸氣，氣結中宮，眼注視右下方，耳聽身後，兼顧兩腎（圖 4-100）。

動作四：接上勢。腰勁向右旋套，身體螺旋下沉。雙肩鬆開似脫，下塌外碾，挣衡對拉拔長，開胸合背。雙手以右手為主，左手為賓。

右手出勁左手入勁變為雙順纏，坐腕旋轉，借助旋腕轉膀之勁，畫下弧運展至身體

圖4-101

兩側上方，氣聚軸腕，上掤下折，肘向裏合，高與肩平，手指鬆直向右左兩側，掌心向上。

同時，鬆左胯、泛右臀，雙胯挣衡前捲裏合，開膝合臏，雙腿裏纏，借助旋踝轉腿之勁，上弧調襠，重心移於右腿，右腳尖落地踏實，五趾及時抓地。

周身繼續開中寓合，同時吸氣，氣結中宮，眼注視右手，耳聽身後，兼顧兩腎（圖4-101）。

動作五：接上勢。鬆腰下氣，腰勁繼續向右旋套，身體螺旋下沉。雙肩鬆開似脫，下塌外碾，內捲裏合，左催右領，開背合胸，膻中穴微內含，心氣與橫膈膜同步沉降。雙手以右手為主，左手為賓。

雙手右出左入勁變為雙逆纏，坐腕旋轉，借助旋腕轉膀之勁，向身內畫上弧運合至身體前約35公分，左手在外、右手在內沾黏交叉折疊，氣聚軸腕，內折外掤，肘向裏合，高與嘴平，手指鬆直向上，雙手背相對，含相吸之

意。

同時，鬆左胯、泛右臀，雙胯掙衡前捲裏合，開膝合臏，雙腿裏纏，十趾抓地，襠部撐圓，借助旋踝轉腿之勁，上弧調襠，重心仍然右移，六四分成。

周身合中寓開，同時呼氣，氣聚中宮，眼注視雙手及前方，耳聽身後，兼顧兩腎（圖4-102）。

圖4-102

動作六：接上勢。腰勁向右旋轉，身體螺旋下沉，上體左轉30°。雙肩鬆開似脫，下塌外碾，左催右領，膻中穴微內含，心氣與橫膈膜同步沉降。雙手以右手為主，左手為賓。

右手出勁左手入勁繼續雙逆纏，折腕旋轉，借助旋腕轉膀之勁，由掌變拳畫下弧旋纏至左胸前約35公分，雙腕仍然十字沾黏交叉，氣聚軸腕，內掤外折，肘微裏合，高與胸平，右拳面向左偏下，拳眼向左後下方，拳心向前下方；左拳面向左上方，拳眼向內，拳心向右上方。

同時，鬆右胯、泛左臀，雙胯掙衡前捲裏合，開膝合臏，雙腿裏纏，十趾抓地，襠部撐圓，借助旋踝轉腿之勁，下弧調襠，重心移於左腿，六四分成。

周身合中寓開，同時吸氣，氣結中宮，眼注視雙手及左下方，耳聽身後，兼顧兩腎（圖4-103）。

動作七：接上勢。腰勁螺旋轉動，身體螺旋下沉。雙

圖 4-103　　　　　　　　　圖 4-104

肩鬆開似脫，下塌外碾，內捲裏合，左旋右轉，引導肩
井、雲門、極泉、曲池、曲澤、內關等諸穴內氣機潛轉，
膻中穴微內含，牽動往來氣貼背。雙手以右手為主，左手
為賓。

　　右手出勁左手入勁變為雙順纏，折腕旋轉，借助旋腕
轉膀之勁，畫內上弧運掤至胸前約 35 公分，氣聚軸腕，內
折外掤，肘微裏合，高與胸平，右拳面向左偏上，拳眼向
右上方，拳心向內；左拳面向右，拳眼向上，拳心向內。
雙手相距一拳之隔，並含相吸相繫之意，合住勁。雙手腕
外側距約 30 公分，不可越界，否則，勁散而不聚。

　　同時，鬆右胯、泛左臀，雙胯掙衡前捲裏合，開膝合
膕，雙腿裏纏，十趾抓地，襠部撐圓，借助旋踝轉腿之
勁，後弧調襠，重心移於右腿，六四分成。

　　周身合住勁，同時呼氣，氣聚中宮，眼注視雙手及前
方，耳聽身後，兼顧兩腎（圖 4-104）。

動作八：接上勢。腰勁向右旋轉，身體螺旋下沉。雙肩鬆開似脫，下塌外碾，左催右領，引導肩井、雲門、極泉、曲池、曲澤、內關等諸穴內氣機潛轉，膻中穴微內含，心氣與橫膈膜同步沉降。雙手以右手為主，左手為賓。

右手出勁變為逆纏，折腕旋轉，借助旋腕轉膀之勁，畫下弧運展至身體右前上方，乘肩肘部的轉關過氣（節），再由逆纏變為順纏，向身內畫上弧運展至身體前約 45 公分，氣聚軸腕，由折變坐，外折內掤，肘向裏合，高與眼平，拳面向右上方，拳眼向後，拳心向內（左）偏上；左手入勁變為逆纏，折腕旋轉，借助旋腕轉膀之勁，畫下弧運展至身體左側上方，乘肩肘部的轉關過節，再由逆纏變為順纏，畫上弧運展至身體左側上方，氣聚軸腕，內掤外折，肘向裏合，高與眼平，拳面向左偏上，拳眼向上偏內，拳心向前。

同時，鬆右胯、泛左臀，雙胯掙衡前捲裏合，開膝合臏，雙腿裏纏，十趾抓地，襠部撐圓，借助旋踝轉腿之勁，上弧調襠，重心移於左腿，六四分成。

周身合住勁，同時吸氣（發勁時呼氣），氣結中宮，眼注視右方，耳聽身後，兼顧兩腎（圖 4-105、106）。

動作九：接上勢。腰勁向左旋轉，身體螺旋下沉，上體右轉 45°。雙肩鬆開似脫，下塌外碾，右催左領，膻中穴微內含，心氣與橫膈膜同步沉降。雙手以左手為主，右手為賓。

左手出勁繼續順纏，折腕旋轉，借助旋腕轉膀之勁，畫外上弧運展至身體前上方約 45 公分，氣聚軸腕，內折外

圖 4-105

圖 4-106

掤，肘向裏合，高與肩平，拳面向右上方，拳眼向左前上方，拳心向內；右手入勁繼續順纏，折腕旋轉，借助旋腕轉膀之勁，畫上弧運展至右膝外側，氣聚軸腕，上折下掤，肘向裏合，高與股平，拳面向右前方，拳眼向右偏後，拳心向上。

圖 4-107

同時，鬆右胯、泛左臀，雙胯掙衡前捲裏合，開膝合臏，雙腿裏纏，十趾抓地，襠部撐圓，借助旋踝轉腿之勁，後弧調襠，重心繼續左移，七三分成。

周身合住勁，同時呼氣，氣聚中宮，眼注視右前方，耳聽身後，兼顧兩腎（圖 4-107）。

動作十：接上勢。腰勁向左旋轉，身體螺旋下沉。雙肩鬆開似脫，下塌外碾，左催右領，引導肩井、雲門、極泉、曲池、曲澤、內關等諸穴內氣機潛轉，膻中穴微內含，心氣與橫膈膜同步沉降。雙手以右手為主，左手為賓。

圖 4-108

右手出勁變為逆纏，折腕旋轉，借助旋腕轉膀之勁，畫外上弧運展至右膝內側前上方，氣聚軸腕，上掤下折，肘微裹合，高與胸平，拳面向右偏下，拳眼向左下方，拳心向後下方；左手入勁變為逆纏，折腕旋轉，借助旋腕轉膀之勁，畫上弧運展至腹臍前，氣聚軸腕，上折下掤，高與腹平，拳面向右，拳眼向前，拳心向上。

同時，鬆左胯、泛右臀，雙胯掙衡前捲裹合，開膝合臏，雙腿裹纏，十趾抓地，襠部撐圓，借助旋踝轉腿之勁，下弧調襠，重心移於右腿，六四分成。

周身合住勁，同時吸氣，氣結中宮，眼注視右手及右前方，耳聽身後，兼顧兩腎（圖4-108）。

動作十一：接上勢。腰勁向右旋轉，身體螺旋下沉，上體左轉45°。雙肩鬆開似脫，下塌外碾，內捲裹合，左催右領，膻中穴微內含，牽動往來氣貼背。雙手以右手為主，左手為賓。

右手出勁變為順纏，折腕旋轉，借助旋腕轉膀之勁，畫

下弧運展至身體前約 45 公分，氣聚軸腕，順直無偏，肘向裏合，高與胯平，拳面向左，拳眼向上，拳心向內（後）；左手入勁變為順纏，折腕旋轉，借助旋腕轉膀之勁，畫上弧向身內擰旋圈合至腹前，氣聚軸腕，上折下捌，肘微裏合，高與腹平，拳面向右，拳眼向前，拳心向上。

圖 4-109

同時，鬆左胯、泛右臀，雙胯掙衡前捲裏合，開膝合臏，雙腿裏纏，十趾抓地，襠部撐圓，借助旋踝轉腿之勁，前襠扣合，後襠撐開，重心仍偏於右腿，六四分成。

周身合住勁，同時吸氣，氣結中宮，眼注視右手及左方，耳聽身後，兼顧兩腎（圖 4-109）。

動作十二：接上勢。腰勁向左旋轉，身體螺旋下沉，上體右轉 45°。雙肩鬆開似脫，下塌外碾，右催左領，膻中穴微內含，心氣與橫膈膜同步沉降。雙手以左手為主，右手為賓。

左手出勁變為逆纏，坐腕旋轉，借助旋腕轉膀之勁，沾黏腹部畫上弧擰轉運至左腹前，氣聚軸腕，上折下捌，肘向裏合，高與腹平，拳面向上，拳眼向左，拳心向內；右手入勁變為逆纏，坐腕旋轉，借助旋腕轉膀之勁，經身前畫上弧披身運展至身體右前上方約 20 公分，氣聚軸腕，外捌內折，高與眼平，拳面向左，拳心向下。

同時，鬆左胯、泛右臀，雙胯掙衡前捲裏合，開膝合臏，雙腿裏纏，十趾抓地，襠部撐圓，借助旋踝轉腿之勁，襠勁繼續向右放鬆貫串，左腿向左留著勁，以腳跟為軸，足尖向內扣合15°，重心仍偏於右腿，六四分成。促使右拳、左肘尖與腳尖披身拉成一條無形的斜線，形成清氣上升，濁氣下降之勢。

圖 4–110

周身合住勁，同時呼氣，氣沉丹田，眼注視左肘和左足尖，耳聽身後，兼顧兩腎（圖 4–110）。

第十七式　背折靠（面向南）

動作一：接上勢。腰勁向左旋轉，身體螺旋下沉，向右加速轉動。雙肩鬆開似脫，下塌外碾，前捲裏合，左催右領，膻中穴微內含，牽動往來氣貼背，丹田鼓蕩勃發，擰腰、轉胯、纏臂、旋腕、背擊、扣襠、前腳把、後腳蹬總歸完整一氣。雙手以右手為主，左手為賓。

右手出勁繼續逆纏，坐腕旋轉，借助旋腕轉胯之勁，畫下弧原位纏繞忽然一抖即鬆，勁貫右後肩背做下折後擊之勢，氣聚軸腕，內折外掤，高與眼平，拳面向左偏前，拳眼向下，拳心向右前方；左手入勁繼續逆纏，折腕旋轉，借助旋腕轉胯之勁，原位纏繞忽然一抖即鬆，勁貫在

前臂外側，氣聚軸腕，上折下掤，高與臍平，拳面向上，拳眼向右，拳心向內。

同時，鬆左胯、泛右臀，雙胯挣衡前捲裏合，開膝合臏，雙腿裏纏，十趾抓地，襠部撐圓，借助旋踝轉腿之勁，右腿把，左腿蹬，重心仍偏於右腿，六四分成。

圖 4-111

周身合住勁，同時呼氣，意注中宮，氣沉丹田，眼注視左肘尖及左腳尖，耳聽身後，兼顧兩腎（圖 4-111）。

第十八式　青龍出水（面向南）

動作一：接上勢。腰勁向左旋轉，身體螺旋下沉，上體右轉 45°。雙肩鬆開似脫，下塌外碾，右催左領，引導肩井、雲門、極泉、曲池、曲澤、內關等諸穴內氣機潛轉，膻中穴微內含，心氣與橫膈膜同步沉降。雙手以左手為主，右手為賓。

左手出勁變為順纏，折腕旋轉，借助旋腕轉膀之勁，經左腹下屈肘畫上弧運展至身體前約 45 公分，氣聚軸腕，內折外掤，肘向裏合，高與肩平，拳面向上，拳眼向左前上方，拳心向內；右手入勁變為順纏，折腕旋轉，借助旋腕轉膀之勁，先畫上弧運掤至身體右前上方，乘肩部轉關過節，畫下弧運合至右膝外側，氣聚軸腕，上折下掤，肘

向裏合，高與膝平，拳面向右前方，拳眼向左偏後，拳心向上。

同時，鬆右胯、泛左臀，雙胯掙衡前捲裏合，開膝合臍，雙腿裏纏，十趾抓地，襠部撐圓，借助旋踝轉腿之勁，後下弧調襠，重心移於左腿，右腿留著勁，左六右四分成。

圖 4-112

周身開中寓合，同時吸氣，氣結中宮，眼注視右手及右前方，耳聽身後，兼顧兩腎（圖 4-112）。

動作二：接上勢。腰勁向右旋轉，身體螺旋下沉，上體左轉45°。雙肩鬆開似脫，下塌外碾，內捲裏合，左催右領，膻中穴微內含，心氣與橫膈膜同步沉降，胸腰由左向右做下弧運化動作。雙手以右手為主，左手為賓。

右手出勁變為逆纏，展臂折腕旋轉，借助旋腕轉膀之勁，畫後上弧順著右腿利用軟鞭鬆甩之勁運展至右膝前上方，氣聚軸腕，上掤下折，肘向裏合，高與胸平，拳面向右前下方，拳眼向左前偏下，拳心向右後下方；左手入勁變為逆纏，屈肘折腕旋轉，借助旋腕轉膀之勁，畫內下弧運合至腹臍前，氣聚軸腕，上折下掤，高與臍平，拳面向右，拳眼向前偏右，拳心向內上方。

同時，鬆左胯、泛右臀，雙胯掙衡前捲裏合，開膝合臍，雙腿裏纏，十趾抓地，襠部撐圓，借助旋踝轉腿之

勁，後（左）腿蹬，前（右）腿把，後下弧調襠，重心移於右腿，六四分成。

周身開中寓合，同時呼氣，氣聚中宮，眼注視右手，耳聽身後，兼顧兩腎（圖4-113）。

動作三：接上勢。腰勁向左旋轉，身體螺旋下沉，上體右轉45°。雙肩鬆開似脫，下塌外碾，內捲裏合，

圖 4-113

右催左領，膻中穴微內含，牽動往來氣貼背。雙手以左手為主，右手為賓。

左手出勁變為順纏，由拳變掌鬆腕旋轉，借助旋腕轉膀之勁，採用節節貫串的運動規律，以鞭甩之勁畫下弧運合至右膝內側，氣聚軸腕，內掤外折，肘向裏合，高與膝平，手指鬆直向右偏下，掌心向內（後方）；右手入勁變為順纏，坐腕旋轉，借助旋腕轉膀之勁，畫上弧運至身體前，以拳沿與右小指根部黏貼於左肘內側，氣聚軸腕，內掤外折，肘向裏合，高與腹平，拳面向左，拳眼向右偏後，拳心向內。

同時，鬆右胯、泛左臀，雙胯挣衡前捲裏合，開膝合膕，雙腿裏纏，十趾抓地，襠部撐圓，借助旋踝轉腿之勁，下弧調襠，襠勁前合後開，重心移於左腿，六四分成。

周身合住勁，同時一吸即呼，氣聚中宮，眼注視左手

及右前下方，耳聽身後，兼顧兩腎（圖4-114）。

圖4-114

動作四：接上勢。腰勁向右旋轉，身體螺旋下沉，上體左轉45°。雙肩鬆開似脫，下塌外碾，內捲裏合，左催右領，雙肘裏合鬆垂，膻中穴微內含，心氣與橫膈膜同步沉降。雙手以右手為主，左手為賓。

右手出勁變為逆纏，坐腕旋轉，借助旋腕轉膀之勁，繼續黏貼左肘內側畫上弧向身體內側纏繞旋轉合住勁，氣聚軸腕，內折外掤，高與胸平，拳面向左偏前，拳眼向內，拳心向下；左手入勁繼續順纏，折腕旋轉，借助旋腕

圖4-115

轉膀之勁，畫上弧運合至右腹前右肘下側合住勁，氣聚軸腕，內折外掤，高與腹平，手指鬆直向右，掌心向內。

下肢動作同上動。

周身蓄足勁，具有一觸即發之勢，同時吸氣，氣結中宮，眼注視右方，耳聽身後，兼顧兩腎（圖4-115）。

動作五：接上勢。腰勁向右旋套，身體螺旋下沉。雙

肩鬆開似脫，下塌外碾，內捲裏合，左催右領，膻中穴微內含，心氣與橫膈膜同步沉降，丹田鼓蕩勃發，胸腰由左向右做下弧運化動作。雙手以右手為主，左手為賓。

右手出勁繼續逆纏，折腕旋轉，借助旋腕轉膀之勁，畫下弧經右腿前向身體右側突然繃發，一抖即鬆，勁貫拳沿及前臂外側，氣聚軸腕，內折外挪，肘微裏合，高與胯平，拳面向右前方，拳眼向內（左），拳心向後偏下；左手入勁變為逆纏，由掌變拳鬆腕旋轉，借助旋腕轉膀之勁，畫上弧由腹臍前突然繃發，一抖即鬆，勁貫左肘尖，以助雙肩傳遞，氣聚軸腕，內折外挪，高與腹平，拳面向右，拳眼向上，拳心向內。

此勢以雙臂的內勁而論，則要求左手以入勁而內串，先貫注於左肘尖部，後經左上臂上升於肩，通過雙肩傳遞的「通背勁」注入右臂，助右前臂及右拳向外抖發，此時勁要一吐即發，形須一發即鬆。

同時，鬆右胯、泛左臀，雙胯掙衡前捲裏合，開膝合膕，雙腿裏纏，十趾抓地，襠部撐圓，借助旋踝轉腿之勁，弧形調襠，發至右腿鬆於左腿，重心移於右腿，六四分成。

周身合住勁，同時呼氣，氣沉丹田，眼注視右手，耳聽身後，兼顧兩腎（圖4-116）。

圖 4-116

第十九式　雙推手（面向東）

動作一：接上勢。雙腰隙氣機橫向立圓滾動，互相傳遞，腰勁向右旋套，身體螺旋下沉。雙肩鬆開似脫，內捲裹合，下塌外碾，左催右領，膻中穴微內含，心氣與橫膈膜同步沉降，胸腰由左向右做上弧運化動作。雙手繼續以右手為主，左手為賓。

右手出勁繼續逆纏，坐腕旋轉，借助旋腕轉膀之勁，畫上弧運展至身體右側上方，氣聚軸腕，內折外掤，肘微裹合，高與肩平，拳面向右前方，拳眼向下，拳心向右；左手入勁繼續逆纏，折腕旋轉，借助旋腕轉膀之勁，沾黏腹部向右畫上弧纏繞小半圈，運合至腹前，氣聚軸腕，上掤下折，肘與前臂裹合上掤，拳面向下，拳眼向內黏貼腹部，拳心向左。

同時，鬆左胯、泛右臀，雙胯掙衡前捲裹合，開膝合膕，雙腿裹纏，十趾抓地，襠部撐圓，借助旋踝轉腿之勁，上弧調襠，重心不變。

周身合住勁，同時吸氣，氣結中宮，眼注視右手及右方，耳聽身後，兼顧兩腎（圖4-117）。

動作二：接上勢。腰勁向左旋套，身體螺旋下沉。雙肩

圖4-117

鬆開似脫，下塌外碾，右催左領，膻中穴微內含，心氣與橫膈膜同步沉降，胸腰由右向左做下弧運化動作。雙手以左手為主，右手為賓。

左手出勁變為順纏，折腕旋轉，借助旋腕轉膀之勁，繼續沾黏腹部畫下弧纏繞小半圈，運合至腹

圖4-118

臍前，氣聚軸腕，上折下掤，肘微裏合，高與腹平，拳面向右，拳眼向前，拳心向上；右手入勁變為順纏，坐腕旋轉，借助旋腕轉膀之勁，畫下弧運合至右膝內側，氣聚軸腕，上折下掤，肘向裏合，高與膝平，拳面向右，拳眼向前，拳心向下。

同時，鬆右胯、泛左臀，雙胯掙衡前捲裏合，開膝合臏，雙腿裏纏，十趾抓地，襠部撐圓，借助旋踝轉腿之勁，下弧調襠，重心移於左腿，六四分成。

周身合住勁，同時呼氣，氣聚中宮，眼注視右手及右下方，耳聽身後，兼顧兩腎（圖4-118）。

動作三：接上勢。腰勁向左旋轉，身體螺旋下沉，上體右轉90°。雙肩鬆開似脫，下塌外碾，並縱向立圓轉動前捲裏合，胸腰做弧形的折疊蛹動動作，膻中穴及時內含，牽動往來氣貼背。雙手以左手為主，右手為賓。

左手出勁右手入勁變為雙逆纏，由拳變掌折腕旋轉，借助旋腕轉膀之勁，先畫下弧運升至胸前雙手合住勁，乘

肩部的轉關過氣（節），由逆纏變為順纏，畫上弧運展至右膝內側，氣聚軸腕，內折外掤，高與膝平，雙手右前左後，手指鬆直分別置於左右，掌心分別朝向內外，手背相對相吸，相輔相成。

圖4-119

同時，鬆右胯、泛左臀，雙胯掙衡前捲裏合，開膝合臁，雙腿裏纏，借助旋踝旋腿之勁，下弧調襠，重心繼續左移，七三分成，以右腳跟為軸，腳尖內扣裏合，襠勁前合後開。

周身合住勁，同時吸氣，氣結中宮，眼注視雙手及前下方，耳聽身後，兼顧兩腎（圖4-119）。

動作四：接上勢。腰勁向右旋轉，身體螺旋下沉，上體左轉135°。雙肩鬆開似脫，下塌外碾，左催右領，膻中穴微內含，心氣與橫膈膜同步沉降，胸腰由右向左做下弧運化動作。雙手以右手為主，左手為賓。

右手出勁變為順纏，坐腕旋轉，借助旋腕轉膀之勁畫下弧運合至右膝前上方，氣聚軸腕，後折前掤，肘向裏合，高與胯平，手指鬆直向右，掌心向前；左手入勁變為順纏，折腕旋轉，借助旋腕轉膀之勁，畫上弧運合至腹臍前，氣聚軸腕，上折下掤，肘微裏合，高與臍平，手指鬆直向右，小指肚外側輕貼腹臍下沿，掌心向上。

同時，鬆左胯、泛右臀，雙胯掙衡前捲裏合，開膝合

臍，雙腿裏纏，十趾抓地，襠部撐圓，借助旋踝轉腿之勁，襠勁後下弧調整，左腳尖外擺 135°，重心移於右腿，七三分成。

周身合中寓開，同時呼氣，氣聚中宮，眼注視前方，耳聽身後，兼顧兩腎（圖 4-120）。

圖 4-120

動作五：接上勢。腰勁向左旋套，身體螺旋上升。雙肩鬆開似脫，下塌外碾，左領右催，膻中穴微內含，心氣與橫膈膜同步沉降。雙手以左手為主，右手為賓。

左手出勁繼續順纏，折腕旋轉，借助旋腕轉膀之勁，畫下弧自腹臍前領勁，氣聚軸腕，上折下捌，肘微裏合，高與腹平，手指鬆直向右，掌心向上；右手入勁繼續順纏，坐腕旋轉，借助旋腕轉膀之勁，向左畫下弧運合至右膝上方，氣聚軸腕，後折前捌，肘向裏合，高與胯平，手指鬆直向右後方，掌心向右前方。

同時，鬆右胯、泛左臀，雙胯掙衡前捲裏合，開膝合臍，雙腿裏纏，十趾抓地，襠部撐圓，借助旋踝轉腿之勁，後下弧調襠，重心移於左腿，六四分成。

周身合住勁，同時呼氣，氣聚中宮，眼注視前方，耳聽身後，兼顧兩腎（圖 4-121）。

動作六：接上勢。腰勁向右旋轉，身體螺旋上升，左轉 45°。雙肩鬆開似脫，下塌外碾，左催右領，開胸合

背。雙手以右手為主，左手為賓。

右手出勁繼續逆纏，坐腕旋轉，借助旋腕轉膀之勁，畫下弧運展至身體右側上方約 50 公分，氣聚軸腕，上掤下折，肘向裏合，高與鼻平，手指鬆直向右前方，掌心向上；左手入勁，繼續順纏，折

圖 4-121

腕旋轉，借助旋腕轉膀之勁，畫下弧在腹臍下沿原位纏繞領勁，氣聚軸腕，上折下掤，肘微裏合，高與腹平，手指鬆直向右，掌心向上。

同時，鬆右胯、泛左臀，雙胯掙衡前捲裏合，開膝合膟，雙腿裏纏，借助旋踝轉腿之勁，下弧調襠，乘重心全部移至左腿，待右腿移虛之機，前襠勁及時扣合，小腹關元、中極二穴共同向內收斂納氣，沖震命門，右足以先入後出勁畫內上弧經左腿內側運展至左足右前方約 40 公分，雙腳跟在一條斜線上，重心偏於左腿，右前腳掌點地，八二分成。

周身開中寓合，同時吸氣，氣結中宮，眼注視右手及右前方，耳聽身後，兼顧兩腎（圖 4-122、附圖 4-122）。

動作七：接上勢。腰勁繼續向右旋轉，身體螺旋下沉，微向左轉動。雙肩鬆開似脫，下塌外碾，左催右領，開胸合背，氣機向下沉降。雙手以右手為主，左手為賓。

右手出勁、左手入勁變為逆纏，雙手折腕旋轉，借助旋腕轉膀之勁，畫上弧屈肘合於雙耳旁，肘含上挑之意，

圖 4-122

附圖 4-122

氣聚軸腕，上掤下折，手指鬆直向內，掌心向前上方。

　　同時，鬆左胯、泛右臀，雙胯掙衡前捲裏合，開膝合臏，雙腿裏纏，襠部撐圓，借助旋踝轉腿之勁，右足繼續出勁，腳尖上翹裏合，以腳跟內側鏟地而出，向右前方開小半步，重心仍偏於左腿，六四分成。

　　周身合住勁，繼續吸氣，氣結中宮，眼注視右前方，耳聽身後，兼顧兩腎（圖4-123）。

　　動作八：接上勢。鬆腰下氣，身體螺旋下沉，上體右轉45°，雙肩鬆開似脫，下塌外

圖 4-123

圖 4-124

圖 4-125

碾，內捲裏合，開背合胸，膻中穴微內含，牽動往來氣貼背。雙手以左手為主，右手為賓。

雙手左出右入勁變為雙順纏，坐腕旋轉，借助旋腕轉膀之勁，畫內下弧分別運降合至雙頰旁，掌心相對並含相吸之意，氣聚軸腕，內掤外折，肘向裏合，高與胸平，雙手指鬆直向上，掌心向內，含相吸之意。

同時，鬆右胯、泛左臀，雙胯掙衡前捲裏合，開膝合膣，雙腿裏纏，襠部撐圓，右腳尖下落，五趾及時抓地，重心仍偏於左腿，六四分成。

周身合中寓開，同時吸氣，氣聚中宮，眼注視右前方，耳聽身後，兼顧兩腎（圖 4-124）。

動作九：接上勢。腰勁向左旋轉，身體螺旋下沉。雙肩鬆開似脫，下塌外碾，內捲裏合，右領左催，膻中穴微內含，心氣與橫膈膜同步沉降。雙手以右手為主，左手為賓。

雙手右出左入勁變為雙逆纏，經胸前畫下弧推運至身體右前方約45公分，乘勁、氣、形到位的一瞬間，雙手變為雙順纏，微畫上弧放鬆合住勁，氣聚軸腕，內折外掤，肘向裏合，高與眼平，雙手指鬆直向上偏內合住勁，虎口撐圓，勞宮穴一吐即含，掌心向前偏上。

同時，鬆左胯、泛右臀，雙胯掙衡前捲裏合，開膝合膝，雙腿裏纏，襠部撐圓，借助旋踝轉腿之勁，襠勁後下弧調整，重心移於右腿，右胯微向右側旋出微凸（暗含胯靠），左腳入勁，前腳掌擦滑地面，畫後外弧運合至右腳內側約30公分，前腳掌點地，雙腳成不丁不八狀態，重心右八左二分成。

周身合住勁，同時呼氣，氣沉丹田，眼注視雙手及前方，耳聽身後，兼顧兩腎（圖4–125）。

第二十式　三換掌（面向東）

動作一：接上勢。腰勁向左旋轉，身體螺旋下沉，上體右轉45°。雙肩鬆開似脫，下塌外碾，右催左領，引導肩井、雲門、極泉、曲池、曲澤、內關等諸穴內氣機潛轉，膻中穴微內含，心氣與橫膈膜同步沉降。雙手以左手為主，右手為賓。

左手出勁繼續順纏，坐腕旋轉，借助旋腕轉膀之勁，畫上弧運展至身體前約45公分，氣聚軸腕，上掤下折，肘向裏合，高與胸平，手指鬆直向前偏上，掌心向上偏前；右手入勁繼續順纏，坐腕旋轉，借助旋腕轉膀之勁，畫下弧運至左臂內側，小指肚外側沾黏前臂內側上端，氣聚軸腕，上掤下折，肘向裏合，高與胸平，手指鬆直向前，掌

心向下偏左。

同時，鬆右胯、泛左臀，左腳以前掌為軸向外擰轉扣合45°，下弧調襠，重心偏於右腿，六四分成。

周身合住勁，同時吸氣，氣結中宮，眼注視左手及前方，耳聽身後，兼顧兩腎，完成第一次換掌（圖4–126）。

圖4–126

動作二：接上勢。腰勁向右旋轉，身體螺旋下沉，上體左轉45°。雙肩鬆開似脫，下塌外碾，左催右領，膻中穴微內含，心氣與橫膈膜同步沉降。雙手以右手為主，左手為賓。

右手出勁變為逆纏，坐腕旋轉，借助旋腕轉膀之勁，畫上弧運展至身體右前上方，氣聚軸腕，內折外掤，高與眼平，手指鬆直向左前方，掌心向右前方；左手入勁變為逆纏，折腕旋轉，借助旋腕轉膀之勁，畫下弧沉運至右胸前約30公分，氣聚軸腕，上折下掤，肘向裏合，高與胸平，手指鬆直向上，掌心向內。

同時，鬆左胯、泛右臀，左腳以前掌為軸旋轉，腳跟向內擰合45°，下弧調襠，重心移於右腿，七三分成。

周身合住勁，同時呼氣，氣聚中宮，眼注視右手及右前方，耳聽身後，兼顧兩腎，完成第二次換掌（圖4–127）。

動作三：接上勢。腰隙內氣機橫向滾動傳遞，腰勁向

圖 4-127

圖 4-128

左旋轉，身體螺旋下沉。雙肩鬆開似脫，下塌外碾，左催右領，膻中穴微內含，牽動往來氣貼背。雙手以右手為主，左手為賓。

右手出勁變為順纏，坐腕旋轉，借助旋腕轉膀之勁，畫上弧運展至身體右側上方，氣聚軸腕，上折下掤，肘向裏合，高與眼平，手指鬆直向右上方，掌心向左偏前；左手入勁變為順纏，折腕旋轉，借助旋腕轉膀之勁，畫下弧運至胸前，氣聚軸腕，上掤下折，肘微裏合，手指鬆直向下，掌心向下。

同時，鬆左胯、泛右臀，下弧調襠，重心繼續向右移動，八二分成。

周身合住勁，同時吸氣，氣結中宮，眼注視右手及右前方，耳聽身後，兼顧兩腎（圖 4-128）。

動作四：接上勢。雙腰隙內氣機縱向滾動傳遞，腰勁向左旋轉，身體螺旋下沉，上體右轉 45°。雙肩鬆開似脫，

下塌外碾，並右催左領，胸背開合轉換有度，促成胸腰折疊蛹動的運動，膻中穴微內含，心氣與橫膈膜同步沉降。雙手以左手為主，右手為賓。

左手出勁變為逆纏，坐腕旋轉，借助旋腕轉膀之勁，畫上弧運展至身體前約 35 公分，氣聚軸腕，外掤內折，肘向裏合，高與眼平，手指鬆直向上，掌心向前；右手入勁繼續順纏，折腕旋

圖 4-129

轉，借助旋腕轉膀之勁，畫下弧運合至左肘下方（肘尖對準右手合谷穴），手肘含相吸之意，氣聚軸腕，內折外掤，高與胸平，手指鬆直向內偏左後，掌心向內。

同時，鬆右胯、泛左臀，左腳以前掌為軸，腳跟向外擰轉擺動45°，下弧調襠，重心移於左腿，六四分成。

周身合住勁，同時呼氣，氣沉丹田，眼注視左手及右前方，耳聽身後，兼顧兩腎，完成第三次換掌（圖4-129）。

第二十一式　肘底捶（面向東）

動作一：接上勢。腰勁向右旋轉，身體螺旋下沉，上體左轉45°。雙肩鬆開似脫，下塌外碾，左催右領，引導肩井、雲門、極泉、曲池、曲澤、內關等諸穴內氣機潛轉，膻中穴微內含，心氣與橫膈膜同步沉降。雙手以右手為主，左手為賓。

右手出勁變為逆纏，折腕旋轉，借助旋腕轉膀之勁，

與左肘黏住勁畫下弧運合至腹前，氣聚軸腕，上掤下折，高與臍平，手指鬆直向左偏下，掌心向內下方；左手入勁變為順纏，折腕旋轉，借助旋腕轉膀之勁，以肘為軸，畫下弧運合至右肘前合住勁，氣聚軸腕，外掤內折，高與腹平，手指鬆直向右偏後，掌心向內與右肘有相合吸之意。雙前臂構成交叉折疊的抱合狀態，左手在外，右手在內。

圖 4-130

同時，鬆左胯、泛右臀，左腳以前掌為軸，腳跟向內扣合45°，後下弧調襠，重心移於右腿，八二分成，雙腳不丁不八。

周身合中寓開，同時吸氣，氣結中宮，眼注視前方，耳聽身後，兼顧兩腎（圖4-130）。

動作二：接上勢。腰勁向右旋套，身體螺旋下沉。雙肩鬆開似脫，下塌外碾，左催右領，胸腰由左向右做上弧運化動作。雙手以右手為主，左手為賓。

右手出勁繼續逆纏，坐腕旋轉，借助旋腕轉膀之勁，經左前臂內側畫上弧運展至身體右前上方，氣聚軸腕，外掤內折，肘微裏合，高與眼平，手指鬆直向上，掌心向右偏前；左手入勁變為逆纏，坐腕旋轉，借助旋腕轉膀之勁，經腹前畫下弧運展至左膝上方，氣聚軸腕，上折下掤，肘向裏合，高與腹平，手指鬆直向左偏前，掌心向下。

下肢動作同上動。

周身開中寓合，同時呼氣，氣聚中宮，眼注視右手及右前方，耳聽身後，兼顧兩腎（圖4-131）。

圖4-131

動作三：接上勢。腰勁向左旋套，身體螺旋下沉，上體右轉45°。雙肩鬆開似脫，下塌外碾，右催左領，前捲裏合，膻中穴微向內含，心氣與橫膈膜同步沉降。雙手以左手為主，右手為賓。

左手出勁變為順纏，坐腕旋轉，借助旋腕轉膀之勁，畫內下弧纏旋至左膝外側上方，氣聚軸腕，內折外掤，肘向裏合，高與股平，手指鬆直向下，掌心向左前方；右手入勁變為順纏，坐腕旋轉，借助旋腕轉膀之勁，畫上弧繼續向身體右側上方領勁外展，氣聚軸腕，外掤內折，肘微裏合，高與眼平，手指鬆直向上偏前，掌心向右。

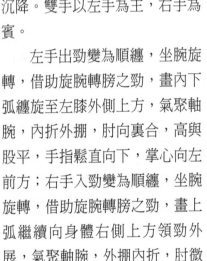

圖4-132

下肢動作同上動。

周身合住勁，同時吸氣，氣結中宮，眼注視左手，耳聽身後，兼顧兩腎（圖4-132）。

動作四：接上勢。腰勁向左一套即合，身體螺旋下

沉。雙肩鬆開似脫，下塌外碾，前捲裏合，右催左領，膻中穴微內含，心氣與橫膈膜同步沉降。雙手以左手為主，右手為賓。

圖 4-133

左手出勁繼續順纏，坐腕旋轉，借助旋腕轉膀之勁，先畫下弧向身體左側上方外展，運升至與肩平時，乘肩部的轉關過節，變為逆纏畫上弧運合至身體前約30公分，氣聚軸腕，外折內掤，肘向裏合，高與眼平，勁貫肘尖，手指鬆直向上，掌心向右；右手入勁變為順纏，由掌變拳折腕旋轉，借助旋腕轉膀之勁，屈肘畫上弧運至左肘下合住勁，氣聚軸腕，內折外掤，肘微裏合，高與胸平，拳面向左，拳眼向上（正對肘尖），拳肘含有相吸相合之意，拳心向內。

同時，鬆右胯、泛左臀，雙胯掙衡前捲裏合，開膝合臏，雙腿裏纏，十趾抓地，襠部撐圓，借助旋踝轉腿之勁，左腳以前掌為軸向裏擰旋，腳跟向外轉動45°，下弧調襠，重心移於左腿，前腳掌點地，六四分成。

周身合住勁，同時呼氣，氣沉丹田，眼注視左手及前方，耳聽身後，兼顧兩腎（圖4-133）。

第二十二式　倒捲肱（面向東）

動作一：接上勢。腰勁螺旋運動，身體螺旋下沉。雙肩鬆開似脫，下塌外碾，右催左領，引導肩井、雲門、極泉、

曲池、曲澤、內關、勞宮等諸穴內氣機潛轉，膻中穴微內含，心氣與橫膈膜同步沉降。雙手以左手為主，右手為賓。

左手出勁變為順纏，坐腕旋轉，借助旋腕轉膀之勁，畫下弧螺旋運展至身體左前上方約 30 公分，氣聚軸腕，外折內掤，肘向裏合，高與眼平，手指鬆直向左上方，掌心向右偏上；右手入勁變為逆纏，折腕旋轉，借助旋腕轉膀之勁，先畫外弧隨左肘尖纏繞半圈，乘肩部的轉關過節，變為順纏，與左肘畫內弧繼續纏繞半圈，氣聚軸腕，內折外掤，高與胸平，拳面仍向左方，拳眼向上與左肘尖相吸相合，拳心向內。

圖 4-134

同時，鬆左胯、泛右臀，下肢其他動作同上動。

周身合住勁，同時吸氣，氣結中宮，眼注視左手及前方，耳聽身後，兼顧兩腎（圖 4-134）。

動作二：接上勢。腰勁向右旋轉，身體螺旋下沉，上體左轉 45°。雙肩鬆開似脫，下塌外碾，內捲裏合，左催右領，膻中穴微內含，心氣與橫膈膜同步沉降。雙手以右手為主，左手為賓。

右手出勁變為逆纏，折腕旋轉，借助旋腕轉膀之勁，畫下弧運合至腹前，氣聚軸腕，上掤下折，拳面向左，拳眼向內，拳心向內；左手入勁繼續順纏，以肘為軸折腕旋轉，借助旋腕轉膀之勁，經胸前畫下弧運合至右肘前，氣

聚軸腕，內折外掤，高與腹平，手指鬆直向右，與右肘含有相吸相合之意，掌心向內。

圖 4-135

同時，鬆左胯、泛右臀，雙胯掙衡前捲裏合，開膝合臏，雙腿裏纏，十趾抓地，襠部撐圓，借助旋踝轉腿之勁，左腳以前掌為軸，腳跟向內擰旋 45°，下弧調襠，重心移於右腿，八二分成，雙腿構成不丁不八狀態。

周身合中寓開，同時呼氣，氣聚中宮，眼注視右前下方，耳聽身後，兼顧兩腎（圖 4-135）。

動作三：接上勢。腎氣滾動，雙腰隙互相傳遞，各領半身轉動，腰勁螺旋運轉，身體螺旋下沉，先右轉 90°而後左轉 45°。雙肩鬆開似脫，下塌外碾，內捲裏合，左催右領，膻中穴微內含，心氣與橫膈膜同步沉降。雙手以右手為主，左手為賓。

右手出勁繼續逆纏，坐腕旋轉，借助旋腕轉膀之勁，經左前臂內側由拳變掌，畫上弧運展至身體右前上方時，乘肩部的轉關過節，變為順纏，及時落點放鬆，氣聚軸腕，上折下掤，肘向裏合，勁貫中指肚，高與眼平，手指鬆直向右前上方，掌心向前下方；左手入勁變為逆纏，坐腕旋轉，借助旋腕轉膀之勁，經右前臂下方畫下弧運合至左膝上方時，乘肩部的轉關過節，變為順纏，及時落點放鬆，氣聚軸腕，上折下掤，肘向裏合，高與胯平，手指鬆

直向左前下方，掌心向下。

同時，鬆左胯、泛右臀，雙胯掙衡前捲裹合，開膝合臏，雙腿裹纏，襠部撐圓，借助旋踝轉腿之勁，左足先入後出勁，經右腳內側畫內弧向左後方出腿，以前腳掌擦滑地面，待運到位時腳跟及時落地，重心仍然偏於右腿，六四分成。雙腿橫向距離約80公分（以前腳跟與後腳尖在同一水平線上為度），襠勁後開前合，腳尖向前。

圖4-136

周身合住勁，同時運吸聚（停）呼，氣沉丹田，眼注視右手及前方，耳聽身後，兼顧兩腎，完成第一勢「倒捲肱」動作（圖4-136）。

動作四：接上勢。腰勁向右旋轉，身體螺旋下沉，上體左轉45°。雙肩鬆開似脫，下塌外碾，左催右領，開胸合背。雙手以右手為主，左手為賓。

右手出勁左手入勁變為雙逆纏，雙手坐腕旋轉，借助旋腕轉膀之勁，畫下弧運展至身體兩側上方時，乘肩部的轉關過節，變為雙順纏，及時落點放鬆，氣聚軸腕，上掤下折，肘向裏合，高與肩平，右手指鬆直向右前方，左手指鬆直向左後方，掌心向上。

同時，鬆左胯、泛右臀，雙胯掙衡前捲裹合，開膝合臏，雙腿裹纏，十趾抓地，襠部撐圓，借助旋踝轉腿之勁，後下弧調襠，重心繼續右移，七三分成。

周身開中寓合，同時吸氣，氣結中宮，眼注視右手及前方，耳聽身後，兼顧兩腎（圖4-137）。

圖4-137

動作五：接上勢。腰勁向左旋轉，身體螺旋下沉，上體右轉45°。雙肩鬆開似脫，下塌外碾，內捲裏合，右催左領，開背合胸，膻中穴微內含，牽動往來氣貼背。雙手以左手為主，右手為賓。

左手出勁右手入勁變為雙逆纏，雙手坐腕旋轉，借助旋腕轉膀之勁，屈肘畫上弧左手運合至左頰旁、右手運合至身體前約45公分，氣聚軸腕，外折內掤，肘微裏合，左手指鬆直向後上方，掌心向內（右），右手指鬆直向前偏上，高與眼平，掌心向左偏前。

同時，鬆右胯、泛左臀，雙胯掙衡前捲裏合，開膝合膽，雙腿裏纏，十趾抓地，襠部撐圓，借助旋踝轉腿之勁，背絲扣調襠，重心移於左腿，六四分成。

周身合中寓開，同時呼氣，氣聚中宮，眼注視右手及前方，耳聽身後，兼顧兩腎（圖4-138）。

動作六：接上勢。雙腰隙氣

圖4-138

機滾動，互相傳遞，各領半身轉動，腰勁螺旋運轉，身體螺旋下沉，右轉45°。雙肩鬆開似脫，下塌外碾，內捲裏合，左催右領。雙手以左手為主，右手為賓。

左手出勁繼續逆纏，坐腕旋轉，借助旋腕轉膀之勁，畫上弧與右臂交叉而過運展至身體左前上方時，乘肩部的轉關過節，變為順纏，及時放鬆合住勁，氣聚軸腕，上折下搠，肘向裏合，勁鬆中指肚，高與眼平，手指鬆直向前偏上，掌心向前下方；右手入勁繼續逆纏，坐腕旋轉，借助旋腕轉膀之勁，欲右先左畫下弧與左臂交叉而過運合至右膝上方時，變為順纏，及時放鬆合住勁，氣聚軸腕，上折下搠，肘向裏合，高與胯平，手指鬆直向右偏下，掌心向下。

同時，鬆右胯、泛左臀，雙胯掙衡前捲裏合，開膝合膕，雙腿裏纏，十趾抓地，襠部撐圓，借助旋踝轉腿之勁，右足先入後出勁，經左腿內側畫內弧向右後方出腿開步，以前腳掌擦滑地面，待運到位時腳跟及時落地，重心仍然偏於左腿，六四分成，襠勁前合後開，腳尖向前。

周身合住勁，同時運吸停（聚）呼，氣沉丹田，眼注視左手及前方，耳聽身後，兼顧兩腎，完成第二勢「倒捲肱」動作（圖4－139）。

動作七：接上勢。腰勁向左旋轉，身體螺旋下沉，上體右轉45°。雙肩鬆開似

圖4-139

脫，下塌外碾，左催右領，開胸合背。雙手以左手為主，右手為賓。

圖4-140

左手出勁右手入勁變為雙逆纏，雙手坐腕旋轉，借助旋腕轉膀之勁，畫下弧運展至身體兩側上方時，乘肩部的轉關過節，變雙順纏，及時落點放鬆，氣聚軸腕，上掤下折、肘向裏合，高與肩平，雙手指鬆直分向左右兩側，掌心向上。

同時，鬆右胯、泛左臀，雙胯掙衡前捲裏合，開膝合膁，雙腿裏纏，十趾抓地，襠部撐圓，借助旋踝轉腿之勁，後下弧調襠，重心繼續左移，七三分成。

周身開中寓合，同時吸氣，氣結中宮，眼注視左手及前方，耳聽身後，兼顧兩腎（圖4-140）。

動作八：接上勢。腰勁向右旋轉，身體螺旋下沉。雙肩鬆開似脫，下塌外碾，內捲裏合，右領左催，開背合胸，膻中穴微內含，牽動往來氣貼背。雙手以右手為主，左手為賓。

右手出勁變為逆纏，坐腕旋轉，借助旋腕轉膀之勁，屈肘畫上弧運合至右頰旁，氣聚軸腕，外折內掤，肘微裏合，右手指鬆直向後上方，掌心向內（右）偏前；左手入勁變為逆纏，坐腕旋轉，借助旋腕轉膀之勁，畫上弧運展至身體前約45公分，氣聚軸腕，外折內掤，肘向裏合，高

與眼平，手指鬆直向前上方，掌心向右。

同時，鬆左胯、泛右臀，雙胯掙衡前捲裏合，開膝合臏，雙腿裏纏，十趾抓地，襠部撐圓，借助旋踝轉腿之勁，背絲扣調襠，重心移於右腿，六四分成。

周身合中寓開，同時呼氣，氣聚中宮，眼注視左手及

圖 4-141

前方，耳聽身後，兼顧兩腎（圖 4-141）。

動作九：接上勢。雙腰隙氣機滾動，互相傳遞，各領半身轉動，腰勁螺旋運轉，身體螺旋下沉，左轉 45°。雙肩鬆開似脫，下塌外碾，內捲裏合，左催右領，膻中穴微內含，心氣與橫膈膜同步沉降。雙手以右手為主，左手為賓。

右手出勁繼續逆纏，坐腕旋轉，借助旋腕轉膀之勁，畫上弧經身體前與左手臂交叉而過運展至身體右前上方時，乘肩部的轉關過節，變為順纏，及時放鬆落點合住勁，氣聚軸腕，上折下掤，肘向裏合，勁鬆中指肚，高與眼平，手指鬆直向前上方，掌心向前下方；左手入勁繼續逆纏，坐腕旋轉，借助旋腕轉膀之勁，欲左先右畫下弧經身體前與右手臂交叉而過運合至左膝上方時，變為順纏，及時放鬆合住勁，氣聚軸腕，上折下掤，肘向裏合，高與胯平，手指鬆直向左偏下，掌心向下。

同時，鬆左胯、泛右臀，雙胯掙衡前捲裏合，開膝合臏，雙腿裏纏，十趾抓地，襠部撐圓，借助旋踝轉腿之

勁，左足以先入後出勁，經右腿內側畫內弧向左後方出腿開步，以前腳掌擦滑地面，待運到位時腳跟及時落地，重心仍然偏於右腿，六四分成，雙腳橫向距離約 80 公分，襠部前合後開，腳尖向前。

周身合住勁，同時運吸聚（停）呼，氣沉丹田，眼注視右手及前方，耳聽身後，兼顧兩腎，完成第三勢「倒捲肱」動作（圖 4-142）。

圖 4-142

動作十：接上勢。與動作四相同。略（參見圖 4-137）。

動作十一：接上勢。與動作五相同。略（參見圖 4-138）。

動作十二：接上勢。與動作六相同，完成第四勢「倒捲肱」動作。略（參見圖 4-139）。

動作十三：接上勢。與動作七相同。略（參見圖 4-140）。

動作十四：接上勢。與動作八相同。略（參見圖 4-141）。

動作十五：接上勢。與動作九相同，完成第五勢「倒捲肱」（參見圖 4-142）。

第二十三式　退步壓肘（面向東）

動作一：接上勢。腎氣橫向滾動傳遞，腰勁向右旋

轉，身體螺旋下沉，上體左轉 45°。雙肩鬆開似脫，下塌外碾，左催右領，膻中穴微內含，心氣與橫膈膜同步沉降。雙手以右手為主，左手為賓。

右手出勁繼續順纏，坐腕旋轉，借助旋腕轉膀之勁，自右向左畫下弧運展至身體前約 45 公分，氣聚軸腕，外折內掤，肘向裏合，高與眼平，手指鬆直向前偏上，掌心向左偏上；左手入勁變為逆纏，坐腕旋轉，借助旋腕轉膀之勁，向左畫下弧運展至左膝上方外側，氣聚軸腕，上折下掤，高與胯平，手指鬆直向左偏前，掌心向左下方。

同時，鬆左胯、泛右臀，雙胯掙衡前捲裏合，開膝合膕，雙腿裏纏，十趾抓地，襠部撐圓，借助旋踝轉腿之勁，後下弧調襠，重心繼續微向右移，七三分成。

周身合住勁，同時吸氣，氣結中宮，眼注視右手及前方，耳聽身後，兼顧兩腎（圖 4-143）。

動作二：接上勢。腰勁向左旋轉，身體螺旋下沉，上體右轉 45°。雙肩鬆開似脫，下塌外碾，右催左領，膻中穴微內含，心氣與橫膈膜同步沉降。雙手以左手為主，右手為賓。

左手出勁變為順纏，坐腕旋轉，借助旋腕轉膀之勁，自左向右畫下弧運展至腹前約 30 公分，氣聚軸腕，外折內掤，肘向裏合，高與胯平，手指鬆直向前，掌心向右；右手入勁變為逆纏，坐腕旋轉，借助旋腕轉膀之勁，自左向右

圖 4-143

畫下弧運展至身體右前上方40公分，氣聚軸腕，內折外掤，肘微裏合，高與眼平，手指鬆直向內上方，掌心向右。

圖4-144

同時，鬆右胯、泛左臀，雙胯掙衡前捲裏合，開膝合臏，雙腿裏纏，十趾抓地，襠部撐圓，借助旋踝轉腿之勁，後下弧調襠，重心移於左腿，六四分成。

周身合住勁，同時呼氣，氣聚中宮，眼注視前方，耳聽身後，兼顧兩腎（圖4-144）。

動作三：接上勢。腰勁向右旋套，身體螺旋下沉，上體左轉45°。雙肩鬆開似脫，下塌外碾，左催右領，膻中穴微內含，心氣與橫膈膜同步沉降。雙手以右手為主，左手為賓。

右手出勁變為順纏，坐腕旋轉，借助旋腕轉膀之勁，畫下弧運展至身體右側上方，氣聚軸腕，外折內掤，肘向裏合，高與眼平，手指鬆直向前上方，掌心向左方；左手入勁變為逆纏，折腕旋轉，借助旋腕轉膀之勁，畫下弧在腹臍前旋轉，以合谷穴黏貼於腹臍上，含相吸之意，氣聚軸腕，下折上掤，手指鬆直向下，掌心向外偏下。

同時，鬆左胯、泛右臀，雙胯掙衡前捲裏合，開膝合臏，雙腿裏纏，十趾抓地，襠部撐圓，借助旋踝轉腿之勁，後下弧調襠，重心移於右腿，六四分成。

周身合住勁，同時吸氣，氣結中宮，眼注視右手，耳

圖 4-145　　　　　　　　圖 4-146

聽身後，兼顧兩腎（圖 4-145）。

　　動作四：接上勢。腰勁向左旋轉，身體螺旋下沉，上體右轉 45°。雙肩鬆開似脫，下塌外碾，前捲裏合，右催左領，膻中穴微內含，牽動往來氣貼背。雙手以左手為主，右手為賓。

　　左手出勁繼續逆纏，折腕旋轉，借助旋腕轉膀之勁，畫上弧運合至腹部（以合谷穴沾黏中脘穴上），引導左肘自外（左）向內（右）做壓肘動作，肘尖運合至身體前約 30 公分，氣聚軸腕，上掤下折，肘向裏合，高與腹平，手指鬆直向下，掌心向下；右手出勁繼續順纏，折腕旋轉，借助旋腕轉膀之勁，畫下弧與左肘相合，以勞宮穴對準左肘尖，並含相吸之意，氣聚軸腕，內折外掤，高與胯平，手指鬆直向左後方，掌心向內。

　　同時，鬆右胯、泛左臀，雙胯掙衡前捲裏合，開膝合膕，雙腿裏纏，十趾抓地，襠部撐圓，借助旋踝轉腿之

勁，下弧調襠，重心移於左腿，六四分成。

周身合住勁，具有一觸即發之勢，同時吸氣，氣結中宮，眼注視左肘與右手及前下方，耳聽身後，兼顧兩腎（圖4-146）。

動作五：接上勢。腎氣滾動互相傳遞，丹田鼓蕩勃發，腰勁螺旋運轉，身體螺旋上升。雙肩鬆開似脫，下塌外碾，左旋右轉，互相催領，膻中穴微內含，心氣與橫膈膜同步沉降。雙手轉換有序，互為主賓。

右手先出後入勁變為逆纏，折腕旋轉，借助旋腕轉膀之勁，先右後左畫外弧經左上臂下側，屈肘忽然一抖即鬆至左胸前，氣聚軸腕，內折外掤，勁貫肘尖，手指彎曲放鬆分開，形似虎爪，對準左胸，並含相吸之意；左手先入後出勁繼續逆纏，折腕旋轉，借助旋腕轉膀之勁，經胸前畫上弧忽然一抖即鬆至身體左前上方，氣聚軸腕，內折外掤，肘微裏合，高與鼻平，手指鬆直向上偏前，虎口撐圓，勞宮穴一吐即收，掌心向左下方。

同時，鬆左胯、泛右臀，雙胯掙衡前捲裹合，開膝合襠，雙腿裏纏，十趾抓地，襠部撐圓，借助旋踝轉腿之勁，下弧調襠，重心移於左腿，右足以先入後出勁，前腳掌擦滑地面經左腳內側畫內弧向右後忽然一抖即鬆，腳跟頓地有聲（其勁表現起於腳跟，而腿、

圖4-147

而腰、而手總須完整一氣）。腳尖向前，雙腳距離約 60 公分，重心偏於左腿，六四分成。

周身合住勁，同時一吸即呼，氣沉丹田，眼注視左手及左前方，耳聽身後，兼顧兩腎（圖 4-147）。

第二十四式　中盤（面向東北）

動作一：接上勢。腰勁向右旋轉，身體螺旋下沉，上體右轉 45°。雙肩鬆開似脫，下塌外碾，左催右領，開胸合背，丹田鼓盪勃發。雙手以右手為主，左手為賓。

右手出勁變為順纏，坐腕旋轉，借助旋腕轉膀之勁，伸肘展臂畫外上弧忽然一抖即鬆展至身體右側上方，氣聚軸腕，前掤後折，肘向裏合，高與肩平，手指鬆直向右，掌心向前；左手入勁繼續逆纏，坐腕旋轉，借助旋腕轉膀之勁，屈肘自左向右畫上弧忽然一抖即鬆至身體右肩前（以中指與食指沾黏雲門穴上），氣聚軸腕，內折外掤，手臂鬆成外方內圓之態勢，高與胸平，手指鬆直向內，掌心向右。

同時，鬆左胯、泛右臀，雙胯掙衡前捲裏合，開膝合臏，雙腿裏纏，十趾抓地，襠部撐圓，借助旋踝轉腿之勁，下弧調襠，重心移於右腿（左膝弓度不可丟），六四分成。

周身合住勁，同時呼氣，氣聚中宮，眼注視前方，耳聽身後，兼顧兩腎（圖 4-148）。

動作二：接上勢。腰勁向右旋轉，身體螺旋下沉，上體左轉 45°。雙肩鬆開似脫，下塌外碾，內捲裏合，右催左領，開背合胸，膻中穴內含，心氣與橫膈膜同步沉降。

圖 4-148

圖 4-149

雙手以左手為主，右手為賓。

　　左手出勁繼續逆纏，坐腕旋轉，借助旋腕轉膀之勁，畫下弧運合至右上臂內側，引導肘隨著身體自左向右畫下弧沉降與右手合住勁，氣聚軸腕，上折下掤，高與胸平，手指鬆直向上，掌心向右；右手入勁繼續順纏，折腕旋轉，借助旋腕轉膀之勁，自右向左畫下弧運合至左肘前並含相吸相合之意，氣聚軸腕，內折外掤，高與腹平，手指鬆直向左，掌心向內。

　　同時，鬆左胯、泛右臀，雙胯掙衡前捲裹合，開膝合臏，雙腿裹纏，十趾抓地，襠部撐圓，重心仍偏於右腿，六四分成。

　　周身合住勁，同時吸氣，氣結中宮，眼注視前方，耳聽身後，兼顧兩腎（圖 4-149）。

　　動作三：接上勢。腰勁向右旋轉，身體螺旋下沉。雙肩鬆開似脫，下塌外碾，內捲裹合，左領右催，膻中穴微

內含，心氣與橫膈膜同步沉
降。雙手以左手為主，右手
為賓。

左手出勁繼續逆纏，坐
腕旋轉，借助旋腕轉膀之
勁，畫外上弧運展至身體左
前上方，乘肩部的轉關過
節，變為順纏，放鬆纏繞落
點，氣聚軸腕，內折外掤，
肘向裏合，勁貫中指，高與
鼻平，手指鬆直向左偏前，

圖 4-150

掌心向左前下方；右手入勁變為逆纏，折腕旋轉，借助旋
腕轉膀之勁，畫外上弧運合至左胸前，氣聚軸腕，內折外
掤，肘微裏合，掌似虎爪，高與胸平，手指放鬆彎曲，掌
心向內（正對胸相吸相合之意）。

同時，鬆右胯、泛左臀，雙胯挣衡前捲裏合，開膝合
膕，雙腿裏纏，十趾抓地，襠部撐圓，借助旋踝轉腿之
勁，後弧調襠，重心移於左腿，六四分成。

周身合住勁，同時呼氣，氣聚中宮，眼注視左手，耳
聽身後，兼顧兩腎（圖 4-150）。

動作四：接上勢。腎氣橫向滾動傳遞，腰勁向右旋
套，身體螺旋下沉。雙肩鬆開似脫，下塌外碾，左催右
領，膻中穴微內含，心氣與橫膈膜同步沉降，胸腰由左向
右做下弧運化動作，使其左肩與右胯合住勁。雙手以右手
為主，左手為賓。

右手出勁繼續逆纏，折腕旋轉，借助旋腕轉膀之勁，

用大拇指外側擦滑身體畫下弧運合至右胯前（引導左肩之氣勁隨同拇指向右胯氣衝穴鬆串，使其勁與右腿上纏之勁融合為一體，納入會陰穴內以助元氣充盈，此即外三合的代表拳勢），氣聚軸腕，內折外掤，高與胯平，手指鬆直向左前方，掌心向下偏右；左手入勁繼續順纏，坐腕旋轉，借助旋腕轉膀之勁，向右畫下弧運

圖 4-151

合至左膝上方，氣聚軸腕，上折下掤，肘向裏合，高與胯平，手指鬆直向前，掌心向右。

同時，鬆左胯、泛右臀，雙胯掙衡前捲裏合，開膝合膁，雙腿裏纏，十趾抓地，襠部撐圓，借助旋踝轉腿之勁，下弧調襠，重心移於右腿，六四分成。

周身合住勁，同時呼氣，氣聚中宮，眼注視左手及左下方，耳聽身後，兼顧兩腎（圖 4-151）。

動作五：接上勢。腎氣滾動橫向傳遞，腰勁向右旋轉，身體螺旋下沉，上體左轉 15°。雙肩鬆開似脫，下塌外碾，左催右領，開胸合背。雙手右手為主，左手為膁。

右手出勁變為順纏，坐腕旋轉，借助旋腕轉膀之勁，畫下弧運展至身體右側上方，氣聚軸腕，上掤下折，肘向裏合，高與肩平，手指鬆直向右，掌心向上；左手入勁變為逆纏，屈肘折腕旋轉，借助旋腕轉膀之勁，畫下弧運合至右肩前，氣聚軸腕，上掤下折，肘微裏合，合谷穴正對

雲門穴，互含相吸相合之意，手指鬆直向下，掌心向下。

圖 4-152

同時，鬆左胯、泛右臀，雙胯掙衡前捲裏合，開膝合臏，雙腿裏纏，十趾抓地，襠部撐圓，借助旋踝轉腿之勁，下弧調襠，重心依然右移，左腳以跟為軸，前腳掌擦滑地面外擺 45°（同時注意臏骨的內合之勁不可失）。

周身合中寓開，同時吸氣，氣結中宮，眼視前方，耳聽身後，兼顧兩腎（圖 4-152）。

動作六：接上勢。腎氣滾動，雙腰隙互相傳遞，腰勁向右旋轉，身體螺旋上升，左轉 45°，丹田鼓蕩勃發。雙肩鬆開似脫，下塌外碾，內捲裏合，左催右領，開背合胸，膻中穴微內含，牽動往來氣貼背。雙手以右手為主，左手為賓。

右手出勁變為逆纏，坐腕旋轉，借助旋腕轉膀之勁，屈肘橫掌經頭頂畫上弧運展至頭前上方約 35 公分處，忽然一抖即鬆，氣聚軸腕，內折外掤，高過頭頂，手指鬆直向左，掌心向前偏上；左手入勁變為順纏，折腕旋轉，借助旋腕轉膀之勁，畫上弧運展至身前上方約 30 公分處，忽然一抖即鬆，與右手上下呼應，相吸相連，氣聚軸腕，內折外掤，肘向裏合，高與鼻平（成腕部前擊攻勢），手指鬆直向內（以中指對準鼻尖），掌心向內。

同時，鬆左胯、泛右臀，雙胯掙衡前捲裏合，開膝合臏，雙腿裏纏，十趾抓地，襠部撐圓，借助旋踝轉腿之勁，上弧調襠，重心移於左腿，小腹關元穴與中極穴共同內收納氣，沖震命門；右足入勁，右膝上提含上頂之意，高與胯平。

圖 4-153

周身合住勁，同時呼氣，氣聚中宮，眼視前方（眼光從雙手中間穿過），耳聽身後，兼顧兩腎（圖 4-153）。

動作七：接上勢。鬆腰下氣，身體螺旋下沉，丹田鼓蕩勃發。雙肩鬆開似脫，下塌外碾，內捲裏合，膻中穴微內含，心氣與橫膈膜同步沉降。雙手以右手為主，左手為賓。

右手出勁繼續逆纏，左手入勁順纏，坐腕旋轉，借助旋腕轉膀之勁，經胸前與左手腕沾黏折疊十字交叉，畫下弧忽然向下一抖即鬆，以採按之勁運至右膝上方，氣聚軸腕，上折下捆，肘微裏合，高與胯平，右手指鬆直向左前方，掌心向下；左手指鬆直向右偏上，掌心向上。

同時，鬆右胯、泛左臀，雙胯掙衡前捲裏合，開膝合臏，雙腿裏纏，五趾抓地，襠部撐圓，借助旋踝轉腿之勁，右足出勁，配合雙手下採之勁，順腿而下，踏落於左腳內側約 10 公分，震地有聲，重心仍偏於左腿，六四分成。

周身合中寓開，同時呼氣，氣聚中宮，眼視雙手及右下方，耳聽身後，兼顧兩腎（圖 4-154、附圖 4-154）。

圖 4-154

附圖 4-154

動作八：接上勢。腎氣橫向滾動，腰隙互相傳遞，腰勁向右旋套，身體螺旋下沉。雙肩鬆開似脫，下塌外碾，內捲裹合，左催右領，膻中穴微內含，心氣與橫膈膜同步沉降。雙手以右手為主，左手為賓。

雙手右出左入勁繼續左順右逆纏，左手折（腕）右手坐（腕）沾黏旋轉，借助旋腕轉膀之勁，向右畫下弧運展至右膝上方外側，氣聚軸腕，沾黏交叉（右上左下），上折下掤，左肘裹合，高與胯平，右手指鬆直向左前方，掌心向下，左手指鬆直向右偏上，掌心向上，手腕相吸相合。

同時，鬆左胯、泛右臀，雙胯掙衡前捲裹合，開膝合膝，雙腿裹纏，十趾抓地，襠部撐圓，借助旋踝轉腿之勁，下弧調襠，重心移於右腿，乘左足虛領之機出勁，足大趾領勁，腳尖上翹裹合，腳跟內側鏟地向身體左側開步，襠勁前合後開，重心偏右，七三分成。

周身合住勁，同時吸氣，氣結中宮，眼視前方，耳聽

圖 4-155 附圖 4-155

身後，兼顧兩腎（圖 4-155、附圖 4-155）。

　　動作九：接上勢。腎氣橫向滾動，腰隙互相傳遞，腰勁螺旋運轉，身體螺旋沉降。雙肩鬆開似脫，下塌外碾，內捲裏合，左旋右轉，互相催領傳遞，膻中穴微內含，牽動往來氣貼背。雙手轉換有序，互為主賓。

　　右手先出後入勁繼續逆纏，坐腕旋轉，借助旋腕轉膀之勁，欲左先右畫外上弧運合至左肘外側，氣聚軸腕，側（內）折外掤，高與腹平，手指鬆直向左，掌心向下；左手先入後出勁繼續順纏，折腕旋轉，借助旋腕轉膀之勁，欲右先左畫內下弧運合至右肘下，氣聚軸腕，上折下掤，高與胯平，手指鬆直向右偏後，掌心向上。雙手臂右上左下構成斜十字的交叉態勢，外方內圓。

　　同時，鬆左胯、泛右臀，雙胯掙衡前捲裏合，開膝合膕，雙腿裏纏，十趾抓地，襠部撐圓，借助旋踝轉腿之勁，雙足分別以先入後出勁，向身體左側做移步動作（利

圖 4-156　　　　　　　附圖 4-156

用右足向左足內側併小半步，催促左足向左側出步，左前
腳掌及時下落踏地），襠勁運行「∞」字形（背絲扣），
重心先由右調向左，而後及時調回右，六四分成。

　　周身合中寓開，同時吸氣，氣結中宮，眼視左下方，
耳聽身後，兼顧兩腎（圖 4-156、附圖 4-156）。

　　動作十：接上勢。腰勁向左旋套，身體螺旋下沉。雙
肩鬆開似脫，下塌外碾，右催左領，膻中穴微內含，心氣
與橫膈膜同步沉降。雙手以左手為主，右手為賓。

　　左手出勁繼續順纏，折腕旋轉，借助旋腕轉膀之勁，
畫外下弧運合至腹臍前與右手交叉折疊後，乘肩部的轉關
過節，變為逆纏，繼續畫下弧運展至身體左前上方，氣聚
軸腕，上掤下折，肘向裏合，高與眼平，手指鬆直向內下
方，掌心向下偏內；右手入勁繼續逆纏，坐腕旋轉，借助
旋腕轉膀之勁，畫上弧運合至腹臍前與左手交叉折疊後，
乘肩部的轉關過節，變為順纏，繼續畫上弧運展至右膝上

圖 4-157　　　　　　　　附圖 4-157

方，氣聚軸腕，上折下挪，肘向裏合，高與胯平，手指鬆
直向右偏前，掌心向下。

　　同時，鬆右胯、泛左臀，雙胯掙衡前捲裏合，開膝合
膕，雙腿裏纏，十趾抓地，襠部撐圓，借助旋踝轉腿之
勁，下弧調襠，重心移於左腿，六四分成。

　　周身開中寓合，同時呼氣，氣沉丹田，眼注視前方，
耳聽身後，兼顧兩腎（圖 4-157、附圖 4-157）。

第二十五式　白鵝亮翅（面向東北）

　　動作一：接上勢。腎氣左右滾動，雙腰隙互相傳遞，
腰勁向右旋套，身體螺旋下沉。雙肩鬆開似脫，下塌外
碾，內捲裏合，左催右領，膻中穴微內含，心氣與橫膈膜
同步沉降。胸腰由左向右做上弧運化動作。雙手以右手為
主，左手為賓。

　　右手出勁變為逆纏，坐腕旋轉，借助旋腕轉膀之勁，

向右畫上弧運展至身體右側上方，氣聚軸腕，上折下搠，肘微裏合，高與嘴平，手指鬆直向右前方，掌心向右；左手入勁繼續逆纏，折腕旋轉，借助旋腕轉膀之勁，畫下弧運展至左膝上方，氣聚軸腕，上搠下折，肘微裏合，高與胯平，手指鬆直向（左）下方。

圖 4-158

同時，鬆左胯、泛右臀，雙胯挣衡前捲裏合，開膝合臏，雙腿裏纏，五趾抓地，襠部撐圓，借助旋踝轉腿之勁，上弧調襠，左足出勁向左後側開小半步，重心移於右腿，六四分成。

周身開中寓合，同時吸氣，氣結中宮，眼注視右手及右前方，耳聽身後，兼顧兩腎（圖 4-158）。

動作二：接上勢。腰勁向左旋套，身體螺旋上升，左轉 90°。雙肩鬆開似脫，下塌外碾，內捲裏合，右催左領，膻中穴微內含，心氣與橫膈膜同步沉降，胸腰由右向左做下弧運化動作。雙手以左手為主，右手為賓。

左手出勁變為順纏，坐腕旋轉，借助旋腕轉膀之勁，畫上弧運展至身體左側上方，氣聚軸腕，前搠後折，肘向裏合，高與眼平，手指鬆直向左上方，掌心向左前方；右手入勁變為順纏，坐腕旋轉，借助旋腕轉膀之勁，畫下弧運合至右膝外側，氣聚軸腕，上折下搠，肘向裏合，高與

胯平，手指鬆直向右，掌心向前。

圖4-159

同時，鬆左胯、泛右臀，雙胯掙衡前捲裏合，開膝合臏，雙腿裏纏，五趾抓地，襠部撐圓，借助旋踝轉腿之勁，下弧調襠，重心移於左腿，小腹中極穴內收納氣沖擊命門。左足入勁領動右膝旋轉而起，高與胯平，小腿垂直鬆豎，腳底平整，五趾微向內收，湧泉穴含吸地氣之意。

周身合住勁，構成上開下合之勢，同時吸氣，氣結中宮，眼注視右手及右前下方，耳聽身後，兼顧兩腎（圖4-159）。

動作三：接上勢。腰勁繼續向左旋套，身體螺旋下沉。雙肩鬆開似脫，下塌外碾，內捲裏合，左催右領，膻中穴微內含，心氣與橫膈膜同步沉降。雙手以右手為主，左手為賓。

右手出勁繼續順纏，坐腕旋轉，借助旋腕轉膀之勁，繼續畫下弧運升至身體前約50公分，氣聚軸腕，上掤下折，肘向裏合，高與眼平，手指鬆直向前，掌心向左偏上；左手入勁變為逆纏，坐腕旋轉，借助旋腕轉膀之勁，畫上弧運合至右上臂內側上方，氣聚軸腕，內折外掤，肘微裏合，高與肩平，手指鬆直向上，掌心向右。

同時，鬆右胯、泛左臀，雙胯掙衡前捲裏合，開膝合

臍，雙腿裏纏，借助旋踝轉腿之勁，右足出勁向右前方開步，腳尖上翹裏合，以腳跟內側鏟地而出，構成上合下開之勢，重心偏於左腿，七三分成。

周身合住勁，同時呼氣，氣聚中宮，眼注視右前方，耳聽身後，兼顧兩腎（圖4-160）。

圖 4-160

動作四：接上勢。與第七式「白鵝亮翅」的動作九相同，略（參見圖4-49）。

動作五：接上勢。與第七式「白鵝亮翅」的動作十相同，略（參見圖4-50）。

第二十六式　摟膝拗步（面向東）

與第八式「摟膝拗步」的動作相同，略（參見圖4-51～59）。

第二十七式　閃通背（面向西）

動作一：接上勢。與第九式「初收」的動作一相同，略（參見圖4-60）。

動作二：接上勢。與第九式「初收」的動作二相同，略（圖4-161）。

動作三：接上勢。腰勁向右旋轉，身體螺旋下沉，上體左轉45°。雙肩鬆開似脫，下塌外碾，內捲裏合，左催右領，膻中穴微內含，牽動往來氣貼背。雙手以右手為

圖 4-161

圖 4-162

主，左手為賓。

　　右手出勁變為逆纏，坐腕旋轉，借助旋腕轉膀之勁，畫上弧運合至左前臂內側，氣聚軸腕，上掤下折，高與胸平，手指鬆直向左，掌心向前；左手入勁變為逆纏，折腕旋轉，借助旋腕轉膀之勁，畫上弧運合至右肘前，氣聚軸腕，內折外掤，高與腹平，手指鬆直向右，掌心向內。

　　同時，鬆左胯、泛右臀，雙胯掙衡前捲裏合，開膝合臏，雙腿裏纏，五趾抓地，襠部撐圓，借助旋踝轉腿之勁，下弧調襠，重心移於右腿，六四分成。

　　周身合住勁，同時呼氣，氣聚中宮，眼注視左手及右下方，耳聽身後，兼顧兩腎（圖 4-162）。

　　動作四：接上勢。腎氣橫向滾動，雙腰隙向右傳遞，腰勁繼續向右旋轉，身體螺旋上升，左轉 90°。雙肩鬆開似脫，下塌外碾，內捲裏合，左催右領，膻中穴微內含，心氣與橫膈膜同步沉降。雙手以右手為主，左手為賓。

圖 4-163　　　　　　　　附圖 4-163

　　右手出勁繼續逆纏，坐腕旋轉，借助旋腕轉膀之勁，右肘尖領勁畫上弧向胸前鬆垂掤住勁，手指鬆直向左，沾黏於左肘彎曲處，掌心向外；左手入勁變為順纏，折腕旋轉，借助旋腕轉膀之勁，隨右肘畫上弧向前掤住勁，手指鬆直向右，掌心向內，雙手氣聚軸腕，內折外掤，高與胸平。

　　同時，鬆右胯、泛左臀，雙胯掙衡前捲裏合，開膝合臏，雙腿裏纏，五趾抓地，襠部撐圓，借助旋踝轉腿之勁，以右腳跟為軸，前腳掌擦滑地面向內擰扣 90°；左腿入勁，左前腳掌擦滑地面畫外弧做後掃動作，旋轉 135°，運合於右腳內側，前腳掌虛點地面，雙腳不丁不八，重心仍偏於右腿，八二分成。

　　周身合中寓開，同時吸氣，氣結中宮，眼注視前方，耳聽身後，兼顧兩腎（圖 4-163、附圖 4-163）。

　　動作五：接上勢。腰勁向左旋轉，身體螺旋下沉，右轉 45°。雙肩鬆開似脫，下塌外碾，內捲裏合，右催左領，

膻中穴微內含，牽動往來氣貼背。雙手以左手為主，右手為賓。

雙手出勁同步順纏，分別坐腕旋轉，借助旋腕轉膀之勁，畫下弧運展至身體前約 35 公分，氣聚軸腕，上掤下折，肘向裏合，高與嘴平，手指鬆直向右前上方，掌心向上偏內。

同時，鬆右胯、泛左臀，雙

圖 4-164

胯掙衡前捲裏合，開膝合膪，雙腿裏纏，十趾抓地，襠部撐圓，借助旋踝轉腿之勁，下弧調襠，重心移於左腿，六四分成。左前腳掌為軸向外撐扣，前襠扣合，後襠撐圓，尾閭向下鬆沉。

周身合住勁，同時呼氣，氣聚中宮，眼注視雙手，耳聽身後，兼顧兩腎（圖 4-164）。

動作六：接上勢。腎氣橫向滾動，腰隙左右傳遞，腰勁向右旋轉，身體螺旋下沉，左轉 45°。雙肩鬆開似脫，下塌外碾，內捲裏合，右領左催，膻中穴微內含，心氣與橫膈膜同步沉降。雙手以右手為主，左手為賓。

右手出勁變為逆纏，坐腕旋轉，借助旋腕轉膀之勁，與左前臂同時沾黏滑動，畫上弧運合至左肘內側輕貼左前臂，氣聚軸腕，外掤內折，高與胸平，手指鬆直向左，掌心向外；左手入勁變為逆纏，折腕旋轉，借助旋腕轉膀之勁，與右前臂同時沾黏滑動，畫上弧運合至右肘外側輕貼右前臂，氣聚軸腕，內折外掤，高與胸平，手指鬆直向

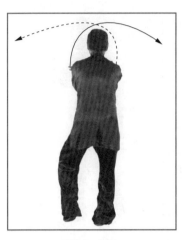

圖 4-165

附圖 4-165

右，掌心向內。

　　同時，鬆右胯、泛左臀，雙胯掙衡前捲裏合，開膝合膕，雙腿裏纏，十趾抓地，襠部撐圓，借助旋踝轉腿之勁，下弧調襠，重心移於右腿，八二分成。左腳以前掌為軸，腳跟內旋裏合，雙腳構成不丁不八狀態。

　　周身合中寓開，同時吸氣，氣結中宮，眼注視右前方，耳聽身後，兼顧兩腎（圖 4-165、附圖 4-165）。

　　動作七：接上勢。腰勁鬆塌下氣，身體螺旋下沉。雙肩鬆開似脫，下塌外碾，內捲裏合，左催右領，膻中穴微內含，心氣與橫膈膜同步沉降。雙手以右手為主，左手為賓。

　　右手出勁繼續逆纏，坐腕旋轉，借助旋腕轉膀之勁，立掌旋轉畫上弧運展至身體右側上方，氣聚軸腕，內折外掤，肘向裏合，高與眼平，手指鬆直向上，掌心向前偏右；左手入勁變為順纏，折腕旋轉，借助旋腕轉膀之勁，

畫上弧運展至身體左側上方，氣聚軸腕，內折外掤，肘向裏合，高與鼻平，手指鬆直向右，掌心向內（右）。

同時，鬆左胯、泛右臀，雙胯掙衡前捲裏合，開膝合膕，雙腿裏纏，十趾抓地，襠部撐圓，重心同上。

周身開中寓合，同時呼氣，氣聚中宮，眼注視右手及右前方，耳聽身後，兼顧兩腎（圖4-166）。

圖 4-166

動作八：接上勢。腎氣縱向滾動，雙腰隙立圓旋轉，互相傳遞，腰勁向左旋轉，身體螺旋下沉，右轉 90°。雙肩鬆開似脫，下塌外碾，並左旋右轉，膻中穴微含，牽動往來氣貼背。雙手轉換有序，互為主賓。

右手先出後入勁變為順纏，折腕旋轉，借助旋腕轉膀之勁，畫下弧運合至小腹前，肘與前臂向外掤住勁，構成內圓外方之勢，氣聚軸腕，上折下掤，肘向裏合，手指鬆直向內，中指頂端黏貼腹部，與肚臍含有相吸之意，掌心向內偏上；左手先入後出勁先逆纏後順纏，折腕旋轉，借助旋腕轉膀之勁，畫上弧經頭上方運展至身體前約 45 公分，氣聚軸腕，上折下掤，肘向裏合，高與眼平，手指鬆直向前上方，掌心向下偏前。

同時，鬆左胯、泛右臀，雙胯掙衡前捲裏合，開膝合膕，雙腿裏纏，十趾抓地，襠部撐圓，借助旋踝轉腿之

勁，下弧調襠，重心移於左腿（以前腳掌點地），六四分成。雙腳以左前掌與右腳跟為軸向左擰轉90°。

周身合住勁，同時吸氣，氣結中宮，眼注視左手及前方，耳聽身後，兼顧兩腎（圖4-167）。

動作九：接上勢。鬆腰下氣，身體螺旋下沉。雙肩鬆開似脫，下塌外碾，內捲裏合，右催

圖4-167

左領，膻中穴微內含，心氣與橫膈膜同步沉降。雙手以左手為主，右手為賓。

左手出勁右手入勁繼續雙順纏，自身體中線前上方和腹前坐腕旋轉，借助旋腕轉膀之勁，隨身法向前畫下弧領勁，氣聚軸腕，上折下掤，肘向裏合，左手高與眼平，手指鬆直向前偏上，掌心向前偏下；右手高與腹平，手指鬆直向內，掌心向內。

同時，鬆左胯、泛右臀，雙胯掙衡前捲裏合，開膝合膪，雙腿裏纏，十趾抓地，襠部撐圓，借助旋腕轉膀之勁，下弧調襠，重心移於右腿，八二分成。

繼續下弧調襠，重心全部移向右腿，鬆右胯、泛左臀，小腹的關元、中極二穴共同向內收斂納氣，沖震命門。左腿入勁提膝旋起，高與胯平，小腿鬆垂直豎腳底平整，五趾微收湧泉穴虛而內含，並有吸地氣之意。腰勁順右腿向下鬆串，注入腳底植地生根。

周身合中寓開，同時一呼即吸，氣結中宮，眼注視左手及前方，耳聽身後，兼顧兩腎（圖4-168、169）。

動作十：接上勢。繼續鬆腰下氣，身體螺旋下沉。雙肩鬆開似脫，下塌外碾，前捲裏合，右領左催，膻中穴微內含，心氣與橫膈膜同步沉降。雙手以右手為主，左手為賓。

圖 4-168

右手出勁繼續順纏，坐腕旋轉，借助旋腕轉膀之勁，畫下弧向腹前運展，氣聚軸腕，上掤下折，肘向裏含，高與腹平，手指鬆直向前下方，掌心向內；左手入勁繼續順纏，坐腕旋轉畫下弧領勁，氣聚軸腕，上折下掤，肘向裏合，高與鼻平，手指鬆直向前偏上，掌心向前下方。

同時，鬆左胯、泛右臀，雙胯掙衡前捲裏合，雙腿裏纏，開膝合臏，襠部撐圓，借助旋踝轉

圖 4-169

腿之勁，左足出勁，向前方出腿，腳尖上翹裏合，腳跟內側虛點地面至右腳前約 30 公分，腳趾一展即收，湧泉穴一吐即納，雙腳不丁不八，襠勁前合後開，重心同上。

周身合中寓開，含有一觸即發之勢，繼續吸氣，氣結

中宮，眼注視左手及前下方，耳聽身後，兼顧兩腎（圖4-170）。

圖4-170

動作十一：接上勢。丹田鼓蕩勃發，腰勁向右旋轉，身體螺旋下沉。雙肩鬆開似脫，下塌外碾，內捲裹合，左催右領，膻中穴微內含，心氣與橫膈膜同步沉降。雙手以右手為主，左手為賓。

右手出勁繼續順纏，坐腕旋轉，借助旋腕轉膀之勁，畫上弧經胸前與左手交叉而過，向前上方忽然一抖即鬆，運展至身體前約35公分，氣聚軸腕，上掤下折，肘微裹合，高與眼平，手指鬆直向前上方（食指與中指併攏合住），掌心向內上方；左手入勁變為逆纏，坐腕旋轉，借助旋腕轉膀之勁，畫下弧經胸前與右手交叉而過，忽然一抖即鬆，運合至左胯外側，氣聚軸腕，上折下掤，肘向裹合，高與胯平，手指鬆直向前，掌心向下。

同時，鬆左胯、泛右臀，雙胯掙衡前捲裹合，開膝合膁，雙腿裹纏，十趾抓地，襠部撐圓，借助旋踝轉腿之勁，下弧調襠（左前腳掌及時內扣45°踏實），重心乘雙腿前腳把後腳蹬，發至前（左）鬆於後（右）六四分成。其勁表現於周身之勁起於腳跟，行於腿，主宰於腰，通過脊背，達於手梢。此時要求勁一吐即收，形一抖即鬆，周身完整一氣。

周身合住勁，同時呼氣，氣聚中宮，眼注視右手及前方，耳聽身後，兼顧雙腎。完成第一次通背動作（圖4-171）。

圖4-171

動作十二：接上勢。腎氣縱向立圓滾動，雙腰隙互相傳遞旋轉，引導督、任二脈之氣倒轉運行，腰勁向左螺旋運轉，身體螺旋下沉，右轉90°。雙肩鬆開似脫，下塌外碾，向後轉動並右催左領，胸背開合有度，胸腰折疊蛹動有序。雙手以左手為主，右手為賓。

左手出勁變為順纏，坐腕旋轉，借助旋腕轉膀之勁，畫上弧運展至身體左側上方，氣聚軸腕，上掤下折，肘向裏合，高與鼻平，手指鬆直向左，掌心向上；右手入勁變為逆纏，坐腕旋轉，借助旋腕轉膀之勁，畫上弧運展至右側頭前上方，氣聚軸腕，下折上掤，高於頭頂，手指鬆直向左，掌心向上。

同時，鬆右胯、泛左臀，雙胯掙衡前捲裏合，開膝合膕，雙腿裏纏，十趾抓地，襠部撐圓，借助旋踝轉腿之勁，下弧調襠，重心移於左腿，六四分成。雙腳以前掌為軸，右出左入勁，腳跟微離地向左側頓錯（左腳跟擰轉45°，右腳跟擰轉90°），左胯外側向左上方靠擊。

周身合住勁，同時吸氣，氣結中宮，眼注視左手，耳

聽身後，兼顧兩腎。完成第二次通背動作（圖4-172）。

動作十三：接上勢。腰勁向左螺旋運轉，身體螺旋下沉，以大轉身法自左向右後轉動90°。雙肩鬆開似脫，下塌外碾，右催左領，開背合胸，尾閭升氣，扶搖（旋轉）直上。雙手以左手為主，右手為賓。

左手出勁繼續順纏，坐腕旋轉，借助旋腕轉膀之勁，屈肘畫上弧運合到左肩上方時，乘肩部的轉關過節，變為逆纏，忽然一抖即鬆運到身體左前上方約40公分，氣聚軸腕，外掤內折，肘微裏合，勁貫肘尖，高與眼平，手指鬆直虛虛併攏向上，掌心向右；右手入勁繼續逆纏，坐腕旋轉，借助旋腕轉膀之勁，畫上弧忽然一抖即鬆運合至右膝上方。氣聚軸腕，上折下掤，肘微裏合，高與胯平，手指鬆直向前偏下，掌心向下偏後。

同時，鬆左胯、泛右臀，雙胯掙衡前捲裏合，開膝合臏，雙腿裏纏，襠部撐圓，借助旋踝轉腿之勁，襠勁運「∞」字形（背絲扣），利用左腿為支點，腳跟為運動軸心，前腳掌擦滑地面向內旋轉擺扣90°；右足出勁，腳跟微微輕提，前腳掌擦滑地面向後畫外弧旋掃135°，待右腳掃到位時，跟部發勁，頓地有聲，重心仍偏於右腿，六四分成。

周身合住勁，同時呼氣，氣沉丹田，眼注視左手及前

圖 4-173

附圖 4-173

方，耳聽身後，兼顧兩腎。完成第三次通背動作（圖 4-
173、附圖 4-173）。

第二十八式　掩手肱捶（面向西北）

動作一：接上勢。腰勁向右旋轉，身體螺旋下沉，上
體左轉 30°。雙肩鬆開似脫，下塌外碾，左催右領，膻中
穴微內含，牽動往來氣貼背。雙手以右手為主，左手為
賓。

右手出勁變為順纏，折腕旋轉，借助旋腕轉膀之勁，
微畫下弧鬆至右膝外側上方，氣聚軸腕，上折下掤，肘向
裏合，高與胯平，手指鬆直向左前方，掌心向上；左手入
勁繼續逆纏，折腕旋轉，借助旋腕轉膀之勁，微畫下弧向
身體左側運展，氣聚軸腕，上掤下折，肘向裏合，高與眼
平，手指鬆直向內下方，手心向下偏內。

同時，鬆左胯、泛右臀，雙胯掙衡前捲裏合，開膝合

臍，雙腿裏纏，十趾抓地，襠部撐圓，借助旋踝轉腿之勁，下弧調襠，重心移於右腿，六四分成。

周身合住勁，同時吸氣，氣結中宮，眼注視前方，耳聽身後，兼顧兩腎（圖4-174）。

圖4-174

動作二：接上勢。腰勁向左旋轉，身體螺旋下沉。雙肩鬆開似脫，下塌外碾，內捲裏合，左領右催，引導肩井、雲門、極泉、曲池、曲澤、內關、勞宮等諸穴內氣機潛轉，膻中穴微向內含，心氣與橫膈膜同步沉降。雙手以左手為主，右手為賓。

左手出勁右手入勁變拳、變為雙逆纏，折腕旋轉，借助旋腕轉膀之勁，屈肘下垂向身內畫上弧運合至胸前約25公分，雙手以腕沿黏折疊相搭（左手在上、右手在下），構成十字交叉狀態，氣聚軸腕，上掤下折，高與胸平，左手指鬆直向下，掌心向下，右拳面向左前方，拳眼向左，拳心向下。

同時，鬆右胯、泛左臀，雙胯掙衡前捲裏合，開膝合臍，雙腿裏纏，十趾抓地，襠部撐圓，借助旋踝轉腿之勁，下弧調襠，重心移於左腿。乘右腿領虛之機，再度鬆左胯、泛右臀，小腹的關元、中極二穴共同內收納氣，沖震命門，右足入勁領右膝而上提，高與胯平，小腿鬆垂直豎，腳底平整，五趾微向內收，湧泉穴含有吸地氣之意。

圖4-175　　　　　　　圖4-176

腰勁順左腿向下鬆串，注入腳底植地生根。

　　周身合中寓開，具有一觸即發之勢，繼續吸氣，氣結中宮，眼注視前方，耳聽身後，兼顧兩腎（圖4-175）。

　　以下動作與第十四式「掩手肱捶」的動作相同。略（參見圖4-80～87），定勢（圖4-176）。

第二十九式　大六封四閉（面向南）

　　動作一：接上勢。腎氣橫向滾動，腰隙互相傳遞，腰勁向右旋套，身體螺旋下沉。雙肩鬆開似脫，下塌外碾，左催右領，引導肩井、雲門、極泉、曲池、曲澤、內關、勞宮、膻中、中脘、氣衝等諸穴氣機潛轉，胸腰由左向右做上弧運化動作，膻中穴微內含，心氣與橫膈膜同步沉降。雙手以右手為主，左手為賓。

　　右手出勁變為逆纏，坐腕旋轉，借助旋腕轉膀之勁，畫上弧繼續向右前上方外展掤住勁，氣聚軸腕，內折外

掤，肘向裏合，高與眼平，拳面向前，拳眼向下，拳心向右前方；左手入勁繼續逆纏，折腕旋轉，借助旋腕轉膀之勁，畫上弧向身內纏繞半圈，氣聚軸腕，上掤下折，肘向內上方微微掤住勁，高與胸平，拳面向下，拳眼向內與胸沾黏相貼，拳心向左。

同時，鬆右胯、泛左臀，雙胯掙衡前捲裏合，開膝合膕，雙

圖4-177

腿裏纏，十趾抓地，襠勁撐圓，借助旋踝轉腿之勁，上弧調襠，重心移於前（左）腿，六四分成。

周身合住勁，同時吸氣，氣結中宮，眼注視右手及前方，耳聽身後，兼顧兩腎（圖4-177）。

動作二：接上勢。腰勁向右旋轉，身體螺旋下沉。雙肩鬆開似脫，下塌外碾，右催左領，胸腰自右向左做下弧運化動作，膻中穴微內含，心氣與橫膈膜同步沉降。雙手以左手為主、右手為賓。

左手出勁變為順纏，折腕旋轉，借助旋腕轉膀之勁，沾黏胸腹畫下弧纏繞半圈運合至左腹前，氣聚軸腕，上折下掤，肘微裏合，高與臍平，拳面向右，拳眼向前，拳心向上；右手入勁變為順纏，坐腕旋轉，借助旋腕轉膀之勁，畫下弧運合至左膝內側，氣聚軸腕，上折下掤，肘向裏合，高與膝平，拳面向前，拳眼向左，拳心向下。

同時，鬆左胯、泛右臀，雙胯掙衡前捲裏合，開膝合

臍，雙腿裏纏，十趾抓地，襠部撐圓，借助旋踝轉腿之勁，下弧調襠，重心移於後（右）腿，六四分成。

圖 4-178

周身合住勁，同時呼氣，氣聚中宮，眼注視右手及右下方，耳聽身後，兼顧兩腎（圖 4-178）。

動作三：接上勢。腎氣縱向立圓滾動，腰隙互相傳遞，腰勁折疊運轉，身體螺旋下沉。雙肩鬆開似脫，下塌外碾，並掙衡對拉拔長，左催右領，胸開背合。雙手以右手為主，左手為賓。

右手出勁左手入勁變為雙逆纏，雙手由拳變掌，折腕旋轉，借助旋腕轉膀之勁，畫上弧運至胸前，右手在外、左手在內合住勁，氣聚軸腕，外折內掤，高與胸平，右手指鬆直向前下方，掌心向下偏前；左手指鬆直向下偏內，掌心向內。

上弧調襠，重心左移，其他動作同上動。

圖 4-179

周身合住勁，同時吸氣，氣結中宮，眼注視前方，耳聽身後，兼顧兩腎（圖 4-179）。

動作四：接上勢。腰勁鬆塌下氣，身體螺旋下沉。雙肩鬆開

似脫，下塌外碾，前捲裏合，合胸開背，膻中穴微內含，心氣與橫膈膜同步沉降。雙手以右手為主，左手為賓。

右手出勁繼續逆纏，坐腕旋轉，借助旋腕轉膀之勁，畫上弧運展至身體前約45公分，氣聚軸腕，內折外掤，肘微裏合，高與嘴平，手指鬆直向左，掌心向前偏上；左手入勁變為順纏，折腕旋轉，畫上弧運展至身體前約40公分，氣聚軸腕，外掤內折，肘微裏合，高與嘴平，手鬆直向右，掌心向內。雙手右前左後，手背相對含相吸之意。

同時，鬆右胯、泛左臀，雙胯掙衡前捲裏合，開膝合臏，雙腿裏纏，十趾抓地，襠部撐圓，借助旋踝轉腿之勁，下弧調襠，重心鬆於右腿，六四分成。此時要求做到腰以上之氣順背上行，腰以下之氣順腿下運，看似上下兩奪之勢，本為任督二脈陽升陰降循環之故，一氣貫通焉。

周身合住勁，同時呼氣，氣聚中宮，眼注視雙手及前方，耳聽身後，兼顧兩腎（圖4-180）。

動作五：接上勢。腰勁向右旋轉，身體螺旋下沉，左轉45°。雙肩鬆開似脫，下塌外碾，左催右領，胸腰由右向左做下弧的運化動作，膻中穴微內含，心氣與橫膈膜同步沉降。雙手以右手為主，左手為賓。

右手出勁變為順纏，坐腕旋轉，借助旋腕轉膀之勁，畫下弧運展至身體右側下方，氣聚軸腕，上折下掤，肘向裏合，高與

圖4-180

胸平，手指鬆直向右，掌心向
前；左手入勁變為逆纏，折腕旋
轉，借助旋腕轉膀之勁，畫下弧
運展至腹前約 25 公分，氣聚軸
腕，下折上掤，高與臍平，手指
鬆直向內偏下，掌心向內偏下。

圖 4–181

同時，鬆左胯、泛右臀，雙
胯掙衡前捲裹合，開膝合臏，雙
腿裹纏，十趾抓地，襠部撐圓，
借助旋踝轉腿之勁，繼續下弧調
襠，重心依然右移，領虛左足以
跟為軸，腳尖外（左）擺 90°，此時注意左臏骨的合勁不
可丟。

周身合住勁，同時吸氣，氣結中宮，眼注視右前方，
耳聽身後，兼顧兩腎（圖 4–181）。

動作六：接上勢。腰勁向右旋轉，身體螺旋上升。雙
肩鬆開似脫，下塌外碾，內捲裹合，左催右領，膻中穴微
內含，牽動往來氣貼背。雙手以右手為主，左手為賓。

右手出勁繼續順纏，坐腕旋轉，借助旋腕轉膀之勁，
畫下弧運展至身體右前上方，氣聚軸腕，上掤下折，肘向
裹合，高與嘴平，手指鬆直向右前方，掌心向上；左手入
勁繼續逆纏，折腕旋轉，借助旋腕轉膀之勁，畫下弧運展
至身體左前上方，氣聚軸腕，上掤下折，肘向裹合，高與
嘴平，手指鬆直向下偏內，掌心向內下方。

同時，鬆左胯、泛右臀，雙胯掙衡前捲裹合，開膝合
臏，雙腿裹纏，十趾抓地，襠部撐圓，借助旋踝轉腿之

圖 4-182

圖 4-183

勁，下弧調襠，重心移於左腿，小腹內收關元、中極二穴共同內斂納氣，沖震命門。右腿入勁領動右膝旋起，高與胯平，小腿鬆垂直豎，腳底平整，五趾微收，湧泉穴含吸地氣之意。腰勁順左腿向下鬆串，注入腳底植地生根。

　　周身合住勁，同時吸氣，氣結中宮，眼注視右手及右前方，耳聽身後，兼顧兩腎（圖 4-182）。

　　動作七：接上勢。腰勁繼續向右旋轉，身體螺旋下沉，左轉 25°。雙肩鬆開似脫，下塌外碾，左催右領，開胸合背。雙手以右手為主，左手為賓。

　　右手出勁變為逆纏、左手入勁繼續逆纏，雙手折腕旋轉，借助旋腕轉膀之勁，分別向兩側畫外上弧變坐腕運合至兩耳旁，氣聚軸腕，上掤下折，肘向上挑，高與耳平，手指鬆直向內，掌心向前上方。

　　同時，鬆左胯、泛右臀，雙胯掙衡前捲裏合，開膝合臏，雙腿裏纏，五趾抓地，襠部撐圓，借助旋踝轉腿之

勁，向右側出腿，腳尖上翹裏合，以腳跟內側鏟地而出。

周身合住勁，繼續吸氣，氣結中宮，眼注視右前方，耳聽身後，兼顧兩腎（圖4-183）。

以下動作與第四式「六封四閉」的動作相同。略（參見圖4-33、34）。

第三十式　單鞭（面向南）

與第五式「單鞭」動作相同。略（參見圖4-35～41），定勢（圖4-184）。

第三十一式　雲手（面向南）

動作一：接上勢。腰勁向右旋套，身體螺旋下沉。雙肩鬆開似脫，下塌外碾，左催右領，引導肩井、雲門、極泉、曲池、曲澤、內關、勞宮、氣衝、環跳、湧泉等諸穴內氣機潛轉，胸腰由左向右做下弧運化動作，膻中穴微內含，牽動往來氣貼背。雙手以右手為主，左手為賓。

右手出勁變為逆纏，由勾手變掌坐腕旋轉，借助旋腕轉膀之勁，以右肩肘為轉動軸，畫下弧運展至身體右前上方，氣聚軸腕，上折下捆，肘

圖4-184

微裏合，高與鼻平，手指鬆直向上，掌心向前；左手入勁繼續順纏，坐腕旋轉，借助旋腕轉膀勁，以左肩肘為轉動軸，畫下弧運展至身體左前上方，氣聚軸腕，內折外掤，肘向裏合，高與鼻平，手指鬆直向左上方，掌心向前。

圖4-185

同時，鬆左胯、泛右臀，雙胯掙衡前捲裏合，開膝合臏，雙腿裏纏，十趾抓地，襠部撐圓，借助旋踝轉腿之勁，下弧調襠，重心移於右腿，六四分成。

周身合住勁，同時吸氣，氣結中宮，眼注視右手，耳聽身後，兼顧兩腎（圖4-185）。

動作二：接上勢。腰勁向左旋套，身體螺旋下沉。雙肩鬆開似脫，下塌外碾，右催左領，膻中穴微內含，心氣與橫膈膜同步沉降，胸腰由右向左做上弧運化動作。雙手以左手為主，右手為賓。

左手出勁變為逆纏，坐腕旋轉，借助旋腕轉膀之勁，畫上弧運展至身體左側上方，氣聚軸腕，內折外掤，高與嘴平，手指鬆直向上，掌心向左；右手入勁變為順纏，坐腕旋轉，借助旋腕轉膀之勁，畫上弧運展至身體前約40公分，氣聚軸腕，外折內掤，肘向裏合，高與眼平，手指鬆直向右上方，掌心向左。

同時，鬆右胯、泛左臀，雙胯掙衡前捲裏合，開膝合

臍，雙腿裏纏，十趾抓地，襠部撐圓，借助旋踝轉腿之勁，上弧調襠，重心移於左腿，六四分成。

周身合住勁，同時呼氣，氣聚中宮，眼注視右方，耳聽身後，兼顧兩腎（圖4-186）。

動作三：接上勢。腰勁向右旋套，身體螺旋下沉。雙肩鬆開似脫，下塌

圖4-186

外碾，內捲裏合，左催右領，膻中穴微內含，心氣與橫膈膜同步沉降，胸腰由左向右做下弧運化動作。雙手以右手為主，左手為賓。

右手出勁變為逆纏，坐腕旋轉，借助旋腕轉膀之勁，畫上弧運至身體右側上方，氣聚軸腕，內折外掤，高與眼平，手指鬆直向上偏內，掌心向右上方；左手入勁變為順纏，坐腕旋轉，借助旋腕轉膀之勁，畫下弧運展至腹前約35公分，氣聚軸腕，外折內掤，肘向裏合，高與腹平，手指鬆直向前，掌心向右。

同時，鬆左胯、泛右臀，雙胯掙衡前捲裏合，開膝合臍，雙腿裏纏，十趾抓地，襠部撐圓，借助旋踝轉腿之勁，下弧調襠，重心移於右腿。左足入勁，前腳掌擦滑地面向後畫外弧運合至右腳內側約25公分，前腳掌虛點地面，雙腳形成不丁不八狀態，重心右八左二分成。

周身合住勁，同時吸氣，氣結中宮，眼注視右下方，

耳聽身後，兼顧兩腎（圖4-187）。

動作四：接上勢。腰勁一鬆，向左旋套，身體螺旋下沉。雙肩鬆開似脫，下塌外碾，左催右領，膻中穴微內含，心氣與橫膈膜同步沉降。雙手以右手為主，左手為賓。

上肢動作同上動，繼續領勁。

圖 4-187

同時，鬆右胯、泛左臀，雙胯掙衡前捲裏合，開膝合臏，雙腿裏纏，十趾抓地，襠部撐圓，借助旋踝轉腿之勁，下弧調襠，重心微向右移，乘左腿領虛之機，左足出勁向身體左側出腿，腳尖上翹裏合，腳跟內側鏟地而出，重心仍偏於右腿，七三分成。

周身開中寓合，同時呼氣，氣沉丹田，眼注視左方，耳聽身後，兼顧兩腎。完成第一次雲手（圖4-188）。

動作五：接上勢。腰勁一鬆，向左旋套，身體螺旋下沉。雙肩鬆開似脫，下塌外碾，內捲裏合，右催左

圖 4-188

領，膻中穴微裏含，心氣與橫膈膜同步沉降。雙手以左手為主，右手為賓。

圖 4-189

左手出勁變為逆纏，坐腕旋轉，借助旋腕轉膀之勁，畫上弧運展至身體左側上方，氣聚軸腕，內折外掤，高與眼平，手指鬆直向上，掌心向左；右手入勁變為順纏，坐腕旋轉，借助旋腕轉膀之勁，畫下弧運展至腹臍前 35 公分，氣聚軸腕，外折內掤，肘向裏合，高與腹平，手指鬆直向前，掌心向左。

同時，鬆左胯、泛右臀，雙胯掙衡前捲裏合，開膝合臏，雙腿裏纏，襠部撐圓，借助旋踝轉腿之勁，下弧調襠，重心移於左腿，前腳掌落地踏實，五趾及時抓地。乘右腿引虛之機，以先入後出勁經左腿後側畫上弧做「偷步」動作，右前腳掌點於左腳跟後外側約 35 公分，雙腳尖向前。

周身合住勁，同時吸氣，氣結中宮，眼注視左前方，耳聽身後，兼顧兩腎（圖 4-189）。

動作六：接上勢。腰勁向右旋套，身體螺旋下沉。雙肩鬆開似脫，下塌外碾，內捲裏合，左催右領，膻中穴微內含，心氣與橫膈膜同步沉降。雙手以右手為主，左手為賓。

右手出勁變為逆纏，坐腕旋轉，借助旋轉膀之勁，畫上弧運展至身體右側上方，氣聚軸腕，內折外掤，肘微裏合，高與眼平，手指鬆直向上偏內，掌心向右偏上；左手

入勁變為順纏，坐腕旋轉，借助旋腕轉膀之勁，畫下弧運展至腹部前約 35 公分，氣聚軸腕，外折內掤，肘向裏合，高與臍平，手指鬆直向前，掌心向右。

　　同時，鬆右胯、泛左臀，雙胯掙衡前捲裏合，開膝合臏，雙腿裏纏，十趾抓地，襠部撐圓，借助旋踝轉腿之勁，下弧調襠，重心移於右腿，腳跟隨勢落地踏實。乘左腿領虛之機，以先入後出勁經右腿前方畫上弧向身體左側出腿（步伐大小可根據自身的功夫與體力而定），腳尖上翹裏合，腳跟內側鏟地而出。

　　周身合住勁，同時呼氣，氣沉丹田，眼注視左方，耳聽身後，兼顧兩腎。完成第二次雲手（圖 4-190）。

　　動作七：接上勢。與本式動作五相同（圖 4-191）。

　　動作八：接上勢。與本式動作六相同。完成第三次雲手（圖 4-192）。

　　動作九：與本式動作五相同。略（圖 4-193）。

圖 4-190

圖 4-191

圖 4-192　　　　　　　　圖 4-193

動作十：與本式
動作六相同。略，完
成第四次雲手（圖
4-194）。

動作十一：與本
式動作五相同。略
（參見圖 4-189）。

動作十二：與本
式動作六相同。略，
完成第五次雲手（參
見圖 4-190）。

圖 4-194

第三十二式　高探馬（面向北）

動作一：接上勢。腰勁向右旋轉，身體螺旋下沉，左
轉 45°。雙肩鬆開似脫，下塌外碾，內捲裏合，右催左

領，引導肩井、雲門、極泉、曲池、曲澤、內關、勞宮、氣衝等諸穴內氣機潛轉，膻中穴微內含，心氣與橫膈膜同步沉降。雙手以左手為主，右手為賓。

圖 4-195

左手出勁變為逆纏，坐腕旋轉，借助旋腕轉膀之勁，畫上弧運展至身體左側上方，氣聚軸腕，內折外掤，肘微裏合，高與眼平，手指鬆直向上，掌心向左；右手入勁變為順纏，坐腕旋轉，借助旋腕轉膀之勁，畫下弧運合至右膝上方，氣聚軸腕，外折內掤，肘向裏合，高與胯平，手指鬆直向右下，掌心向左前方。

同時，鬆左胯、泛右臀，雙胯掙衡前捲裏合，開膝合臏，雙腿裏纏，襠部撐圓，借助旋踝轉腿之勁，後弧調襠，重心繼續右移，七三分成。左腳以跟為軸、腳尖以拇趾領勁向左外擺 45°，襠勁圓撐，後開前合。

周身合住勁，同時吸氣，氣結中宮，眼注視左手及左前方，耳聽身後，兼顧兩腎（圖 4-195）。

動作二：接上勢。腰勁向左旋套，身體螺旋下沉。雙肩鬆開似脫，下塌外碾，右催左領，膻中穴微內含，心氣與橫膈膜同步沉降，胸腰由右向左做下弧運化動作。雙手以左手為主，右手為賓。

左手出勁繼續逆纏，坐腕旋轉，借助旋腕轉膀之勁，

畫下弧向身體左側上方運展領勁，氣聚軸腕，內折外掤，肘微裏合，高與眼平，手指鬆直向上偏前，掌心向左；右手入勁繼續順纏，坐腕旋轉，借助旋腕轉膀之勁，畫下弧隨身法左運合至右膝上方領勁，氣聚軸腕，內掤外折，肘向裏合，高與胯平，手

圖 4-196

指鬆直向右方，掌心向左前方。

同時，鬆右胯、泛左臀，雙胯掙衡前捲裏合，開膝合膕，雙腿裏纏，十趾抓地，襠部撐圓，借助旋踝轉腿之勁，下弧調襠，重心移於左腿，六四分成。

周身合住勁，同時呼氣，氣聚中宮，眼注視左手，耳聽身後，兼顧兩腎（圖 4-196）。

動作三：接上勢。腰勁繼續向左一套，身體螺旋下沉。雙肩鬆開似脫，下塌外碾，內捲裏合，左旋右轉，互相催領傳遞，膻中穴微內含，心氣與橫膈膜同步沉降。雙手轉換有序，互為主賓。

左手先出後入勁繼續逆纏，坐腕旋轉，借助旋腕轉膀之勁，畫下弧繼續向身體左側外展領勁，待手臂運至將展未展之機，肩部轉關過節，變為順纏，屈肘自左向右畫上弧運至身體前時，再變為逆纏，運合至右上臂內側，以掌根沾黏右上臂，氣聚軸腕，外折內掤，肘微裏合，高與肩

平，手指鬆直向上，掌心向右；右手先入後出勁繼續順纏，坐腕旋轉，借助旋腕轉膀之勁，畫上弧運展至身體前約45公分，氣聚軸腕，內掤外折，肘向裏合，高與肩平，手指鬆直向前，掌心向左上方。

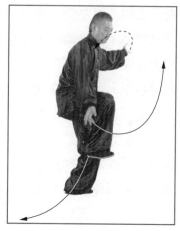

圖 4-197

同時，鬆左胯、泛右臀，雙胯掙衡前捲裏合，開膝右臏，雙腿裏纏，十趾抓地，襠部撐圓，借助旋踝轉腿之勁，下弧調襠，重心移於左腿，小腹向內收斂，關元、中極二穴共同內斂納氣。促使右腿以先入後出勁畫上弧旋膝而起，高與胯平，乘胯部的轉關過節，接著畫下弧向身體右側出腿，腳尖上翹裏合，腳跟內側鏟地而出。

周身合住勁，同時吸氣，氣結中宮，眼注視右下方，耳聽身後，兼顧兩腎（圖 4-197、198）。

圖 4-198

動作四：接上勢。腰勁向右旋套，腎氣滾動左入右出，雙腰隙右上左下旋轉，身體螺旋下沉。雙肩鬆開似脫，下塌外碾，左催右領，膻中穴微內含，心氣與橫膈膜同步沉降。雙手以右手為主，左手為賓。

右手出勁繼續順纏，坐腕旋轉，借助旋腕轉膀之勁，微畫下弧向左運領著勁，形成手引身進之勢，注重右肩後捲，具有「靠」威，氣聚軸腕，外折內掤，肘向裏合，高與眼平，手指鬆直向前，掌心向左；左手入勁繼續逆纏，坐腕旋轉，借助旋腕轉膀之勁，微畫下弧自右上臂內側纏繞領勁，氣聚軸腕，內折外

圖 4-199

掤，肘微裏合，高與肩平，手指鬆直向上，掌心向右。

同時，鬆左胯、泛右臀，雙胯掙衡前捲裏合，開膝合臏，雙腿裏纏，十趾抓地，襠部撐圓，借助旋踝轉腿之勁，下弧調襠，重心移於右腿，六四分成。

周身合住勁，同時呼氣，氣聚中宮，眼注視右下方，耳聽身後，兼顧兩腎（圖 4-199）。

動作五：接上勢。腰勁向左旋轉，身體螺旋下沉，上體微向右轉動。雙肩鬆開似脫，下塌外碾，內捲裏合，右催左領，膻中穴微內含，牽動往來氣貼背。雙手以左手為主，右手為賓。

左手出勁繼續逆纏，折腕旋轉，借助旋腕轉膀之勁，畫上弧運掤至身體前上方約 35 公分，氣聚軸腕，上掤下折，高與嘴平，手指鬆直向右後方，掌心向右前方；右手入勁變為逆纏，屈肘折腕旋轉，借助旋腕轉膀之勁，畫上弧運掤至身體前上方約 30 公分，氣聚軸腕，上掤下折，高

與鼻平，手指鬆直向左後方，掌心向左前方。雙手臂右上左下沾黏纏繞，構成十字交叉折疊的上掤狀態。

同時，鬆左胯、泛右臀，雙胯掙衡前捲裹合，坐骨結節沉降，開膝合臏，雙腿裏纏，十趾抓地，襠部撐圓，借助旋踝轉腿之勁，調整襠勁，後開前合，重心仍偏於右腿，六四分成。

圖4-200

周身合中寓開，同時吸氣，氣結中宮，眼注視右方，耳聽身後，兼顧兩腎（圖4-200）。

動作六：接上勢。腰勁向左旋轉，身體螺旋下沉。雙肩鬆開似脫，下塌外碾，內捲裏合，右催左領，膻中穴微內含，心氣與橫膈膜同步沉降。雙手以左手為主，右手為賓。

左手出勁右手入勁繼續雙逆纏，雙手坐腕旋轉，借助旋腕轉膀之勁，畫上弧運展至身體兩側上方，乘肩部的轉關過節，變為雙順纏，將勁鬆至中指肚，微加停息，一旋經勞宮穴纏回腰間，氣聚軸腕，上折下掤，肘微裏合，高與鼻平，手指鬆直偏前，掌心向斜下方。

同時，鬆右胯、泛左臀，雙胯掙衡前捲裹合，開膝合臏，雙腿裏纏，十趾抓地，襠部撐圓，借助旋踝轉腿之勁，後下弧調襠，重心移於左腿，六四分成。

周身開中寓合，同時呼氣，氣聚中宮，眼注視左手，

圖 4-201　　　　　　　　　圖 4-202

耳聽身後，兼顧兩腎（圖 4-201、202）。

　　動作七：接上勢。腰勁向左旋轉，身體螺旋下沉。雙肩鬆開似脫，下塌外碾，右催左領，開胸合背。雙手以左手為主，右手為賓。

　　左手出勁右手入勁先逆纏後順纏，坐腕旋轉，借助旋腕轉膀之勁，同時畫下弧繼續向身體兩側上方運展，氣聚軸腕，上折下掤，肘向裏合，高與肩平，手指鬆直向左右，掌心向上。

　　同時，鬆右胯、泛左臀，雙胯掙衡前捲裏合，開膝合臍，雙腿裏纏，十指抓地，襠部撐圓，借助旋踝轉腿之勁，後弧調襠，重心繼續向左腿移動，七三分成。

　　周身開中寓合，同時吸氣，氣結中宮，眼注視左手及左方，耳聽身後，兼顧兩腎（圖 4-203）。

　　動作八：接上勢。腰勁向右轉，身體螺旋下沉，上體左轉 30°。雙肩鬆開似脫，下塌外碾，內捲裏合，左催右

圖 4-203

圖 4-204

領，開背合胸，膻中穴微內含，心氣與橫膈膜同步沉降。雙手以右手為主，左手為賓。

　　右手出勁變為順纏，坐腕旋轉，借助旋腕轉膀之勁，屈肘畫上弧運至右肩上方時，乘肩部的轉關過節，變為逆纏，運合至右耳旁，氣聚軸腕，外折內掤，肘向裏合，高與頦平，手指鬆直向後上方，掌心向左前方；左手入勁變為順纏，坐腕旋轉，借助旋腕轉膀之勁，畫上弧運展至身體前約 45 公分，氣聚軸腕，外折內掤，肘向裏合，高與眼平，手指鬆直向前偏上，掌心向右。

　　同時，鬆右胯、泛左臀，雙胯掙衡前捲裏合，開膝合膕，雙腿裏纏，十趾抓地，襠部撐圓，借助旋踝轉腿之勁，微下弧調襠，重心左六右四分成。

　　周身合住勁，同時吸氣，氣結中宮，眼注視左手及前方，耳聽身後，兼顧兩腎（圖 4-204）。

　　動作九：接上勢。腰勁微向右旋轉，身體螺旋下沉，

上體左轉15°。雙肩鬆開似脫，下塌外碾，左催右領，膻中穴微內含，牽動往來氣貼背。雙手以右手為主，左手為賓。

右手出勁繼續逆纏，坐腕旋轉，畫上弧沉合至右頰下，氣聚軸腕，外折內掤，肘向裏合，高與肩平，手指鬆直向上，掌心向內（左）；左手入勁變為逆

圖4-205

纏，坐腕旋轉，畫上弧沉合至身體前約40公分，氣聚軸腕，外折內掤，肘向裏合，高與肩平，手指鬆直向前上方，掌心仍向右。

同時，鬆左胯、泛右臀，雙胯掙衡前捲裏合，開膝合膁，雙腿裏纏，十趾抓地，襠部撐圓，借助旋踝轉腿之勁，下弧調襠，重心移於右腿，六四分成。

周身合中寓開，同時呼氣，氣聚中宮，眼注視左手及左前方，耳聽身後，兼顧兩腎（圖4-205）。

動作十：接上勢。腰勁向右旋轉，身體螺旋上升，左轉90°。雙肩鬆開似脫，下塌外碾，內捲裏合，左催右領，膻中穴微內含，心氣與橫膈膜同步沉降。雙手以右手為主，左手為賓。

右手出勁繼續逆纏，坐腕旋轉，借助旋腕轉膀之勁，畫上弧經胸前運展至身體右前上方，待手掌運到位時，變為順纏，將勁鬆至中指肚，意加停息，經勞宮穴復歸丹

田，氣聚軸腕，上折下掤，肘向裏
合，高與眼平，手指鬆直向右前
方，掌心向前下方；左手入勁變為
順纏，折腕旋轉，借助旋腕轉膀之
勁，畫下弧運合至腹前，氣聚軸
腕，上折下掤，高與臍平，手指鬆
直向右，掌心向上。

圖 4-206

同時，鬆左胯、泛右臀，雙胯
掙衡前捲裏合，開膝合臏，雙腿裏
纏，十趾抓地，襠部撐圓，借助旋
踝轉腿之勁，後下弧調襠，重心繼
續右移，乘左腿移虛之機，以右腳
跟為旋轉軸，前腳掌向內擰扣轉動
90°。左足先出後入勁，以前腳掌
擦滑地面，畫後外弧向身後旋轉掃
動 135°，運合至右腳內側，前腳
掌虛點地面。雙腳不丁不八，重心
仍然偏右，八二分成。

周身合住勁，同時一吸即呼，
氣沉丹田，眼注視右手，耳聽身
後，兼顧兩腎（圖 4-206、附圖
4-206）。

附圖 4-206

第三十三式　右擦腳（面向北）

動作一：接上勢。腰勁向右旋套，身體螺旋下沉。雙
肩鬆開似脫，下場外碾，內捲裏合，左催右領，膻中穴微內

含，心氣與橫膈膜同步沉降。雙手以右手為主，左手為賓。

右手出勁變為逆纏，坐腕旋轉，借助旋腕轉膀之勁，畫上弧微向身內圈合小半圈，氣聚軸腕，內折外掤，勁貫虎口間，高與眼平，手指鬆直向內（左）上方，掌心向前；左手入勁變為逆纏，折腕旋轉，借助旋腕轉膀之勁，畫上弧向右腹上方纏繞小半圈，引導左前臂內纏上掤，氣聚軸腕，內折外掤，肘向裏合，高與腹平，手指鬆直向左下方，掌心向外（左）。

下肢動作不變。

周身合住勁，同時吸氣，氣結中宮，眼注視右手及右前方，耳聽身後，兼顧兩腎（圖4-207、附圖4-207）。

動作二：接上勢。腰勁向左旋轉，身體螺旋下沉，右轉45°。雙肩鬆開似脫，下塌外碾，右催左領，膻中穴微內含，牽動往來氣貼背，胸腰由右向左做下弧運化動作。雙手以左手為主，右手為賓。

左手出勁變為順纏，折腕旋轉，借助旋腕轉膀之勁，畫下弧向左下方纏繞半圈運合於腹臍前，氣聚軸腕，上折

圖4-207

附圖4-207

下掤，肘微裏合，高與腹臍平，手指鬆直向右，掌心向上；右手入勁變為順纏，坐腕旋轉，借助旋腕轉膀之勁，畫下弧運合至右膝上方，氣聚軸腕，上折下掤，肘向裏合，高與胯平，手指鬆直向右，掌心向下。

同時，鬆右胯、泛左臀，雙胯掙衡前捲裏合，開膝合臏，雙腿裏纏，十趾抓地，襠部撐圓，借助旋踝轉腿之勁，下弧調襠，左前腳掌為軸，腳跟向外擺動 45°，重心移於左腿，六四分成。

周身合住勁，同時呼氣，氣聚中宮，眼注視右手及右方，耳聽身後，兼顧兩腎（圖 4-208、附圖 4-208）。

圖 4-208

附圖 4-208

動作三：接上勢。腰勁向右旋轉，身體螺旋下沉，左轉 45°。雙肩鬆開似脫，下塌外碾，立圓旋轉，左催右領，胸背開合轉換有度，胸腰折疊蛹動有序，膻中穴微內含，心氣與橫膈膜同步沉降。雙手以右手為主，左手為賓。

右手出勁變為逆纏，坐腕旋轉，借助旋腕轉膀之勁，經胸前與左手合住勁後，畫上弧運展至身體右前上方，氣

聚軸腕，內折外掤，肘微裏合，高與肩平，手指鬆直向前，掌心向外（右）；左手入勁變為逆纏，折腕旋轉，借助旋腕轉膀之勁，畫上弧運合至胸前時，乘肩部的轉關過節，變為順纏，與右手合住勁後，畫上弧運展至身體右前上方，氣聚軸腕，內折外掤，肘微裏合，高與肩平，手指鬆直向後（右），掌心向內（左）。雙手背相吸相合相對，前後呼應。

圖 4-209

同時，鬆左胯、泛右臀，雙胯掙衡前捲裏合，開膝合臏，雙腿裏纏，十趾抓地，襠部撐圓，借助旋踝轉腿之勁，上弧調襠，左前腳掌為軸，腳跟內旋裏合，雙足還原不丁不八態勢，重心移於右腿，八二分成。

周身合住勁，同時吸氣，氣結中宮，眼注視雙手及右前方，耳聽身後，兼顧兩腎（圖 4-209、附圖 4-209）。

附圖 4-209

動作四：接上勢。腰勁向右旋轉，身體螺旋下沉。雙肩鬆開似脫，下塌外碾，內捲裏合，左旋右轉，互相催領傳遞，膻中穴微內含，心氣與橫膈膜同步沉降，胸腰先下弧後上弧做圓圈的運化動作。雙手轉換有序，互為主賓。

左手先出後入勁變為逆纏，折腕旋轉，借助旋腕轉膀之勁，畫下弧運展至左胸前時，乘肩部的轉關過節，改換為畫上弧運展至身體左前上方，氣聚軸腕，上掤下折，肘向裏合，高與嘴平，手指鬆直向內下方，掌心向下偏內；右手先入後出勁變為順纏，坐腕旋轉，借助旋腕轉膀之勁，下弧運展至右胸前時，乘肩部的轉關過節，改為畫上弧運展至身體右前上方，氣聚軸腕，上掤下折，肘向裏合，高與肩平，手指鬆直向右偏前，掌心向上。

圖 4-210

同時，鬆右胯、泛左臀，雙胯掙衡前捲裏合，開膝合膪，雙腿裏纏，十趾抓地，襠部撐圓，借助旋踝轉腿之勁，下弧調襠，重心先移於左腿，乘胯部的轉關過節，後下弧調襠，重心復移右腿，八二分成。

附圖 4-210

周身合住勁，同時呼氣，氣聚中宮，眼注視右手及右前方，耳聽身後，兼顧兩腎（圖4-210、附圖4-210）。

動作五：接上勢。腎氣滾動，右腰隙下沉擎起左腰隙，各領半身轉動，腰勁向右旋套，身體螺旋下沉。雙肩

鬆開似脫，下塌外碾，內捲裏合，左催右領，膻中穴微內含，心氣與橫膈膜同步沉降。雙手以右手為主，左手為賓。

右手出勁繼續順纏，坐腕旋轉，借助旋腕轉膀之勁，畫下弧運展至身體前約 35 公分，與左手腕沾黏合住勁，氣聚軸腕，上掤下折，肘向裏合，高與鼻平，手指鬆直向前，掌心向上；左手入勁繼續逆纏，折腕旋轉，借助旋腕轉膀之勁，畫上弧經頭上時由折腕變坐腕降運至右手腕上，氣聚軸腕，上折下掤，肘微裏合，高與嘴平，手指鬆直向右上方，手心向前。雙手腕相搭，構成十字交叉折疊狀態。

圖 4-211

同時，鬆左胯、泛右臀，雙胯掙衡前捲裏合，開膝合膪，雙腿裏纏，十趾抓地，襠部撐圓，借助旋踝轉腿之勁，後下弧調襠，重心移於右腿，乘左腿移至將虛之機，小腹向內收斂，關元、中極二穴共同

附圖 4-211

納氣，沖震命門。帶領左足以先入後出勁，自左向右畫上弧經右腿前方蓋步，左腳跟虛點於右腳前外側約 30 公分，腳尖上翹向前。雙腿構成交叉狀態，雙腿間必須保留空隙，決不可夾住，襠勁確保撐圓，重心偏於右腿，八二分

成。

周身合中寓開，同時呼氣，氣聚中宮，眼注視雙手及前方，耳聽身後，兼顧兩腎（圖4-211、附圖4-211）。

動作六：接上勢。頂勁虛領，中氣貫串，暢通無阻，鬆腰下氣，身體螺旋下沉。雙肩鬆開似脫，下塌外碾，並向後立圓轉動，胸背開合轉換有度，胸腰折疊蛹動有序。雙手以右手為主，左手為賓。

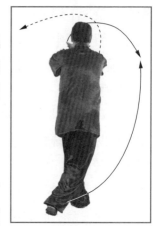

圖4-212

右手出勁變為逆纏、左手入勁繼續逆纏，雙手坐腕旋轉，借助旋腕轉膀之勁，畫上弧運掤至身體前上方約30公分，氣聚軸腕，上掤下折，高與眼平，右手指鬆直向左後方，掌心向左前方；左手指鬆直向右後方，掌心向右偏前。

同時，鬆右胯、泛左臀，雙胯挣衡前捲裏合，開膝合臏，雙腿裏纏，襠部撐圓，借助旋踝轉腿之勁，下弧調襠，左前腳掌及時落地

附圖4-212

踏實，五趾抓地，右腳跟隨勢提起，前腳掌虛點地面，重心偏於左腿，八二分成。

周身蓄足勁，具有一觸即發之勢，同時吸氣，氣結中宮，眼注視右方，耳聽身後，兼顧兩腎（圖4-212、附圖

4–212）。

　　動作七：接上勢。丹田鼓盪勃發，腰勁向左旋套，身體螺旋下沉。雙肩鬆開似脫，下塌外碾，並對拉掙衡拔長，膻中穴微內含，心氣與橫膈膜同步沉降。雙手以右手為主，左手為賓。

　　雙手出勁繼續逆纏，坐腕旋轉，借助旋腕轉膀之勁，向頭上畫上弧一抖即鬆運展至身體兩側上方，右手與右腳面合擊有聲，氣聚軸腕，上掤下折，肘向裏合，高與肩平，手指鬆直分向身體兩側，掌心皆向下。

　　同時，鬆左胯、泛右臀，雙胯掙衡前捲裏合，開膝合臏，雙腿裏纏，五趾抓地，襠部撐圓，借助旋踝轉腿之勁，下弧調襠，重心移於左腿，引導腳底之勁上翻傳導，小腹內收，關元、中極二穴共同內斂納氣，沖震命門。右足出勁，向身體右側上方忽然一抖即鬆，踢起腳面與右手掌合擊有聲，腳面緊繃，臏骨上旋裏合，高與肩平（手足合擊要求：勁一吐即收，形須一抖即鬆）。腰勁順左腿內側向下鬆串，注入腳底植地生根，以助腳底之勁上翻傳導。

　　周身開中寓合，同時呼氣，氣沉丹田，眼注視右手足及右方，耳聽身後，兼顧兩腎（圖4–213）。

圖 4–213

第三十四式　左擦腳（面向南）

動作一：接上勢。腰勁向下鬆塌合住，身體螺旋沉降。雙肩鬆開似脫，下塌外碾，向外立圓旋轉，並掙衡對拉拔長，引導肩井、雲門、極泉、曲池、曲澤、內關、勞宮等諸穴內氣機潛轉，開胸合背。雙手轉換有序，互為主賓。

雙手以先入後出勁繼續雙逆纏，坐腕旋轉，借助旋腕轉膀之勁，畫上弧繼續向身體兩側上方外展，氣聚軸腕，內折外挪，肘微裹合，高與肩平，手指鬆直向前上方，掌心分向左右兩側。

同時，鬆左胯、泛右臀，雙胯掙衡前捲裹合，雙腿裹纏，開膝合臏，五趾抓地，襠部撐圓，借助旋踝轉腿之勁，右腿入勁，屈膝微收，右腳擰轉由直變橫，高與肋平。腰勁順左腿內側向下鬆串，注入腳底植地生根。

周身合住勁，同時吸氣，氣結中宮，眼注視右手及右方，耳聽身後，兼顧兩腎（圖4-214）。

動作二：接上勢。腰勁向左旋轉，身體螺旋下沉，右轉90°。雙肩鬆開似脫，下塌外碾，先向後轉動而後前捲裹合，合胸開背，膻中穴微內含，心氣與橫膈膜同步沉降。雙手以左手為主，右手為賓。

圖 4-214

雙手入勁變為雙順纏，坐腕旋轉，借助旋腕轉膀之勁，由外向內畫下弧運合至身體前約45公分，氣聚軸腕，雙腕右上左下十字折疊交叉，內折外掤，雙肘裏合，高與肩平，手指鬆直向前，掌心向左右兩側。

同時，鬆右胯、泛左臀，雙胯掙衡前捲裏合，開膝合膕，雙腿裏纏，襠部撐圓，借助旋踝轉腿之勁，右足出勁，畫下弧落於左腳內側前約30公分，腳跟虛點地面，足尖微上翹，雙腳跟對準在一條直線上，襠勁前合後開，重心偏於左腿，八二分成。

周身合中寓開，同時呼氣，氣聚中宮，眼注視雙手及前方，耳聽身後，兼顧兩腎（圖4-215）。

動作三：接上勢。腰勁向左旋轉，身體螺旋下沉，右轉45°。雙肩鬆開似脫，下塌外碾，由前向後立圓旋轉，右催左領，胸背開合轉換有序，胸腰折疊蛹動有度，膻中穴微內含，牽動往來氣貼背。雙手以左手為主，右手為賓。

雙手左出右入勁變為雙逆纏，側折腕旋轉，借助旋腕轉膀之勁，畫上弧運掤至身體前上方約30公分，氣聚軸腕，雙手腕沾黏折疊十字交叉，上掤下折，高與眼平，手指鬆直向左右兩側偏後，掌心向左右兩側偏前。

同時，鬆右胯、泛左臀，雙胯掙衡前捲裏合，開膝合膕，雙腿裏纏，襠部撐圓，借助旋踝轉腿之勁，以右腳跟為軸，腳尖外擺

圖 4-215

圖 4-216

圖 4-217

90°，下弧調襠，重心移於右腿，前腳掌下落踏實，五趾及時抓地。左腳跟隨腿領虛時提起，以前掌為軸向外撑扣旋轉45°，重心右八左二分成。

周身合住勁，具有一觸即發之勢，同時吸氣，氣結中宮，眼注視左方，耳聽身後，兼顧兩腎（圖4-216）。

動作四：接上勢。丹田鼓蕩勃發，腰勁向右旋套，身體螺旋下沉。雙肩鬆開似脫，下塌外碾，挣衡對拉拔長，膻中穴微內含，心氣與橫膈膜同步沉降。雙手以左手為主，右手為賓。

雙手出勁繼續逆纏，坐腕旋轉，借助旋腕轉膀之勁，向頭上畫上弧忽然一抖即鬆，分別運展至身體左右兩側上方，左手與左腳面合擊有聲，氣聚軸腕，上掤下折，肘向裏合，高與肩平，手指鬆直分向身體兩側，掌心向下。

同時，鬆右胯、泛左臀，雙胯挣衡前捲裏合，開膝合臏，雙腿裏纏，襠部撑圓，借助旋踝轉腿之勁，小腹內

收，關元與中極二穴共同內斂納氣，沖震命門，引導腳底之勁上翻傳導。左足出勁，向身體左側上方踢起（腳面繃緊）與左手掌合擊有聲，腳面繃住勁，高與肩平。

周身合住勁，同時呼氣，氣沉丹田，眼注視左手足及左方，耳聽身後，兼顧兩腎（圖4-217）。

第三十五式　左蹬一跟（面向北）

動作一：接上勢。腎氣橫向立圓滾動，雙腰隙左右旋轉，互相催領傳遞，腰勁向右旋轉，身體螺旋下沉。雙肩鬆開似脫，下塌外碾，左旋右轉，互為催領傳遞，引導肩井、雲門、極泉、曲池、曲澤、內關、勞宮、膻中、中脘、氣海、氣衝、會陰等諸穴內氣機潛轉，膻中穴微內含，胸腰先由左向右畫下弧，後由右向左畫上弧做立圓運化動作，牽動往來氣貼背。雙手以左手為主，右手為賓。

左手先入後出勁繼續順纏，折腕旋轉，借助旋腕轉膀之勁，先向右畫下弧後向左畫上弧自身體左側上方纏繞一小圈，氣聚軸腕，內折外掤，肘向裏合，高與鼻平，手指鬆直向內（右），中指對準鼻尖，掌心向內（右）；右手先出後入勁繼續逆纏，坐腕旋轉，借助旋腕轉膀之勁，畫下弧繼續向身體右側上方外展，乘右臂運展至將展未展之機，借助肩部的轉關過節，變為順纏，自外向內屈肘畫上弧運至右肩上方時，再次變為逆纏，沉合至右耳旁，氣聚軸腕，外折內掤，肘向裏合，高與耳平，手指鬆直向後上方，掌心向左前方。

同時，鬆右胯、泛左臀，雙胯掙衡前捲裏合，開膝合臏，雙腿裏纏，五趾抓地，襠部撐圓，借助旋踝轉腿之

圖4-218

圖4-219

勁，背絲扣調襠，小腹內收，關元、中極二穴共同內斂納氣，沖震命門。左足入勁畫下弧領起左膝，高與胯平，小腿鬆垂直豎，腳尖向左，腳底平整，五趾微收，湧泉穴含吸地氣之意，襠勁後開前合。

　　周身合住勁，同時吸氣，氣結中宮（如練發勁必須呼氣，氣聚中宮），眼注視左手及左方，耳聽身後，兼顧兩腎（圖4-218）。

　　動作二：接上勢。腰勁向右旋轉，身體螺旋下沉，左轉135°。雙肩鬆開似脫，下塌外碾，內捲裹合，左催右領，膻中穴微內含，心氣與橫膈膜同步沉降，胸腰由右向左做下弧運化動作。雙手以右手為主，左手為賓。

　　右手出勁繼續逆纏，坐腕旋轉，左手入勁變為逆纏，折腕旋轉，借助旋腕轉膀之勁，雙手畫下弧與兩臂內側交叉而過，運展至身體右左兩側下方，氣聚軸腕，前掤後折，肘向裏合，高與胯平，手指鬆直向下方，掌心向後。

同時，鬆右胯、泛左臀，雙胯掙衡前捲裏合，開膝合襠，雙腿裏纏，五趾抓地，襠部撐圓，借助旋踝轉腿之勁，以右腳跟為軸，前腳掌向內擰扣轉動 90°。左足入勁，以膝蓋領勁畫下弧向左轉動 90°，膝蓋微向上領提高與胯平，襠勁前合後開。腰勁順右腿內側向下鬆串，注入腳底植地生根。

　　周身合住勁，同時吸氣，氣結中宮，眼注視前方，耳聽身後，兼顧兩腎（圖4-219）。

　　動作三：接上勢。鬆腰下氣，身體螺旋下沉。雙肩鬆開似脫，下塌外碾，內捲裏合，膻中穴微內含，牽動往來氣貼背。雙手以左手為主，右手為賓。

　　雙手入勁變為雙順纏，坐腕旋轉，借助旋腕轉膀之勁，畫下弧分別經左膝前運合至腹前，雙手腕沾黏折疊交叉，右手在內，左手在外，氣聚軸腕，內掤外折，雙肘裏合，高與胯平，手指鬆直向下，掌心分別向左右兩側。

　　下肢動作不變。要注意前襠勁扣合，後襠勁撐圓。

　　周身合住勁，同時呼氣，氣聚中宮，眼注視雙手及前下方，耳聽身後，兼顧兩腎（圖4-220、附圖4-220）。

　　動作四：接上勢。腰勁鬆塌，身體螺旋下沉。雙肩鬆開似脫，下塌外碾，自前向後立圓旋轉，胸背開合有度，胸腰折疊蛹動有序，膻中穴微內含，心氣與橫膈膜同步沉降。雙手以右手為主，左手為賓。

　　雙手出勁變為雙逆纏，坐腕旋轉，借助旋腕轉膀之勁，畫下弧沉運至襠胯前，乘肩部的轉關過節，變為順纏，由掌變拳，屈肘折腕畫上弧運合至身體前約 15 公分，氣聚軸腕，上掤下折，肘向裏合，高與胸平，雙手腕沾黏折

圖 4-220

附圖 4-220

疊交叉，右手在下，拳面向左下方，拳眼向左偏後，拳心向下；左手在上，拳面向右下方，拳眼向右偏後，拳心向下。

　　同時，鬆左胯、泛右臀，雙胯掙衡前捲裏合，開膝合臏，雙腿裏纏，五趾抓地，襠部撐圓，借助旋踝轉腿之勁，前襠勁扣合，後襠勁撐圓。

　　周身合中寓開，具有一觸即發之勢，同時吸氣，氣結中宮，眼注視左方，耳聽身後，兼顧兩腎（圖 4-221、附圖 4-221）。

　　動作五：接上勢。腰勁向右旋套，身體螺旋下沉。雙肩鬆開似脫，下塌外碾，內捲裏合，膻中穴微內含，心氣與橫膈膜同步沉降，丹田鼓蕩勃發。雙手以左手為主，右手為賓。

　　雙手出勁繼續雙逆纏，折腕旋轉，借助旋腕轉膀之勁，分別畫下弧經腋下向身體左右兩側上方順腕忽然一抖即鬆，其勁落點後，及時變為雙順纏，放鬆還原，氣聚軸

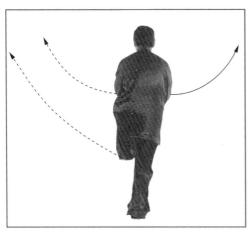

圖 4-221　　　　　　　　　附圖 4-221

腕，上掤下折，高與肩平，拳面各向身體左右兩側上方，拳眼向前，拳心向下。

　　同時，鬆右胯、泛左臀，雙胯掙衡前捲裏合，開膝合臍，雙腿裏纏，五趾抓地，襠部撐圓，借助旋踝轉腿之勁，左足出勁，以腳跟發勁向身體左側橫腳忽然一抖（與雙手同步）即鬆，腳底平整向左，五趾一鬆即收，高不過肋，低不過胯（勁要一吐即收，形須一抖即鬆）。腰勁順右腿向下鬆串，注入腳底植地生根。

　　周身開中寓合，同

圖 4-222

時呼氣，氣沉丹田，眼注視左手足及左方，耳聽身後，兼顧兩腎（圖4-222）。

第三十六式　前蹚拗步（面向西南）

動作一：接上勢。腰勁向下鬆塌合住勁，身體螺旋下沉。雙肩鬆開似脫，下塌外碾，向後立圓旋轉，掙衡對拉拔長，引導肩井、雲門、極泉、曲池、曲澤、內關、勞宮等諸穴內氣機潛轉，開胸合背。雙手轉換有序，互為主賓。

雙手先入勁後出勁變為雙逆纏，由拳變掌坐腕旋轉，借助旋腕轉膀之勁，畫上弧向身體兩側上方運展，氣聚軸腕，內折外掤，肘微裏合，高與肩平，手指鬆直向前上方，掌心各向左右兩側。

同時，鬆右胯、泛左臀，雙胯掙衡前捲裏合，開膝合膝，雙腿裏纏，五趾抓地，襠部撐圓，借助旋踝轉腿之勁，左足入勁，屈膝微彎放鬆合住勁，高與肋平。腰勁順右腿內側向下鬆串，注入腳底，植地生根。

周身合住勁，同時吸氣，氣結中宮，眼注視左手及左方，耳聽身後，兼顧兩腎（圖4-223）。

動作二：接上勢。腰勁向右旋轉，身體螺旋下沉，左轉

圖4-223

90°。雙肩鬆開似脫，下塌外碾，先由前向後轉動，後內捲裹合，開背合胸，膻中穴微內含，心氣與橫膈膜同步沉降。雙手以右手為主，左手為賓。

雙手入勁變為雙順纏，坐腕旋轉，借助旋腕轉膀之勁，由外向內畫下弧運合至身體前約45公分，氣聚軸腕，內折外掤，肘向裏合，高與嘴平，雙手腕沾黏相搭十字交叉，右手在上，左手在下，手指鬆直向前，掌心向左右兩側。

圖 4-224

同時，鬆左胯、泛右臀，雙胯掙衡前捲裹合，開膝合臏，雙腿裏纏，十趾抓地，襠部撐圓，借助旋踝轉腿之勁，左足先入後出勁，畫下弧沉落於右腳內側前約30公分，腳跟虛點地面，足尖微微上翹，雙腳跟對準在一條直線上，襠勁前合後開，重心仍偏於右腿，八二分成。

圖 4-225

周身合中寓開，同時一吸即呼，氣結中宮，眼注視雙手及前方，耳聽身後，兼顧兩腎（圖4-224）。

動作三至動作五與第十式「前蹚拗步」的動作相同。文字略（圖4-225～229）。

圖 4-226

圖 4-227

圖 4-228

圖 4-229

第三十七式　擊地捶(神仙一把抓)(面向西)

　　動作一至動作五：與第十一式「第二摟膝拗步」的前五勢動作相同。文字略（圖 4-230～235）。

圖 4-230

圖 4-231

圖 4-232

圖 4-233

動作六：接上勢。腰勁向右旋轉，身體螺旋下沉。雙肩鬆開似脫，下塌外碾，左催右領，膻中穴微內含，心氣與橫膈膜同步沉降。雙手以右手為主，左手為賓。

右手出勁變為逆纏，由掌變拳折腕旋轉，借助旋腕轉

圖 4-234

圖 4-235

膀之勁，屈肘畫上弧經右耳旁過胸前向左膝內側運展下擊，氣聚軸腕，內折外掤，肘向裏合，高與膝平，拳面向下偏前，拳眼向左，拳心向內（後）；左手入勁繼續逆纏，折腕旋轉，借助旋腕轉膀之勁，畫下弧運展至身體左前上方，氣聚軸腕，下折上掤，肘向裏合，高與眼平，拳面向前下方，拳眼向右，拳心向下。

　　同時，鬆右胯、泛左臀，雙胯掙衡前捲裏合，開膝合襠，雙腿裏纏，五趾抓地，借助旋踝轉腿之勁，下弧調襠，重心移於左腿，六四分成。

　　周身合住勁，同時呼氣，氣沉丹田，眼注視右手及前下

圖 4-236

方，耳聽身後，兼顧兩腎（圖 4-236）。

第三十八式　翻身二起腳（面向東）

動作一：接上勢。腰勁向右旋轉，身體螺旋下沉，同時微向右轉動。雙肩鬆開似脫，下塌外碾，前捲裏合，膻中穴微內含，牽動往來氣貼背。雙手以左手為主，右手為賓。

左手出勁繼續逆纏，折腕旋轉，借助旋腕轉膀之勁，畫內下弧經胸前與右手交錯而過，運展至前下方約 45 公分，氣聚軸腕，下折上挪，肘微裏合，高與胯平，拳面向前偏下，拳眼向內，拳心向左；右手入勁繼續逆纏，折腕旋轉，畫外上弧經胸前與左手交錯而過，運展至身體前約 45 公分，氣聚軸腕，下折上挪，肘微裏合，高與嘴平，拳面向下，拳眼向左偏後，拳心向右偏內（後）。

同時，鬆左胯、泛右臀，雙胯掙衡前捲裏合，開膝合膞，雙腿裏纏，十趾抓地，襠部撐圓，借助旋踝轉腿之勁，上弧調襠，重心移於右腿，六四分成。以左腳跟為軸，腳尖向裏扣合 90°，襠勁前扣（合）後撐（圓）。

周身合中寓開，同時吸氣，氣結中宮，眼注視左手及前下方，耳聽身後，兼顧兩腎（圖4-237）。

動作二：接上勢。腰勁向左

圖 4-237

旋轉，身體螺旋上升，右轉180°。雙肩鬆開似脫，下塌外碾，右催左領，膻中穴微內含，心氣與橫膈膜同步沉降。雙手以左手為主，右手為賓。

左手出勁繼續逆纏，折腕旋轉，借助旋腕轉膀之勁，畫下弧運展至身體左側下方將展未展之機，乘肩部的轉關過節，變為順纏，繼續畫下弧運展至身體左側上方，氣聚軸腕，內折外掤，肘向裏合，高與耳平，拳面向上，拳眼向後，拳心向內；右手入勁變為順纏，折腕旋轉，借助旋腕轉膀之勁，畫上弧經頭前運合至右胯外側，氣聚軸腕，上折下掤，肘向裏合，高與胯平，拳面向前偏右，拳眼向右後方，拳心向上。

同時，鬆右胯、泛左臀，雙胯掙衡前捲裏合，開膝合膕，雙腿裏纏，十趾抓地，襠部撐圓，借助旋踝轉腿之勁，後弧調襠，右足先出後入勁，畫外弧運合至左腳內側前約30公分，前腳掌虛點地面，雙腳跟對準在一條直線上，雙腳不丁不八，重心左八右二分成。

周身合住勁，同時呼氣，氣聚中宮，眼注視前方，耳聽身後，兼顧兩腎（圖4-238）。

動作三：接上勢。腎氣橫向滾動，雙腰隙左右傳遞，腰勁向右旋轉，身體螺旋下沉，左轉90°。雙肩鬆開似脫，下塌外碾，左催右領，開胸合背。雙手以右手為主，左手為賓。

圖4-238

右手出勁變為逆纏、左手入勁變為逆纏，雙手折腕旋轉，借助旋腕轉膀之勁，屈肘彎臂，以肘為軸畫外上弧運合至兩耳旁，促使前臂與肘做上挑動作，氣聚軸腕，下折上掤，高與耳平，拳面向內，拳眼向前，拳心向上。

同時，鬆左胯、泛右臀，雙胯掙衡前捲裏合，開膝合臏，雙腿裏纏，十趾抓地，襠部撐圓，借助旋踝轉腿之勁，下弧調襠，

圖 4-239

重心移於右腿，六四分成。腰勁向下鬆串，注入腳底，植地生根，以助腳底之勁上翻傳導。

周身合住勁，具有一觸即發之勢，同時吸氣，氣結中宮，眼注視右肘及右方，耳聽身後，兼顧兩腎（圖 4-239）。

動作四：接上勢。丹田鼓蕩勃發，腰勁向右旋套，身體螺旋上升，騰空而起。雙肩鬆開似脫，下塌外碾，左催右領，右肘上挑領勁，開背合胸。雙手以右手為主，左手為賓。

雙手出勁繼續雙逆纏，由拳變掌坐腕旋轉，借助旋腕轉膀之勁，以雙分之勁分別向身體左右兩側上方畫上弧，右手拍擊右腳面，合擊有聲，左手運展身體左側上方，勁不可丟，氣聚軸腕，下折上掤，雙肘裏合，高與肩平，手指鬆直分向左右兩側，雙手掌心向下。

同時，鬆右胯、泛左臀，雙胯掙衡前捲裏合，開膝合

圖 4-240

圖 4-241

臍，雙腿裏纏，十趾抓
地，襠部撐圓，借助旋踝
轉腿之勁，下弧調襠，重
心移於右腿，先引導左足
出勁，畫下弧向身前上方
擺動，離地 30 公分；接
著右足蹬地發勁，催動身
體躍起騰空，繃右腳面迅
速向身體右側上方踢起，
迎擊右手下擊之勢，手足
合擊有聲。而後落地放鬆
站穩，五趾及時抓地。

圖 4-242

　　周身開中寓合，同時一吸即呼，氣沉丹田，眼注視右
手足及右方，耳聽身後，兼顧兩腎（圖 4-240～242）。

第三十九式　獸頭勢（護心捶）（面向東北）

動作一：接上勢。腰勁先左後右螺旋旋轉，身體螺旋下沉，微向右轉動。雙肩鬆開似脫，下塌外碾，並左旋右轉，互相催領傳遞，引導肩井、雲門、極泉、曲池、曲澤、內關、勞宮、膻中、氣衝、會陰、環跳、膝眼、湧泉等諸穴內氣機潛轉，促使胸腰先由右向左畫下弧，後由左向右畫上弧做運化動作，膻中穴微內含，牽動往來氣貼背。雙手以左手為主，右手為賓。

左手先出後入勁繼續逆纏，坐腕旋轉，借助旋腕轉膀之勁，畫下弧向身體左側上方外碾，待運至將展未展之機，借助肩部的轉關過節，變為順纏，向右畫上弧運展至身體前約 40 公分，氣聚軸腕，上掤下折，肘向裏合，高與肩平，手指鬆直向左上方，掌心向右上方；右手先入後出勁變為順纏，坐腕旋轉，借助旋腕轉膀之勁，向身內畫下弧運展至身體前時，借助肩部的轉關過節，變為逆纏，改為畫上弧運展至身體右前上方，氣聚軸腕，內折外掤，肘微裏合，高與眼平，手指鬆直向左上方，掌心向右上方。

同時，鬆左胯、泛右臀，雙胯掙衡前捲裏合，開膝合膑，五趾抓地，襠部撐圓，借助旋踝轉腿之勁，引導右足放鬆彎曲收回，以先入勁後出勁右膝朝內一旋合住勁，接著向身體右前方開小半步，上弧調襠，重心移於右腿，乘左腿移虛之機，左足及時出勁，向身體左後方邁出小半步，重心右六左四分成。

周身合住勁，同時一吸即呼，氣聚中宮，眼注視左手及左前方，耳聽身後，兼顧兩腎（圖 4-243、244）。

圖 4-243　　　　　　　　　　圖 4-244

　　動作二：接上勢。腎氣滾動，腰隙傳遞，腰勁一鬆，向左旋套，身體螺旋上升。雙肩鬆開似脫，下塌外碾，內捲裏合，左旋右轉，互相催領傳遞，胸腰由右向左做下弧運化動作後，變為開胸合背。雙手以右手為主，左手為賓。

　　右手以先入後出勁繼續逆纏，坐腕旋轉，借助旋腕轉膀之勁，畫上弧繼續向身體右側外展，待勁運至將展未展之機，借助肩部的轉關過節，變為順纏，向體前畫下弧運展至身體右側上方，氣聚軸腕，上掤下折，肘向裏合，高與眼平，手指鬆直向右，掌心向上；左手先出後入勁變為逆纏，坐腕旋轉，借助旋腕轉膀之勁，畫下弧運展至身體左側上方，氣聚軸腕，上折下掤，肘微裏合，高與眼平，手指鬆直向左上方，掌心向左偏下。

　　同時，鬆右胯、泛左臀，雙胯掙衡前捲裏合，開膝合膕，雙腿裏纏，十趾抓地，襠部撐圓，借助旋踝轉腿之勁，下弧調襠，重心移於左腿，右足先入勁後出勁，以前

腳掌擦滑地面，先畫外弧向左腳內側一合，後畫內弧運展至左腳內側前約 35 公分，前腳掌虛點地面，成右側虛步，雙腳跟對準在一條直線上，構成不丁不八之狀態，重心左八右二分成。

周身上開下合，同時吸氣，氣結中宮，眼注視右手及右方，耳聽身後，兼顧兩腎（圖 4-245）。

圖 4-245

動作三：接上勢。腎氣滾動，腰隙傳遞，腰勁向右旋轉，身體螺旋下沉。雙肩鬆開似脫，下塌外碾，內捲裏合，左催右領，開背合胸，膻中穴微內含，心氣與橫膈膜同步沉降，丹田鼓蕩勃發。雙手以右手為主，左手為賓。

右手出勁變為逆纏、左手入勁繼續逆纏，雙手由掌變拳坐腕旋轉，借助旋腕轉膀之勁，畫下弧繼續向身體左右兩側上方微微一展，待其勁展至將展未展之機，乘肩部的轉關過節，變為順纏，自外向內畫上弧忽然一抖即鬆，右手運展至身體前約 45 公分，拳面向右上方，拳眼向內，拳心向左上方；左手運合至身體左側上方，拳面向外（左），拳眼向後，拳心向上偏內。雙手氣聚軸腕，內掤外折，肘向裏合，高與眼平，構成雙手外開，雙腕肘裏合之勢，並含相吸相繫之意。

同時，鬆右胯、泛左臀，雙胯掙衡前捲裏合，開膝合膪，雙腿裏纏，十趾抓地，襠部撐圓，借助旋踝轉腿之

圖 4-246　　　　　　　　圖 4-247

勁，下弧調襠，引導雙腿裏纏外繃，雙足擰騰離地即落震地有聲。右足出勁向右開步加大底盤，重心仍偏於左腿，六四分成。

　　周身合中寓開，同時呼氣，氣聚中宮，眼注右方，耳聽身後，兼顧兩腎（圖 4-246）。

　　動作四：接上勢。腰勁向左旋轉，身體螺旋下沉，右轉 45°。雙肩鬆開似脫，下塌外碾，內捲裏合，右催左領，膻中穴微內含，牽動往來氣貼背。雙手以左手為主，右手為賓。

　　左手出勁繼續順纏，折腕旋轉，借助旋腕轉膀之勁，畫上弧運展至身體前約 45 公分，氣聚軸腕，內折外掤，肘向裏合，高與鼻平（促使左前臂意加掤勁，顯示「寬面肘」法），拳面向上，拳眼向左偏前，拳心向內；右手入勁繼續順纏，折腕旋轉，借助旋腕轉膀之勁，畫外下弧運合至右膝外側，氣聚軸腕，上折下掤，肘向裏合，高與膝

平，拳面向右偏前，拳眼向右後方，拳心向上。

　　同時，鬆右胯、泛左臀，雙胯掙衡前捲裏合，開膝合膪，雙腿裏纏，十趾抓地，襠部撐圓，借助旋踝轉腿之勁，襠調後弧，重心繼續左移，七三分成。

　　周身合住勁，同時呼氣，氣聚中宮，眼注視左手及前方，耳聽身後，兼顧兩腎（圖4-247）。

　　動作五：接上勢。腰勁向右旋套，身體螺旋下沉，上體左轉30°。雙肩鬆開似脫，下塌外碾，左催右領，胸腰由左向右做下弧運化動作後，開胸合背。雙手以右手為主，左手為賓。

　　右手出勁繼續順纏，折腕旋轉，借助旋腕轉膀之勁，屈肘畫上弧運合至右耳旁，氣聚軸腕，上掤下折，肘向上挑，高與耳平，拳面向內，拳眼向後，拳心向下；左手入勁變為逆纏，折腕旋轉，借助旋腕轉膀之勁，屈肘畫內下弧運合至腹前，氣聚軸腕，內折外掤，肘微裏合，高與腹臍平，拳面向左，拳眼向上，拳心向內。

　　同時，鬆左胯、泛右臀，雙胯掙衡前捲裏合，開膝合膪，雙腿裏纏，十趾抓地，襠部撐圓，借助旋踝轉腿之勁，下弧調襠，重心移於右腿，六四分成。

　　周身合住勁，同時吸氣，氣結中宮，眼注視前方，耳聽身後，兼顧兩腎（圖4-248）。

　　動作六：接上勢。鬆腰下

圖4-248

圖 4-249

圖 4-250

氣，塌住勁，身體螺旋下沉。雙肩鬆開似脫，下塌外碾，前捲裏合，開背合胸，膻中穴微內含，心氣與橫膈膜同步沉降。雙手以右手為主，左手為賓。

右手出勁變為逆纏，折腕旋轉，借助旋腕轉膀之勁，畫下弧沉降運合至右肩前約 10 公分，氣聚軸腕，下折上掤，肘微裏合，高與肩平，拳面向左偏下，拳眼向後對準肩窩，與雲門穴含相吸之意，拳心向下；左手入勁繼續逆纏，折腕旋轉，借助旋腕轉膀之勁，畫上弧運合至胸腹前，氣聚軸腕，內折外掤，高與腹平，拳面向右，拳眼向上，拳心向內。

下肢動作、周身和眼法同上動（圖 4-249）。

動作七： 接上勢。腎氣橫向滾動，腰隙左右傳遞，腰勁向右旋轉，身體螺旋下沉，上體左轉 15°。雙肩鬆開似脫，下塌外碾，內捲裏合，左催右領，膻中穴微內含，心氣與橫膈膜同步沉降。雙手以右手為主，左手為賓。

右手出勁變為順纏，折腕旋轉，借助旋腕轉膀之勁，畫上弧運展至身體中線前約 35 公分，氣聚軸腕，外掤內折，高與肩平（勁貫前臂外側，構成「寬面肘」法），拳面向左上偏後，拳眼向上偏右，拳心向內偏右後方；左手入勁變為順纏，折腕旋轉，借助旋腕轉膀之勁，畫上弧運展至腹前約 15 公分，氣聚軸腕，外掤內折，肘微裏合，高與腹平，拳面向右，拳眼向前，拳心向上偏內。

下肢動作不變，要注意轉換襠勁，前合後開。

周身合住勁，同時呼氣，氣沉丹田，眼注視右手及前方，耳聽身後，兼顧兩腎（圖 4-250）。

第四十式　旋風腳（面向北）

動作一：接上勢。腎氣繼續橫向滾動，雙腰隙互相擎起傳遞，腰勁欲右則先左螺旋運動，身體螺旋下沉。雙肩鬆開似脫，下塌外碾，內捲裏合，左旋右轉，互相催領，胸腰先向左（畫下弧）後向右（畫上弧）做弧形圓圈的運化動作，膻中穴微內含，心氣與橫膈膜同步沉降。雙手轉換有序，互為主賓。

左手先出後入勁變為逆纏，折腕旋轉，借助旋腕轉膀之勁，畫下弧運展至身體左前方一鬆，乘肩部的轉關過節，由拳變掌順纏，畫上弧運展至身體前約 45 公分，氣聚軸腕，上掤下折，肘向裏合，高與眼平，手指鬆直向左上方，掌心向右上方；右手先入後出勁變為順纏，折腕旋轉，借助旋腕轉膀之勁，畫下弧微微向左一鬆，乘肩部的轉關過節，由拳變掌逆纏，畫上弧運展至身體右側前上方，氣聚軸腕，內折外掤，腕由折變坐，肘微裏合，高與

眼平,手指鬆直向左上方,掌
心向右偏上。

同時,鬆右胯、泛左臀,
雙胯掙衡前捲裏合,開膝合
臏,雙腿裏纏,十趾抓地,襠
部撐圓,借助旋踝轉腿之勁,
下弧調襠,重心隨勢向左一
移,乘胯部的轉關過節,改為
上弧調襠,重心移回右腿,六
四分成。

圖 4-251

周身合住勁,同時一吸即
呼,氣聚中宮,眼注視左方,
耳聽身後,兼顧兩腎(圖4-
251、252)。

動作二:接上勢。腎氣滾
動,腰隙互相傳遞,腰勁螺旋
運動,身體螺旋上升。雙肩鬆
開似脫,下塌外碾,內捲裏
合,左旋右轉,互相催領傳
遞,胸腰由右向左做下弧運化
動作後,開胸合背。雙手以右
手為主,左手為賓。

圖 4-252

右手先入後出勁繼續逆纏,坐腕旋轉,借助旋腕轉胯
之勁,畫上弧繼續向右側上方外展,乘勁運展至將展未展
之機,借助肩部的轉關過節,變為順纏,向體前畫下弧運
展至身體右側上方,氣聚軸腕,上掤下折,肘向裏合,高

與嘴平，手指鬆直向右，掌心向上；左手先出後入勁變為逆纏，坐腕旋轉，借助旋腕轉膀之勁，畫下弧運展至身體左側上方，氣聚軸腕，上折下掤，肘向裏合，高與眼平，手指鬆直向左偏上，掌心向左下方。

圖 4-253

同時，鬆左胯、泛右臀，雙胯掙衡前捲裏合，開膝合臏，雙腿裏纏，十趾抓地，襠部撐圓，借助旋踝轉腿之勁，下弧調襠，重心繼續向右一移即鬆，借助胯部的轉關過節，後下弧調襠，重心移於左腿。小腹關元、中極二穴共同收斂納氣，沖震命門，引導右足入勁，畫下弧以膝蓋領勁提於腹前，高與胯平，小腿鬆垂直豎，五趾微收，湧泉穴虛含吸地氣之意。腰勁順左腿內側向下鬆串，注入腳底植地生根。

周身合住勁，同時吸氣，氣結中宮，眼注視右手及右前方，耳聽身後，兼顧兩腎（圖 4-253）。

動作三：接上勢。腎氣滾動，雙腰隙左傳右遞，腰勁欲左先右旋轉，身體螺旋下沉，上體先左後右各轉 45°。雙肩鬆開似脫，下塌外碾，內捲裏合，右催左領，膻中穴微裏含，心氣與橫膈膜同步沉降。雙手以左手為主，右手為賓。

左手出勁繼續逆纏，坐腕旋轉，借助旋腕轉膀之勁，畫下弧微微向身體左側上方一展，乘手臂展至將展未展之

機，借助肩部的轉關過節，畫上弧運展至身體前約 45 公分，以左手腕內側搭於右手腕內側上方，使雙手腕構成十字交叉折疊狀態，氣聚軸腕，上折下掤，肘微裏合，高與肩平，手指鬆直向上，掌心向前；右手入勁繼續順纏，坐腕旋轉，借助旋腕轉膀之勁，畫下弧運展至身體前約 45 公分，使手腕內側輕托左手腕，氣聚軸腕，上折下掤，肘向裏合，高與肩平，手指鬆直向前，掌心向上。

同時，鬆左胯、泛右臀，雙胯掙衡前捲裏合，開膝合臏，雙腿裏纏，五趾抓地，襠部撐圓，借助旋踝轉腿之勁，小腹的關元穴與中極穴內斂納氣。右足先入後出勁，先以膝蓋領勁畫下弧向身體左側扣合上提小於 90°，後以腳拇趾領勁，畫上弧向上踢起，高與肩平後，借助胯部的轉關過節，隨身腰自身體左側上方向右外擺，落於左腳內側前約 35 公分，腳跟虛點地面，雙腳跟在一條直線上，雙腳形成不丁不八，重心仍偏於左腿，八二分成，襠勁前合後開。

周身合中寓開，同時一吸即呼，氣聚中宮，眼注視雙手及前方，耳聽身後，兼顧兩腎（圖 4-254～256）。

動作四：接上勢。腰勁向左旋轉，身體螺旋下沉，右轉 45°。雙肩鬆開似脫，下塌外碾，右催左領，胸背開合有度，胸腰折疊蛹動有序，膻中穴微內含，牽動往來氣貼背。

圖 4-254

圖 4-255

圖 4-256

雙手以左手為主，右手為賓。

　　雙手出勁變為雙逆纏，坐腕旋轉，借助旋腕轉膀之勁，左手畫上弧、右手畫下弧運掤至身前約 35 公分，氣聚軸腕，上折下掤，高與嘴平，兩手指鬆直向後上方，掌心向前下。

　　同時，鬆右胯、泛左臀，雙胯掙衡前捲裏合，開膝合臏，雙腿裏纏，五趾抓地，襠部撐圓，借助旋踝轉腿之勁，下弧調襠，以右腳跟為軸，在其臏骨合意不丟的前提下，腳尖外擺 90°後下落踏實，五趾及時抓地，重心移於右腿，七三分成。左腳跟隨腿移虛提起，向外側摔轉。

圖 4-257

周身合住勁，具有一觸即發之勢，同時吸氣，氣結中宮，眼注視前方，耳聽身後，兼顧兩腎（圖4-257）。

　　動作五：接上勢。腎氣滾動，腰隙傳遞，丹田鼓蕩勃發，腰勁向左旋轉，身體螺旋下沉，向右轉動45°。雙肩鬆開似脫，下塌外碾，內捲裹合，並掙衡對拉拔長，膻中穴微內含，心氣與橫膈膜同時沉降。雙手以左手為主，右手為賓。

　　雙手出勁繼續雙逆纏，坐腕旋轉，借助旋腕轉膀之勁，畫外上弧向身體兩側上方忽然一抖即鬆，左手與左腳內側合擊有聲，右手勁不丟，氣聚軸腕，由坐變直（腕），肘向裏合，高與肩平，手指鬆直向兩側，掌心向後。

　　同時，鬆右胯、泛左臀，雙胯掙衡前捲裹合，開膝合膕，雙腿裏纏，五趾抓地，襠部撐圓，借助旋踝轉腿之勁，開胯圓襠，隨腰部一擰，左足出勁，裏合畫上弧向身體左側上方擺扣，以左腳內側與左手合擊有聲，高與肩平。腰勁順右腿內側向下鬆串，注入腳底植地生根。

　　周身開中寓合，同時呼氣，氣聚中宮，眼注視左手足，耳聽身後，兼顧兩腎（圖4-258）。

圖4-258

動作六：接上勢。鬆腰下氣，身體螺旋下沉。雙肩鬆開似脫，下塌外碾，並一掙（衡）即捲，胸背開合轉換有度，胸腰折疊蛹動有序，膻中穴微內含，牽動往來氣貼背。雙手以左手為主，右手為賓。

圖 4-259

雙手先入後出勁繼續雙逆纏，坐腕旋轉，借助旋腕轉膀之勁，畫上弧繼續向身體兩側上方運展上掤，氣聚軸腕，上掤下折，肘微裹合，高與肩平，手指鬆直向前上方，掌心分向左右。

同時，繼續開胯圓襠，左足以入勁，畫上弧與左手合住勁。

周身合住勁，同時吸氣，氣結中宮，眼注視左手足，耳聽身後，兼顧兩腎（圖 4-259）。

動作七：接上勢。腎氣滾動，雙腰隙傳遞，腰勁向左旋轉，身體螺旋下沉，右轉 180°。雙肩鬆開似脫，下塌外碾，膻中穴微內含，心氣與橫膈膜同步沉降。雙手以左手為主，右手為賓。

雙手入勁變為雙順纏，坐腕旋轉，借助旋腕轉膀之勁，畫下弧運合至身體前約 35 公分，左手在外、右手在內，兩手腕沾黏折疊交叉合住勁，氣聚軸腕，內折外掤，肘微裹合，高與嘴平，手指鬆直向上，掌心分向左右。

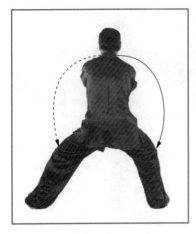

圖 4-260　　　　　　　　　附圖 4-260

　　同時，鬆左胯、泛右臀，雙胯掙衡前捲裏合，開膝合
臏，雙腿裏纏，五趾抓地，襠部撐圓，借助旋踝轉腿之
勁，繼續開胯圓襠，左足出勁，依然利用裏合腿畫上弧，
隨身腰向左擺動 180°，輕輕落於身體左側約一腿寬。右腳
以腳跟為軸，前腳掌外擺旋轉 180°，雙腳尖皆向前方，重
心偏於右腿，七三分成。

　　周身合住勁，同時一吸即呼，氣沉丹田，眼注視雙手
及前方，耳聽身後，兼顧兩腎（圖 4-260、附圖 4-260）。

第四十一式　右蹬一跟（面向北）

　　動作一：接上勢。腎氣滾動，腰隙互為傳遞，腰勁向
左旋轉，身體螺旋下沉。雙肩鬆開似脫，下塌外碾，內捲
裏合，右催左領，引導肩井、雲門、極泉、曲池、曲澤、
內關、勞宮等諸穴內氣機潛轉，膻中穴微內含，心氣與橫
膈膜同步沉降。雙手以左手為主，右手為賓。

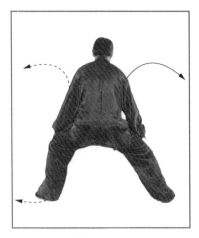

圖 4-261　　　　　　　附圖 4-261

　　右手出勁左手入勁變為雙逆纏，坐腕旋轉，借助旋腕轉膀之勁，畫下弧運合至雙膝上方時，乘肩部的轉關過節，變為雙順纏，放鬆合住勁，氣聚軸腕，上折下掤，肘向裏合，高與胯平，手指鬆直向前，掌心向下。

　　同時，鬆右胯、泛左臀，雙胯掙衡前捲裏合，開膝合臏，雙腿裏纏，十趾抓地，襠部撐圓，借助旋踝轉腿之勁，後下弧調襠，重心移於左腿，六四分成。

　　周身合住勁，同時呼氣，氣聚中宮，眼注視前方，耳聽身後，兼顧兩腎（圖 4-261、附圖 4-261）。

　　動作二：接上勢。腎氣橫向滾動，雙腰隙傳遞，腰勁向右旋套，身體螺旋下沉。雙肩鬆開似脫，下塌外碾，並掙衡對拉拔長，開胸合背。雙手以右手為主，左手為賓。

　　雙手出勁變為雙逆纏，坐腕旋轉，借助旋腕轉膀之勁，畫上弧分別運展至身體左右兩側上方，氣聚軸腕，內折外掤，肘向裏合，高與肩平，手指鬆直向前上方，掌心

分別向身體兩側。

同時，鬆左胯、泛右臀，雙胯掙衡前捲裏合，開膝合膪，雙腿裏纏，十趾抓地，襠部撐圓，借助旋踝轉腿之勁，上弧調襠，重心移於右腿，乘左腿領虛之機，左足出勁向身體左側跨小半步，左腳尖上翹裏合，以腳跟內側鏵地而出，重心偏於右腿，六四分成。

圖 4-262

周身開中寓合，同時吸氣，氣結中宮，眼注視前方，耳聽身後，兼顧兩腎（圖 4-262）。

動作三：接上勢。腎氣滾動，腰隙傳遞，腰勁向左旋套，身體螺旋下沉。雙肩鬆開似脫，下塌外碾，內捲裏合，右催左領，開背合胸，膻中穴微裏合，心氣與橫膈膜同步沉降。雙手以左手為主，右手為賓。

雙手入勁變為雙順纏，坐腕旋轉，借助旋腕轉膀之勁，畫下弧運合至腹前約 20 公分，氣聚軸腕，外折內掤，雙肘裏合，手腕（右外左內）沾黏折疊交叉，高與胯平，手背相對並含相吸之意，手指鬆直向下，掌心分向左右。

同時，鬆右胯、泛左臀，雙胯掙衡前捲裏合，開膝合膪，雙腿裏纏，五趾抓地，襠部撐圓，借助旋踝轉腿之勁，下弧調襠，重心移於左腿，前腳掌隨勢下落踏實，五趾及時抓地。右足入勁畫後弧收合於左腳內側約 20 公分，

前腳掌虛點地面，雙腳不丁不八，重心左八右二分成。

　　周身合住勁，同時呼氣，氣聚中宮，眼注視前方，耳聽身後，兼顧兩腎（圖 4–263、附圖 4–263）。

　　動作四：接上勢。鬆腰下氣，身體螺旋下沉。雙肩鬆開似脫，下塌外碾，自前向後旋轉一圈後，前捲裏合，胸背開合有度，胸腰折疊蛹動有序，膻中穴微內含，牽動往來氣貼背。雙手以右手為主，左手為賓。

　　雙手先出後入勁變為雙逆纏，坐腕旋轉，借助旋腕轉膀之勁，畫下弧向襠前一鬆，乘雙肩部的轉關過節，由掌變拳雙順纏，折腕畫上弧運合至胸前約 25 公分，再變為雙逆纏，落點放鬆合住勁，氣聚軸腕，上掤下折，雙肘裏合，高與胸平，手腕沾黏折疊交叉，右上左下，拳面向前下方，拳眼向後方，拳心向內偏下。

圖 4–263

附圖 4–263

　　同時，鬆左胯、泛右臀，雙胯掙衡前捲裏合，開膝合膻，雙腿裏纏，五趾抓地，襠部撐圓，借助旋踝轉腿之勁，小腹內收，關元與中極二穴共同內斂納氣，沖震命

門。右足入勁，領膝旋起，高與胯平，小腿鬆垂直豎，腳底平整，五趾微向內收，湧泉穴虛含吸地氣之意。腰勁順左腿向下鬆串，注入腳底植地生根，以助腳底之勁上翻傳導。

周身合中寓開，具有一觸即發之勢，同時吸氣，氣結中宮，眼注視前方，耳聽身後，兼顧兩腎（圖4-264、265、附圖4-265）。

動作五：接上勢。腎氣滾動，腰隙傳遞，丹田鼓蕩勃發，腰勁向左旋套，身體螺旋下沉。雙肩鬆開似脫，下塌外碾，內捲裏合，並掙衡對拉拔長，膻中穴微內含，心氣與橫膈膜同步沉降。雙手以右手為主，左手為賓。

圖4-264

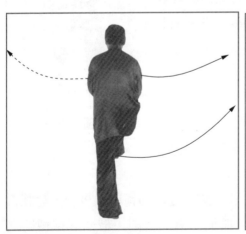

圖4-265

附圖4-265

雙手出勁繼續逆纏，折腕旋轉，借助旋腕轉膀之勁，畫下弧經腋下分別向身體左右兩側上方順腕繃出，一抖即鬆，落點後變為雙順纏，及時放鬆，氣聚軸腕，雙肘裏合，

圖 4-266

高與肩平，拳面各向左右，拳眼向前，拳心向下。

　　同時，鬆左膀、泛右臀，雙胯掙衡前捲裏合，開膝合膝，雙腿裏纏，五趾抓地，襠部撐圓，借助旋踝轉腿之勁，右足出勁，以腳跟領勁向身體右側橫腳彈繃而出（與雙手所發之勁合為一體），腳尖向前，勁貫腳跟，腳底平整向右，五趾一鬆即收（勁要一吐即收，形須一抖即鬆），高不過肋，低不過胯。腰勁順左腿向下鬆串，注入腳底植地生根。

　　周身開中寓合，同時呼氣，氣沉丹田，眼注視右手足，耳聽身後，兼顧兩腎（圖 4-266）。

第四十二式　掩手肱捶（面向東）

　　動作一：接上勢。鬆腰下氣，身體螺旋下沉。雙肩鬆開似脫，下塌外碾，內捲裏合，膻中穴微內含，心氣與橫膈膜同步沉降。雙手以右手為主，左手為賓。

雙手入勁繼續雙順纏，坐腕旋轉，借助旋腕轉膀之勁，畫下弧沉運至身體左右兩側下方，氣聚軸腕，上折下捌，雙肘裏合，高與腹平，拳面各向左右，拳眼向前，拳心向下。

同時，鬆左胯、泛右臀，雙胯掙衡前捲裏合，開膝合臏，雙腿裏

圖4-267

纏，五趾抓地，襠部撐圓，借助旋踝轉腿之勁，小腹的關元與中極二穴共同內斂納氣，沖震命門。右足出勁沉降，以足拇趾領勁，腿部微彎曲放鬆下沉，高與膝平，襠勁撐圓。腰勁順左腿內側向下鬆串，注入腳底植地生根。

周身合住勁，同時吸氣，氣結中宮，眼注視右下方，耳聽身後，兼顧兩腎（圖4-267）。

動作二：接上勢。腎氣滾動，腰隙互相傳遞，腰勁向左螺旋運動，身體螺旋下沉，右轉90°。雙肩鬆開似脫，下塌外碾，內捲裏合，右催左領，膻中穴微內含，牽動往來氣貼背。雙手以左手為主，右手為賓。

左手出勁變為逆纏，折腕旋轉，借助旋腕轉膀之勁，畫下弧向身體左側運展，乘手臂運至將展未展之機，借助肩部的轉關過節，變為順纏，畫下弧上升運展至身體左側上方，氣聚軸腕，內折外捌，肘向裏合，高與耳平，拳面向上，拳眼向後，拳心向右（像水底翻花狀態）；右手入

勁繼續順纏，折腕旋轉，借助旋腕轉膀之勁，屈肘畫下弧運合至小腹前時，乘肩部的轉關過節，經胸前畫上弧運合至右胯外側，氣聚軸腕，上折下掤，肘向裏合，高與胯平，拳面向右微偏前方，拳眼向右後方，拳心向上。

圖 4-268

同時，鬆左胯、泛右臀，雙胯掙衡前捲裏合，開膝合膕，雙腿裏纏，五趾抓地，襠部撐圓，借助旋踝轉腿之勁，引導小腹的關元與中極二穴共同內斂納氣，沖震命門。促使右足繼續入勁，畫下弧收回，膝蓋旋起上提小於 90°，高與胯平。腰勁順左腿內側向下鬆串，注入腳底植地生根。

周身合住勁，同時呼氣，氣聚中宮，眼注視前方，耳聽身後，兼顧兩腎（圖 4-268）。

動作三：接上勢。鬆腰下氣，身體螺旋下沉，右轉45°。雙肩鬆開似脫，下塌外碾，前捲裏合，左催右領，膻中穴微內含，心氣與橫膈膜同步沉降。雙手以右手為主，左手為賓。

雙手出勁變為雙逆纏，坐腕旋轉，借助旋腕轉膀之勁，向頭上畫上弧一展即合，運至身體前，左上右下，手腕沾黏折疊十字交叉至腹前合住勁，而後運合至右膝上方，氣聚軸腕，上折下掤，高與胯平，右拳面向左前方，拳眼向內（左），拳心向下，左手指鬆直向右上方，掌心向右偏下。

圖 4-269

圖 4-270

　　同時，鬆左胯、泛右臀，雙胯掙衡前捲裏合，開膝合臍，雙腿裏纏，五趾抓地，襠部撐圓，借助旋踝轉腿之勁，右足出勁，落於左腳旁，震地有聲，乘胯部的轉關過節，下弧調襠，重心移於右腿；左足出勁，向身體左前方出腿，以腳跟內側鏟地而出，襠勁前合後開，重心右六左四分成。

圖 4-271

　　周身合住勁，同時一呼即吸，氣結中宮，眼注視前方，耳聽身後，兼顧兩腎（圖 4-269、270）。

　　以下動作與第十四式「掩手肱捶」的動作相同，略（參見圖 4-83～87），定勢（圖 4-271）。

第四十三式　小擒打（面向東）

動作一：接上勢。腎氣滾動，雙腰隙傳遞，腰勁向左旋轉，身體螺旋下沉。雙肩鬆開似脫，下塌外碾，內捲裏合，右催左領，膻中穴微內含，牽動往來氣貼背。雙手以左手為主，右手為賓。

左手出勁變為順纏，由拳變掌折腕旋轉，借助旋腕轉膀之勁，畫內下弧沉運合至左腿內側，氣聚軸腕，上折下掤，肘微裏合，高與膀平，手指鬆直向右後上方，掌心向內上方；右手入勁繼續逆纏，由拳變掌折腕旋轉，借助旋腕轉膀之勁，畫上弧運升至身體前約 45 公分，氣聚軸腕，上掤下折，肘向裏合，高與眼平，手指鬆直向下，掌心向下。

同時，鬆左胯、泛右臀，雙胯掙衡前捲裏合，開膝合膕，雙腿裏纏，十趾抓地，襠部撐圓，借助旋踝轉腿之勁，上弧調襠，重心微向右移，七三分成。

周身合住勁，同時吸氣，氣結中宮，眼注視右手及前方，耳聽身後，兼顧兩腎（圖4-272）。

動作二：接上勢。腎氣滾動，腰隙左右傳遞，腰勁向右旋轉，身體螺旋下沉，上體右轉45°。雙肩鬆開似脫，下塌外碾，內捲裏合，左催右

圖 4-272

領，膻中穴微內含，心氣與橫膈膜同步沉降。雙手以右手為主，左手為賓。

右手出勁繼續逆纏，坐腕旋轉，借助旋腕轉膀之勁，畫上弧運展至身體右側上方，氣聚軸腕，後折前掤，肘向裏合，高與眼平，手指鬆直向左，掌心向前；左手入勁變為逆纏，折腕旋轉，借助旋腕轉膀之勁，畫下弧運合至左膝上

圖 4-273

方，氣聚軸腕，上掤下折，肘微裏合，高與胯平，手指鬆直向內，掌心向內。

同時，鬆左胯、泛右臀，雙胯掙衡前捲裏合，開膝合膕，雙腿裏纏，十趾抓地，襠部撐圓，借助旋踝轉腿之勁，上弧調襠，重心微向右移，七三分成。

周身開中寓合，同時呼氣，氣聚中宮，眼注視右手，耳聽身後，兼顧兩腎（圖 4-273）。

動作三：接上勢。腎氣滾動，腰隙傳遞，腰勁向右旋轉，身體螺旋上升，左轉 45°。雙肩鬆開似脫，下塌外碾，內捲裏合，左催右領，膻中穴微內含，心氣與橫膈膜同步沉降。雙手以右手為主，左手為賓。

右手出勁變為順纏，坐腕旋轉，借助旋腕轉膀之勁，畫下弧運展至身體前約 45 公分，氣聚軸腕，下折上掤，肘向裏合，高與胸平，手指鬆直向前偏下，掌心向上偏前；左手入勁繼續逆纏，折腕旋轉，借助旋腕轉膀之勁，畫上

弧運合至右肘內側，氣聚軸腕，下掤上折，肘向裏合，高與胸平，手指鬆直向前，掌心向下。

圖 3-274

同時，鬆右胯、泛左臀，雙胯掙衡前捲裏合，開膝合臏，雙腿裏纏，十趾抓地，襠部撐圓，借助旋踝轉腿之勁，以左腳跟為軸，腳尖外擺45°，下弧調襠，重心移於左腿。右足先入後出勁，畫內上弧經左腿內側運至左腳前約 30 公分，腳尖上翹，腳跟虛點地面，雙腳跟對準在一條直線上，隨鬆胯、泛臀、收腹、扣襠，重心偏於左腿，八二分成。

周身合中寓開，同時吸氣，氣結中宮，眼注視前方及右手，耳聽身後，兼顧兩腎（圖4-274）。

動作四：接上勢。腎氣滾動，雙腰隙左右傳遞，腰勁向左旋轉，身體螺旋下沉，右轉 45°。雙肩鬆開似脫，下塌外碾，內捲裏合，右催左領，膻中穴微內含，牽動往來氣貼背。雙手以左手為主，右手為賓。

左手出勁變為順纏，坐腕旋轉，借助旋腕轉膀之勁，畫上弧由右肘內側沾黏滾動運合至右前臂內側，以助右臂的外掤之勢，氣聚軸腕，內折外掤，肘微裏合，高與胸平，手指鬆直向上，掌心向右；右手入勁變為逆纏，坐腕旋轉，借助旋腕轉膀之勁，畫上弧運展至身體右前上方，氣聚軸腕，內折外掤，肘微裏合，高與眼平，手指鬆直向

上偏前，掌心向右。

同時，鬆右胯、泛左臀，雙胯掙衡前捲裏合，開膝合臏，雙腿裏纏，襠部撐圓，借助旋踝轉腿之勁，以右腳跟為軸，腳尖外擺 90°（臏骨合勁不可丟），下弧調襠，重心移於右腿，前腳掌徐徐落下踏實，五趾及時抓地。左腳領虛，腳跟隨勢提起，前腳掌虛點地面，重心右八左二分成。

圖 4-275

周身合住勁，同時呼氣，氣聚中宮，眼注視左方，耳聽身後，兼顧兩腎（圖 4-275）。

動作五：接上勢。腎氣滾動，腰隙傳遞，腰勁向左旋轉，身體螺旋下沉。雙肩鬆開似脫，下塌外碾，內捲裏合，右催左領，膻中穴微內含，心氣與橫膈膜同步沉降。雙手以左手為主，右手為賓。

左手出勁繼續順纏，坐腕旋轉，借助旋腕轉膀之勁，畫上弧繼續向身體右前上方領勁，高與胸平，手指鬆直向上（仍沾黏右前臂內側上方），掌心向右；右手入勁繼續逆纏，坐腕旋轉，借助旋腕轉膀之勁，畫上弧繼續向身體右側上方領勁，高與眼平，手指鬆直向上偏前，掌心向右偏後。

同時，鬆右胯、泛左臀，雙胯掙衡前捲裏合，開膝合臏，雙腿裏纏，十趾抓地，襠部撐圓，借助旋踝轉腿之勁，背絲扣調襠，重心移於右腿，小腹內收，關元與中極

二穴向內納氣，沖震命門。乘左腿將被引虛之機，借助胯部的轉關過節和左足拇趾領勁，左足入勁，畫下弧旋膝提起，高與胯平，小腿放鬆垂豎，腳底平整，五趾微收，湧泉穴含有吸地氣之意。腰勁順右腿向下鬆串，注入腳底植地生根。

圖 4-276

　　周身合中寓開，同時吸氣，氣結中宮，眼注視左方，耳聽身後，兼顧兩腎（圖 4-276）。

　　動作六：接上勢。腎氣橫向立圓滾動，雙腰隙上下轉換傳遞，腰勁向右旋套，身體螺旋下沉。雙肩鬆開似脫，下塌外碾，前捲裏合，右催左領，膻中穴微內含，心氣與橫膈膜同步沉降。雙手以左手為主，右手為賓。

　　左手出勁變為逆纏，坐腕旋轉，借助旋腕轉膀之勁，畫下弧運展至左膝內側（與左腿同時展出），氣聚軸腕，由坐腕變直腕，肘微裏合，高與膝平，手指鬆直向前下方，掌心向左；右手入勁繼續逆纏，坐腕旋轉，借助旋腕轉膀之勁，畫上弧繼續向身體右側上方運展，氣聚軸腕，上折下捌，肘向裏合，高與眼平，手指鬆直向上，掌心向右。

　　同時，鬆左胯、泛右臀，雙胯掙衡前捲裏合，開膝合膕，雙腿裏纏，五趾抓地，襠部撐圓，借助旋踝轉腿之勁，引導左足出勁，畫下弧向身體左前方出腿，腳尖上翹

裏合，腳跟內側鏟地而出，重心仍偏於右腿，六四分成。

周身開中寓合，繼續吸氣，氣結中宮，眼注視左手足及左下方，耳聽身後，兼顧兩腎（圖4-277）。

動作七：接上勢。腎氣滾動，腰隙傳遞，腰勁向左旋套，身體螺旋下沉，左轉45°。雙肩鬆開似脫，下塌

圖4-277

外碾，內捲裏合，右催左領，膻中穴微內含，心氣與橫膈膜同步沉降，胸腰由右向左做下弧運化動作。雙手以左手為主，右手為賓。

左手出勁繼續逆纏，折腕旋轉，借助旋腕轉膀之勁，屈肘畫上弧運至身體前約35公分，氣聚軸腕，外折內掤，高與胸平，手指鬆直向前偏下，掌心向前偏下；右手入勁變為順纏，坐腕旋轉，借助旋腕轉膀之勁，屈肘翻掌畫上弧經右耳旁時，乘肩部的轉關過節，變為逆纏，利用採按之法運合至身體前約15公分，氣聚軸腕，上折下掤，肘微裏合，高與小腹（中極穴）平，手指鬆直向前，掌心向下。

同時，鬆右胯、泛左臀，雙胯掙衡前捲裏合，開膝合襠，雙腿裏纏，五趾抓地，襠部撐圓，借助旋踝轉腿之勁，下弧調襠，重心移於左腿，以左腳跟支撐地面，腳尖擺正向前，微向上翹，重心左六右四分成。

周身合住勁，同時呼氣，氣聚中宮，眼注視左手及前方，耳聽身後，兼顧兩腎（圖4-278）。

動作八：接上勢。腎氣橫向立圓滾動，雙腰隙互相傳遞，腰勁欲右則先左一鬆向右旋套，身體螺旋下沉。雙肩鬆開似脫，下塌外碾，內捲裹合，左旋右轉，互相催領傳遞，膻中穴微內含，

圖4-278

牽動往來氣貼背，胸腰先由右向左畫下弧、後由左向右畫上弧做圓的運化動作。雙手以右手為主，左手為賓。

右手先入後出勁變為順纏，坐腕旋轉，借助旋腕轉膀之勁，畫下弧微微向前一纏，乘肩部的開合與轉關過節，變為逆纏，畫上弧運合至胸前約25公分合住勁，氣聚軸腕，由坐腕變折腕，內折外掤，高與胸平，手指鬆直向前偏上，掌心向前下方；左手入勁繼續逆纏，折腕旋轉，借助旋腕轉膀之勁，畫下弧向前放鬆一纏，乘肩部的開合旋轉與轉關過節，變為順纏，畫上弧運展至身體前約45公分合住勁，氣聚軸腕，內折外掤，肘向裏合，高與眼平，手指鬆直向上，掌心向內。

同時，鬆左胯、泛右臀，雙胯掙衡前捲裹合，開膝合膕，雙腿裹纏，五趾抓地，襠部撐圓，借助旋踝轉腿之勁，上弧調襠，左前腳掌落下，五趾及時抓地，重心移於右腿，六四分成。

周身合中寓開，蓄足勁，具有一觸即發之勢，同時吸氣，氣結中宮，眼注視左手及前方，耳聽身後，兼顧兩腎（圖4－279）。

動作九：接上勢。腎氣滾動，雙腰隙傳遞，丹田鼓蕩勃發，腰勁向右旋轉，身體螺旋下沉，左轉45°。雙肩鬆開似脫，下

圖 4-279

塌外碾，內捲裏合，左催右領，膻中穴微內含，心氣與橫膈膜同步沉降。雙手以右手為主，左手為賓。

右手出勁逆纏，坐腕旋轉，借助旋腕轉膀之勁，遵循「掌（拳）由心發」的原則，採取肩窩吐氣的運動規律，畫下弧向身體前上方忽然一抖即鬆，推運至身體前約50公分，勁落點後變順纏放鬆，氣聚軸腕，內折外掤，肘微裏合，勁貫掌根，高與肩平，手指鬆直向上，勞宮穴一吐即含，掌心向前；左手入勁變為逆纏，坐腕旋轉，借助旋腕轉膀之勁，翻轉纏繞，以橫掌畫上弧忽然向

圖 4-280

上一抖即鬆，運掤至頭前上方，以助右手臂發勁，氣聚軸腕，內折外掤，高過頭頂，手指鬆直向右，掌心向前偏上。

同時，鬆右胯、泛左臀，雙胯掙衡前捲裏合，開膝合膪，雙腿裏纏，十趾抓地，襠部撐圓，借助旋踝轉腿之勁，下弧調襠，前腳把（勁）後腳蹬（地），重心發於前（左），鬆至後（右），六四分成〔其動作緊要在於擰腰、扣襠、腳把、腿（腳）蹬、發掌總須完整一氣。此時做到勁一吐即收，形一抖即鬆〕。

周身合住勁，同時呼氣，氣沉丹田，眼注視右手及前方，耳聽身後，兼顧兩腎（圖4-280）。

第四十四式　抱頭推山（面向西南）

動作一：接上勢。腎氣滾動，腰隙相互傳遞，腰勁螺旋運動，身體螺旋下沉，上體先向右轉90°，後向左轉45°。雙肩鬆開似脫，下塌外碾，左旋右轉，互相催領，引導肩井、雲門、極泉、曲池、曲澤、內關、勞宮、膻中、中脘、氣衝等諸穴內氣機潛轉，胸背開合轉換有度，胸腰做立體圓形的運化動作，膻中穴微內含，牽動往來氣貼背。雙手轉換有序，互為主賓。

左手先出後入勁變為順纏，由掌變拳折腕旋轉，借助旋腕轉膀之勁，畫下弧運展至身體左側上方，氣聚軸腕，內折外掤，肘向裏合，高與肩平，拳面向上，拳眼向後，拳心向內，乘肩部的開合和轉關過節，變為逆纏，以肘為軸旋轉，畫外上弧運合至右肘彎的曲池穴上，下折上掤，肘微裏合，高與胸腹平，拳面向外，拳眼向後，拳心向

圖 4-281

圖 4-282

下；右手先入後出勁變為順纏，由掌變拳折腕旋轉，借助旋腕轉膀之勁，畫上弧運展至身體右側上方，氣聚軸腕，內折外掤，肘向裏合，高與肩平，拳面向上，拳眼向後，拳心向內，乘肩部的開合和轉關過節，變為逆纏，以肘為軸，畫內上弧運展至身體前約 40 公分，上掤下折，肘向裏合，高與腹平，拳面向前，拳眼向左，拳心向下。

　　同時，鬆右胯、泛左臀，雙胯掙衡前捲裏合，開膝合膕，雙腿裏纏，十趾抓地，襠部撐圓，借助旋踝轉腿之勁，襠勁運行「∞」字形（背絲扣），重心先移於右腿，後移於左腿，六四分成。

　　周身一開即合，同時一吸即呼，氣聚中宮，眼注視右手，耳聽身後，兼顧兩腎（圖 4-281、282）。

　　動作二：接上勢。腰勁向右旋轉，身體螺旋下沉。雙肩鬆開似脫，下塌外碾，內捲裏合，左催右領，膻中穴微內含，牽動往來氣貼背，胸腰由右向左做下弧運化動作。

雙手以右手為主，左手為賓。

雙手右出左入勁繼續雙逆纏，折腕旋轉，左手腕順右前臂上側沾黏滑動下降，運沉至右手腕上合住勁，借助旋腕轉膀之勁，畫下弧經左腿內側運展至膝前方做摟膝動作後，乘肩部的轉關過節，畫上弧運合至左膝上方，氣聚軸腕，上掤下折，雙肘裏合，高與胯平，雙腕左上右下，構成十字折疊

圖 4-283

交叉狀態，拳面向前下方，拳眼向後，拳心向下。

同時，鬆左胯、泛右臀，開膝合臏，雙胯掙衡前捲裏合，雙腿裏纏，十趾抓地，襠部撐圓，借助旋踝轉腿之勁，下弧調襠，左腳尖向內扣合 45°，襠勁前合後開，重心右移，七三分成。

周身合中寓開，形成負陰抱陽態勢，同時吸氣，氣結中宮，眼注視雙手及前下方，耳聽身後，兼顧兩腎（圖 4-283）。

動作三：接上勢。腰勁向左旋轉，身體螺旋上升，右轉 135°。雙肩鬆開似脫，下塌外碾，內捲裏合，右催左領，胸腰先做下弧後上弧的運化動作，膻中穴微內含，心氣與橫膈膜同步沉降。雙手以左手為主，右手為賓。

雙手左出右入勁變為雙順纏，折腕旋轉，借助旋腕轉膀之勁，乘大轉身法，畫上弧經頭上方運展至身體前約 40公分，雙手腕交叉折疊翻轉，右手在外，左手在內，氣聚

軸腕，內折外掤，肘向裏合，高與鼻平，拳面向左右上方，拳心向內。

圖 4-284

同時，鬆右胯、泛左臀，雙胯掙衡前捲裏合，開膝合臏，雙腿裏纏，十趾抓地，襠部撐圓，借助旋踝轉腿之勁，下弧調襠，重心移於左腿。右足入勁，前腳掌擦滑地面畫外弧運合至左腳內側約 35 公分，雙腳跟前後對準，形成 45°的角，雙腳不丁不八，襠勁前合後開，重心左八右二分成。

周身合住勁，同時一吸即呼，氣聚中宮，眼注視雙拳及右前方，耳聽身後，兼顧兩腎（圖 4-284）。

動作四：接上勢。鬆腰下氣，身體螺旋下沉。雙肩鬆開似脫，下塌外碾，前捲裏合，膻中穴微內含，心氣與橫膈膜同步沉降。雙手轉換有序，互為主賓。

雙手出勁繼續雙順纏，由拳變掌坐腕旋轉，借助旋腕轉膀之勁，畫下弧繼續向前上方運展，氣聚軸腕，上掤下折，雙肘裏合，高與眼平，手指鬆直向前上方，掌心向內上方。

同時，鬆右胯、泛左臀，雙胯掙衡前捲裏合，開膝合臏，雙腿裏纏，十趾抓地，襠部撐圓，借助旋踝轉腿之勁，後弧調襠，重心螺旋下沉，仍偏於左腿，八二分成。

周身合住勁，同時吸氣，氣結中宮，眼注視雙手及右前方，耳聽身後，兼顧兩腎（圖 4-285）。

動作五：接上勢。腰勁向右旋轉，身體螺旋下沉，左轉45°。雙肩鬆開似脫，下塌外碾，前捲裏合，左催右領，膻中穴微內含，心氣與橫膈膜同步沉降。雙手以右手為主，左手為賓。

右手出勁左手入勁繼續雙順纏，折腕旋轉，借助旋腕轉膀之勁，畫下弧運展至身體左右兩側前上方，氣聚軸腕，內折外掤，肘向裏合，高與肩平，手指鬆直向內，掌心向內，含相吸之意。

下肢動作不變。

周身合住勁，同時呼氣，氣聚中宮，眼注視右前方，耳聽身後，兼顧兩腎（圖4-286）。

圖4-285

圖4-286

動作六：接上勢。腰勁向右旋轉，身體螺旋下沉，左轉45°。雙肩鬆開似脫，下塌外碾，左催右領，開胸合背。雙手以右手為主，左手為賓。

雙手先出後入勁變為逆纏，折腕旋轉，借助旋腕轉膀之勁，屈肘彎臂，以肘為軸先畫下弧後畫上弧運合至雙耳

圖 4-287

圖 4-288

旁，氣聚軸腕，上掤下折，肘微上挑，高與耳平，手指鬆直向內，掌心向前上方。

　　同時，鬆左胯，泛右臀，雙胯掙衡前捲裹合，開膝合臏，雙腿裹纏，十趾抓地，襠部撐圓，借助旋踝轉腿之勁，引導小腹內收，關元與中極二穴共同內斂納氣，沖震命門。促使右足先入勁，畫上弧領膝旋起，高與胯平，接著變為出勁，畫下弧向右前方出腿，腳尖上翹裹合，腳跟內側鏟地而出，襠勁前合後開，重心仍偏於左腿，七三分成。

　　周身合住勁，同時吸氣，氣結中宮，眼注視右前方，耳聽身後，兼顧兩腎（圖 4-287、288）。

　　動作七：接上勢。鬆腰下氣，身體螺旋下沉。雙肩鬆開似脫，下塌外碾，內捲裹合，開背合胸，膻中穴微內含，心氣與橫膈膜同步沉降。雙手以右手為主，左手為賓。

　　雙手入勁變為雙順纏，坐腕旋轉，借助旋腕轉膀之

勁，畫內下弧運合至胸前，氣聚軸腕，外折內掤，雙肘裏合，高與胸平，手指鬆直向上，掌心相對，含相吸相合之意。

圖 4-289

同時，鬆右胯、泛左臀，雙胯掙衡前捲裏合，開膝合臏，雙腿裏纏，五趾抓地，襠部撐圓，借助旋踝轉腿之勁，右腳以跟部為軸，前腳掌外擺 45°後落地，五趾及時抓地，重心仍偏於左腿，六四分成。

周身合住勁，具有一觸即發之勢，同時吸氣，氣結中宮，眼注視右前方，耳聽身後，兼顧兩腎（圖 4-289）。

動作八：接上勢。腰勁向左旋轉，身體螺旋下沉，上體右轉 45°。雙肩鬆開似脫，下塌外碾，內捲裏合，丹田鼓蕩勃發，膻中穴微內含，心氣與橫膈膜同步沉降。雙手轉換有序，互為主賓。

雙手出勁變為雙逆纏，坐腕旋轉，借助旋腕轉膀之勁，利用雲門穴吐氣，使勁別貫注雙手臂之中，畫下弧忽然一抖即鬆，運展至胸前約 50 公分，待勁力發出後，雙手及時變為雙順纏還原放鬆，氣聚軸腕，內折外掤，肘微裏合，形鬆意遠，高與眼平，手指鬆直向內上方，含相吸相合之意，勞宮穴一吐即收（含），掌心向前。

同時，鬆左胯、泛右臀，雙胯掙衡前捲裏合，開膝合臏，雙腿裏纏，十趾抓地，襠部撐圓，借助旋踝轉腿之勁，下弧調襠，雙腳後蹬前把，重心發於前鬆於後，六四

圖 4-290   圖 4-291

分成。

　　周身合住勁，同時呼氣，氣沉丹田，眼注視雙手及右前方，耳聽身後，兼顧兩腎（圖 4-290）。

第四十五式　三換掌（面向西南）

　　動作一：接上勢。腎氣滾動，腰隙互為傳遞，腰勁向左旋轉，身體螺旋下沉。雙肩鬆開似脫，下塌外碾，內捲裏合，右催左領，膻中穴微內含，心氣與橫膈膜同步沉降。雙手以左手為主，右手為賓。

　　雙手左出右入勁繼續順纏，坐腕旋轉，借助旋腕轉膀之勁，畫下弧運合至身體前約 45 公分和 40 公分，以右小指肚外側沾黏於左前臂內側，氣聚軸腕，上掤下折，肘向裏合，高與肩平，手指鬆直向前，左掌心向上，右掌心向左上方。

　　同時，鬆右胯、泛左臀，雙胯掙衡前捲裏合，開膝合

臍，雙腿裏纏，十趾抓地，襠部撐圓，借助旋踝轉腿之勁，下弧調襠，重心偏於左腿，六四分成。

周身合住勁，同時吸氣，氣結中宮，眼注視左手及前方，耳聽身後，兼顧兩腎。完成第一次換掌（圖4-291）。

動作二：接上勢。腎氣滾動，雙腰隙縱向立圓交錯旋轉，以花腰勁為主，向右旋轉，身體螺旋下沉。雙肩鬆開似脫，下塌外碾，內捲裏合，左催右領，胸腰做弧形運化動作，膻中穴微內含，心氣與橫膈膜同步沉降。雙手以右手為主，左手為賓。

右手出勁變為逆纏，坐腕旋轉，借助旋腕轉膀之勁，畫上弧運展至右前方，氣聚軸腕，內折外掤，高與眼平，手指鬆直向左前方，掌心向右偏前；左手入勁繼續順纏，折腕旋轉，借助旋腕轉膀之勁，畫下弧運展至右胸前約35公分，與右手上下呼應，氣聚軸腕，上折下掤，肘向裏合，高與肩平，手指鬆直向上，掌心向內。

同時，鬆左胯、泛右臀，雙胯掙衡前捲裏合，開膝合臍，雙腿裏纏，十趾抓地，襠部撐圓，借助旋踝轉腿之勁，上弧調襠，重心移於右腿，六四分成。

周身合住勁，同時呼氣，氣聚中宮，眼注視右手及右前方，耳聽身後，兼顧兩腎。完成第二次換掌（圖4-292）。

圖4-292

動作三：接上勢。腎氣滾動出入有序，腰隙立圓交錯旋轉，以花腰勁旋轉為主體，身體螺旋下沉。雙肩鬆開似脫，下塌外碾，內捲裏合，左旋右轉，互相催領傳遞，胸腰做立圓交錯的運化動作，膻中穴微內含，心氣與橫膈膜同步沉降。雙手以左手為主，右手為賓。

圖 4-293

左手先入後出勁變為順纏，折腕旋轉，借助旋腕轉膀之勁，畫下弧運合至胸前，乘肩部的轉關過節，變為逆纏，畫上弧運展至身體前約 45 公分，氣聚軸腕，內折外掤，肘向裏合，高與眼平，手指鬆直向上，掌心向右前方；右手先出後入勁變為順纏，折腕旋轉，借助旋腕轉膀之勁，畫下弧運合至左肘下方，氣聚軸腕，內折外掤，以虎口合谷穴對準左肘尖，高與胸平，手指鬆直向內，掌心向內。

同時，鬆右胯、泛左臀，雙胯掙衡前捲裏合，開膝合膻，雙腿裏纏，十趾抓地，襠部撐圓，借助旋踝轉腿之勁，下弧調襠，重心移於左腿，六四分成。

周身合住勁，同時一吸即呼，氣沉丹田，眼注視左手及前方，耳聽身後，兼顧兩腎。完成第三次換掌（圖 4-293）。

第四十六式　六封四閉（面向南）

動作一：接上勢。鬆腰下氣，身體螺旋下沉。雙肩鬆

開似脫，下塌外碾，前捲裏合，引導肩井、雲門、極泉、曲池、曲澤、內關、勞宮、膻中、中脘、氣海、氣衝等諸穴內氣機潛轉，膻中穴微內含，心氣與橫膈膜同步沉降，雙手以左手為主，右手為賓。

左手出勁變為順纏，坐腕旋轉，借助旋腕轉膀之勁，先微畫上弧後畫下弧運合至右膝內側上方，氣聚軸腕，上折下

圖 4-294

撿，肘向裏合，高與胯平，手指鬆直向右前方，掌心向下；右手入勁繼續順纏，折腕旋轉，借助旋腕轉膀之勁，隨左肘畫下弧運合至腹前，氣聚軸腕，上折下撿，肘微裏合，高與腹臍平，手指鬆直向左，掌心向內。

同時，鬆右胯、泛左臀，雙胯掙衡前捲裏合，開膝合臏，雙腿裏纏，十趾抓地，襠部撐圓，借助旋踝轉腿之勁，下弧調襠，重心微向左移，七三分成。

周身合住勁，同時吸氣，氣結中宮，眼注視右前下方，耳聽身後，兼顧兩腎（圖4-294）。

動作二：接上勢。腎氣縱向滾動，腰隙互為傳遞，腰勁折疊立圓旋轉，身體螺旋下沉。雙肩鬆開似脫，下塌外碾，自後向前轉動一圈，胸背開合有度，胸腰折疊蛹動有序。雙手以右手為主，左手為賓。

右手出勁變為逆纏，坐腕旋轉，借助旋腕轉膀之勁，畫上弧經胸前橫掌運展至身體前45公分，氣聚軸腕，內折

外掤，高與頭平，手指鬆直向左，掌心向右前方；左手入勁變為逆纏，折腕旋轉，借助旋腕轉膀之勁，畫上弧經胸前運展至身體前約 45 公分，氣聚軸腕，內折外掤，肘向裏合，高與鼻平，手指鬆直向內，以中指對準鼻尖，掌心向內，雙手上下呼應。

圖 4-295

同時，鬆左胯、泛右臀，雙胯掙衡前捲裏合，開膝合膪，雙腿裏纏，十趾抓地，襠部撐圓，借助旋踝轉腿之勁，上弧調襠，重心移於右腿，六四分成。

周身合住勁，同時呼氣，氣聚中宮，眼注視右前方，耳聽身後，兼顧兩腎（圖 4-295）。

動作三：接上勢。腰勁一鬆，向右旋轉，身體螺旋下沉，上體左轉 45°。雙肩鬆開似脫，下塌外碾，內捲裏合，右催左領，胸腰由右向左做下弧運化動作，膻中穴微內含，心氣與橫膈膜同步沉降。雙手以右手為主，左手為賓。

右手出勁變為順纏，坐腕旋轉，借助旋腕轉膀之勁，畫下弧運展至右前上方約 45 公分，氣聚軸腕，上掤下折，肘向裏合，高與肩平，手指鬆直向右前方，掌心向上偏前；左手出勁繼續逆纏，折腕旋轉，借助旋腕轉膀之勁，畫下弧運展至左前方約 48 公分，氣聚軸腕，上掤下折，肘向裏合，高與嘴平，手指鬆直向內下方，掌心向右下方。

圖 4-296

圖 4-297

　　同時，鬆右胯、泛左臀，雙胯掙衡前捲裏合，開膝合
臏，雙腿裏纏，十趾抓地，襠部撐圓，借助旋踝轉腿之
勁，下弧調襠，重心移於左腿，六四分成。

　　周身合住勁，同時呼氣，氣聚中宮，眼注視右手及右
前方，耳聽身後，兼顧兩腎（圖 4-296）。

　　以下動作與第四式「六封四閉」的動作相同，略（參
見圖 4-32～34）。

第四十七式　單鞭（面向南）

　　此式是本套拳中第三個單鞭式，與第五式「單鞭」的
動作相同，略（參見圖 4-35～40），定勢（圖 4-297）。

第四十八式　前招（面向西南）

　　動作一：接上勢。腎氣滾動，腰隙傳遞，腰勁一鬆，
向右旋套，身體螺旋下沉。雙肩鬆開似脫，下塌外碾，內

捲裏合，左催右領，引導肩井、雲門、極泉、曲池、曲澤、內關、勞宮、膻中、中脘、氣海、氣衝、會陰等諸穴內氣機潛轉，胸腰自左向右做下弧運化動作，膻中穴微內含，心氣與橫膈膜同步沉降。雙手以右手為主，左手為賓。

圖 298

右手出勁變為逆纏，由勾手變掌坐腕旋轉，借助旋腕轉膀之勁，畫下弧繼續向身體右前方約 45 公分，氣聚軸腕，上折下掤，肘微裏合，高與肩平，手指鬆直向左前偏上，掌心向前；左手入勁繼續順纏，坐腕旋轉，借助旋腕轉膀之勁，畫下弧運展至身體左前方約 45 公分，氣聚軸腕，外折內掤，肘向裏合，高與胸平，手指鬆直向左前方，掌心向右。

同時，鬆左胯、泛右臀，雙胯掙衡前捲裏合，開膝合膻，雙腿裏纏，十趾抓地，襠部撐圓，借助旋踝轉腿之勁，下弧調襠，重心移於右腿，六四分成。

周身合住勁，同時吸氣，氣結中宮，眼注視右手及右方，耳聽身後，兼顧兩腎（圖 4-298）。

動作二：接上勢。腰勁向左旋套，身體螺旋下沉。雙肩鬆開似脫，下塌外碾，內捲裏合，右催左領，胸腰由右向左做上弧的運化動作，膻中穴微內含，心氣與橫膈膜同步沉降。雙手以左手為主，右手為賓。

左手出勁變為逆纏、右手入勁變為順纏，雙手坐腕旋轉，借助旋腕轉膀之勁，畫上弧左手運展至身體左側上方，內折外掤，右手運展至身體前約45公分，外折內掤，雙肘裏合，高與眼平，手指鬆直向右偏上，掌心向左上方。

圖4-299

同時，鬆右胯、泛左臀，雙胯掙衡前捲裏合，開膝合臗，雙腿裏纏，十趾抓地，襠部撐圓，借助旋踝轉腿之勁，上弧調襠，重心移於左腿，六四分成。

周身合住勁，同時吸氣，氣結中宮，眼注視右方，耳聽身後，兼顧兩腎（圖4-299）。

動作三：接上勢。腰勁向左旋轉，身體螺旋下沉，右轉45°。雙肩鬆開似脫，下塌外碾，內捲裏合，右催左領，膻中穴微內含，心氣與橫膈膜同步沉降。雙手以左手為主，右手為賓。

左手出勁變為順纏，坐腕旋轉，借助旋腕轉膀之勁，繼續向身體左側外展畫下弧運合至左膝外側，氣聚軸腕，外折內掤，肘向裏合，高與胯平，手指鬆直向左偏下，掌心向右前方；右手入勁變為逆纏，坐腕旋轉，借助旋腕轉膀之勁，畫下弧運展至身體右前上方，氣聚軸腕，內折外

掤，肘微裏合，高與眼平，手指鬆直向上微裏合，掌心向右前方。

同時，鬆右胯、泛左臀，雙胯掙衡前捲裏合，開膝合臏，雙腿裏纏，十趾抓地，襠部撐圓，借助旋踝轉腿之勁，後下弧調襠，以右腳跟為軸，腳尖外擺45°，重心繼續左移，七三分成。

周身合住勁，同時呼氣，氣聚中宮，眼注視右手及右前方，耳聽身後，兼顧兩腎（圖4-300）。

動作四：接上勢。腰勁向右旋套，身體螺旋上升。雙肩鬆開似脫，下塌外碾，內捲裏合，左催右領，膻中穴微內含，心氣與橫膈膜同步沉降，胸腰由左向右做下弧的運化動作。雙手以右手為主，左手為賓。

圖 4-300

圖 4-301

右手出勁繼續逆纏，坐腕旋轉，借助旋腕轉膀之勁，畫下弧隨其身腰運展至身體右前上方，氣聚軸腕，內折外

掤，肘微裏合，高與眼平，手指鬆直向右前上方，掌心向右；左手入勁繼續順纏，坐腕旋轉，借助旋腕轉膀之勁，畫下弧運展至身體前約 45 公分，氣聚軸腕，外折內掤，肘向裏合，高與腹臍平，手指鬆直向前，掌心向右。

同時，鬆左胯、泛右臀，雙胯掙衡前捲裏合，開膝合臏，雙腿裏纏，十趾抓地，襠部撐圓，借助旋踝轉腿之勁，下弧調襠，重心移於右腿。左足入勁，畫後外弧運合至右腳內側約 25 公分，前腳掌點地，雙腳不丁不八，襠勁前合後開，重心右八左二分成。

周身合住勁，同時一吸即呼，氣沉丹田，眼注視前方，耳聽身後，兼顧兩腎（圖 4-301）。

第四十九式　後招（面向西南）

動作一：接上勢。腎氣橫向滾動，腰隙左右傳遞，腰勁向右旋套，身體螺旋下沉。雙肩鬆開似脫，下塌外碾，內捲裏合，左催右領，膻中穴微內含，心氣與橫膈膜同步沉降，胸腰由左向右微做下弧的運化動作。雙手以右手為主，左手為賓。

雙手右出左入勁繼續左順纏右逆纏，坐腕旋轉，借助旋腕轉膀之勁，微畫下弧隨腰身旋轉向身體右側領勁，氣聚軸腕，內折外掤，肘向裏合，右手高與眼平，手指鬆直向前上方，左手高與臍平，手指鬆直向前，掌心皆向右。

同時，鬆左胯、泛右臀，雙胯掙衡前捲裏合，開膝合臏，雙腿裏纏，十趾抓地，襠部撐圓，借助旋踝轉腿之勁，下弧調襠，左足出勁向身體左側出腿，腳尖上翹裏合，腳跟內側鏟地而出，重心偏於右腿，七三分成。

圖 4-302　　　　　　　　　圖 4-303

　　周身合住勁，具有一觸即發之勢，同時吸氣，氣結中宮，眼注視前方，耳聽身後，兼顧兩腎（圖 4-302）。

　　動作二：接上勢。腰勁向右旋套，身體螺旋下沉。雙肩鬆開似脫，下塌外碾，內捲裏合，左催右領，膻中穴微內含，牽動往來氣貼背。雙手同時以右手為主，左手為賓。

　　右手出勁繼續逆纏，坐腕旋轉，借助旋腕轉膀之勁，畫上弧向身體內側猝然圈合，忽然一抖即鬆運展至身體右前上方約 45 公分，氣聚軸腕，內折外掤，勁貫虎口間，高與眼平，手指鬆直向左偏上，掌心向前；左手入勁繼續順纏，坐腕旋轉，借助旋腕轉膀之勁，畫上弧在身體前撑轉，忽然一抖，猝然圈合，氣聚軸腕，外折內掤，肘向裏合，高與臍平，手指鬆直向前，掌心向右偏上。

　　同時，鬆右胯、泛左臀，雙胯掙衡前捲裏合，開膝合膪，雙腿裏纏，五趾抓地，襠部撑圓，借助旋踝轉腿之勁，雙腳撑騰向左搓步，左前腳掌隨勢下落，五趾及時抓

地，重心仍偏於右腿，六四分成。

周身合住勁，同時呼氣，氣聚中宮，眼注視左下方，耳聽身後，兼顧兩腎（圖4-303）。

動作三：接上勢。以花腰勁為主，向右旋轉，身體螺旋下沉，左轉45°。雙肩鬆開似脫，下塌外碾，左旋右轉，互為催領，開胸合背。雙手轉換有序，互為主賓。

左手先出後入勁變為逆纏，坐腕旋轉，借助旋腕轉膀之勁，畫上弧運展至身體左前上方，乘肩部的轉關過節，繼續畫上弧運展至身體左側上方。氣聚軸腕，上折下掤，肘向裏合，高與眼平，手指鬆直向後（左）上方，掌心向前偏下；右手先入後出勁變為順纏，坐腕旋轉，借助旋腕轉膀之勁，畫下弧運合至右膝上方，乘肩部的轉關過節，繼續畫下弧運展至身體右側上方，氣聚軸腕，上掤下折，肘向裏合，高與肩平，手指鬆直向前（右）方，掌心向上。

同時，鬆右胯、泛左臀，雙胯掙衡前捲裏合，開膝合臏，雙腿裏纏，十趾抓地，襠部撐圓，借助旋踝轉腿之勁，背絲扣調襠勁，以左腳跟為軸，腳尖外擺45°，下弧調襠，重心移於左腿，小腹內收，關元與中極二穴共同內斂納氣，沖震命門。右足先入後出勁，畫內弧經左腿內側運展至左腳前約35公分，前腳掌虛點地面，雙腳不丁不八，雙腳跟對準在一條直線上，重心仍在左腿，八二分成。

周身上開下合，同時一吸即呼，氣聚中宮，眼注視右手及前方，耳聽身後，兼顧兩腎（圖4-304、305）。

動作四：接上勢。腰勁向右旋套，身體螺旋下沉，左轉45°。雙肩鬆開似脫，下塌外碾，內捲裏合，左催右領，開背合胸，膻中穴微內含，牽動往來氣貼背，胸腰由

圖 4-304　　　　　　　　　圖 4-305

右向左做下弧運化動作。雙手以右手為主，左手為賓。

　　右手出勁繼續順纏，坐腕旋轉，借助旋腕轉膀之勁，畫下弧以掌沿聚氣做斜劈動作運展至身體前約 35 公分，氣聚軸腕，肘向裏合，高與小腹平，手指向前下方，掌心向左偏外；左手入勁繼續逆纏，坐腕旋轉，借助旋腕轉膀之勁，畫上弧運展至身體左後上方，氣聚軸腕，內折外掤，肘微裏合，高與眼平，手指鬆直向左後上方，掌心向左。

　　同時，鬆左胯、泛右臀，雙胯掙衡前捲裏合，開膝合臏，雙腿裏纏，十趾抓地，襠部撐圓，借助旋踝轉腿之勁，下弧調襠，以右前腳掌為軸，向外擰轉 45°，重心移於右腿，六四分成。

　　周身合住勁，同時吸氣，氣結中宮，眼注視前下方，耳聽身後，兼顧兩腎（圖 4-306）。

　　動作五：接上勢。腰勁向左旋轉，身體螺旋下沉，右

圖 4-306

圖 4-307

轉 45°。雙肩鬆開似脫，下塌外碾，左轉右旋，右催左領，膻中穴微內含，心氣與橫膈膜同步沉降。雙手以左手為主，右手為賓。

左手出勁變為順纏，坐腕旋轉，借助旋腕轉膀之勁，畫下弧運展至腹前約 40 公分，氣聚軸腕，外掤內折，肘向裏合，高與臍平，手指鬆直向前，掌心向右；右手入勁變為逆纏，坐腕旋轉，借助旋腕轉膀之勁，畫上弧運展至身體前約 40 公分，氣聚軸腕，外折內掤，肘向裏合，高與胸平，手指鬆直向左偏上，掌心向前，雙手上下呼應相吸相連。

同時，鬆右胯、泛左臀，雙胯掙衡前捲裏合，開膝合臏，雙腿裏纏，十趾抓地，襠勁撐圓，借助旋踝轉腿之勁，後下弧調襠，右腳以前腳掌為軸腳跟向內擰轉 45°，重心移於左腿，六四分成。

周身合住勁，同時吸氣，氣聚中宮，眼注視右手，耳聽身後，兼顧兩腎（圖 4-307）。

第五十式　野馬分鬃(左右)(面向西南、面向西北)

動作一：接上勢。腎氣滾動，腰隙左右互相傳遞，腰勁向右旋套，身體螺旋下沉，左轉45°。雙肩鬆開似脫，下塌外碾，前捲裏合，左催右領，膻中穴微內含，牽動往來氣貼背，丹田陡然勃發。雙手以右手為主，左手為賓。

右手出勁繼續逆纏，坐腕旋轉，借助旋腕轉膀之勁，畫上弧向身體前上方挒纏，忽然一抖卻鬆，猝然圈合，氣聚軸腕，內折外掤，勁貫虎口，高與眼平，手指鬆直向左偏上，勞宮穴一吐即含，掌心向前；左手入勁繼續順纏，坐腕旋轉，借助旋腕轉膀之勁，畫下弧向身體前下方挒纏，忽然一抖即鬆，猝然圈合，氣聚軸腕，內掤外折，肘向裏合，勁貫掌沿，高與臍平，手指鬆直向下，勞宮穴一吐即含，掌心向右偏上。

同時，鬆左胯、泛右臀，雙胯掙衡前捲裏合，開膝合臍，雙腿裏纏，十趾抓地，襠勁撐圓，借助旋踝轉腿之勁，下弧調襠，右腿以前腳掌為軸，向外扣合45°，引虛左腳以跟為軸，左腳尖外擺45°，重心移於右腿，六四分成。

周身合中寓開，同時呼氣（運柔勁時吸氣），氣聚中宮，眼注右方，耳聽身後，兼顧兩腎（圖4-308）。

動作二：接上勢。以花腰勁旋轉為主，身體螺旋下沉，右轉45°。雙肩鬆開似脫，下塌外碾，左旋右轉，左催右領，膻中穴微內含，心氣與橫膈膜同步沉降。雙手繼續以右手為主，左手為賓。

右手出勁變為順纏，坐腕旋轉，借助旋腕轉膀之勁，

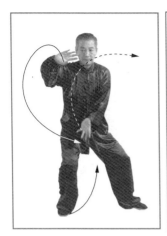

圖 4-308　　　　　　　圖 4-309

經身體右側畫下弧運合至右小腿內側，氣聚軸腕，外折內
掤，肘向裏合，手指鬆直向前下方，掌心向左下方；左手
入勁變為逆纏，坐腕旋轉，借助旋腕轉膀之勁，經胸前畫上
弧運展至身體左側上方，氣聚軸腕，上折下掤，肘微裏合，
高與眼平，手指鬆直向後（左）側上方，掌心向左下方。

　　同時，鬆左胯、泛右臀，雙胯掙衡前捲裏合，開膝合
臏，雙腿裏纏，五趾抓地，襠部撐圓，借助旋踝轉腿之
勁，下弧調襠，重心移於左腿，小腹內收，關元與中極二
穴內斂納氣，沖震命門。右足入勁畫下弧旋膝而起，高與
胯平，小腿鬆垂直豎，腳底平整，五趾微收，湧泉穴含吸
地氣之意。

　　周身合住勁，同時吸氣，氣結中宮，眼注視右前方，
耳聽身後，兼顧兩腎（圖 4-309）。

　　動作三：接上勢。鬆腰下氣，微向右轉動，身體螺旋
下沉。雙肩鬆開似脫，下塌外碾，內捲裏合，右催左領，

膻中穴微內含，心氣與橫膈膜同步沉降。雙手以左手為主，右手為賓。

左手出勁變為逆纏，坐腕旋轉，借助旋腕轉腕之勁，繼續向身體後側上方畫上弧領勁外展，氣聚軸腕，上折下掤，肘向裏合，高與眼平，手指鬆直向後（左）上方，掌心向後偏下；右手入勁繼續順

圖 4-310

纏，畫下弧在右膝內側領勁，氣聚軸腕，外折內掤，肘向裏合，高與膝平，手指鬆直向下，掌心向左（內）。

同時，鬆右胯、泛左臀，雙胯掙衡前捲裏合，開膝合膽，雙腿裏纏，五趾抓地，襠部撐圓，借助旋踝轉腿之勁，右足出勁向右前方出腿，腳尖上翹裏合，腳跟內側鏟地而出。

周身合住勁，繼續吸氣，氣結中宮，眼注視右手足及右前下方，耳聽身後，兼顧兩腎（圖4-310）。

動作四：接上勢。腰勁向右旋轉，身體螺旋下沉，上體左轉。雙肩鬆開似脫，下塌外碾，左催右領，夾脊（穴）納氣，開胸合背。雙手以右手為主，左手為賓。

右手出勁繼續順纏，坐腕旋轉，借助旋腕轉腕之勁，畫上弧運展至身體右側上方，氣聚軸腕，下折上掤，肘向裏合，高與眼平，手指鬆直向前（右），掌心向上偏後；左手入勁繼續逆纏，坐腕旋轉，借助旋腕轉膀之勁，畫上

弧在身體左側上方留住勁，氣聚軸腕，上折下掤，肘向裏合，高與眼平，手指鬆直向後（左）上，掌心向下。

圖 4-311

同時，鬆左胯、泛右臀，雙胯掙衡前捲裏合，開膝合臏，雙腿裏纏，五趾抓地，襠部撐圓，借助旋踝轉腿之勁，下弧調襠，右前腳掌逐漸踏實，五趾及時抓地，重心移於右腿，六四分成。

周身開中寓合，同時呼氣，氣沉丹田，眼注視右手及前（右）方，耳聽身後兼顧兩腎。完成「右野馬分鬃」勢（圖 4-311）。

動作五：接上勢。腰勁一鬆微向右旋套，身體螺旋下沉。雙肩鬆開似脫，下塌外碾，前捲裏合，左催右領，膻中穴微內含，胸合背開，胸腰自左向右做下弧運化動作。雙手以右手為主，左手為賓。

右手出勁變為逆纏，坐腕旋轉，借助旋腕轉膀之勁，畫下弧繼續向身體右前上方外展，氣聚軸腕，上折下掤，肘微裏合，高與肩平，手指鬆直向右偏前，掌心向下；左手入勁變為順纏，坐腕旋轉，借助旋腕轉膀之勁，畫下弧運展至身體左前方約 40 公分，氣聚軸腕，外折內掤，肘向裏合，高與胸平，手指鬆直向前，掌心向右。

同時，鬆左胯、泛右臀，雙胯掙衡前捲裏合，開膝合臏，雙腿裏纏，十趾抓地，襠勁撐圓，借助旋踝轉腿之

勁，下弧調襠，重心繼續右移，七三分成。

周身合住勁，同時呼氣，氣聚中宮，眼注視右手，耳聽身後，兼顧兩腎（圖4–312）。

動作六：接上勢。腰勁向左旋套，身體微螺旋上升。雙肩鬆開似脫，下塌外碾，內捲裹合，右催左領，胸腰由右向左做上弧運化動

圖4–312

作，膻中穴微內含，牽動往來氣貼背。雙手以左手為主，右手為賓。

左手出勁變為逆纏，坐腕旋轉，借助旋腕轉膀之勁，畫上弧運展至身體左側上方，氣聚軸腕，內折外掤，肘微裹合，高與眼平，手指鬆直向左上方，掌心向左；右手入勁變為順纏，坐腕旋轉，借助旋腕轉膀之勁，畫上弧運展至身體前約40公分，氣聚軸腕，外折內掤，肘向裹合，高與眼平，手指鬆直向右偏上，掌心向左上方。

同時，鬆右胯、泛左臀，雙胯掙衡前捲裹合，開膝合臏，雙腿裹纏，十趾抓地，襠部撐圓，借助旋踝轉腿之勁，後下弧調襠，重心左移，七三分成。

周身合住勁，同時吸氣，氣結中宮，眼注視右方，耳聽身後，兼顧兩腎（圖4–313）。

動作七：接上勢。腰勁向左旋轉，身體螺旋下沉，右轉45°。雙肩鬆開似脫，下塌外碾，內捲裹合，右催左

圖 4-313

圖 4-314

領，胸腰由左向右做下弧運化動作。雙手以左手為主，右手為賓。

左手出勁逆纏，坐腕旋轉，借助旋腕轉膀之勁，經身體左側先展後合畫下弧運合至左膝上方，氣聚軸腕，外折內掤，肘向裏合，高與胯平，手指鬆直向左下方，掌心向左下方；右手入勁變為逆纏，坐腕旋轉，借助旋腕轉膀之勁，畫下弧運展至身體右前上方約 45 公分，氣聚軸腕，外掤內折，肘向裏合，高與眼平，手指鬆直向左前上方，掌心向右偏前。

同時，鬆右胯、泛左臀，雙胯挣衡前捲裏合，開膝合膾，雙腿裏纏，十趾抓地，襠部撐圓，借助旋踝轉腿之勁，後下弧調襠，以右腳跟為軸，前腳掌外擺 90°（膾骨合勁不可丟），重心不變。

周身合住勁，同時呼氣，氣聚中宮，眼注視右手及右前方，耳聽身後，兼顧兩腎（圖 4-314）。

動作八：接上勢。腰勁向上旋轉，身體螺旋上升，右轉90°。雙肩鬆開似脫，下塌外碾，內捲裏合，左催右領，雙手以右手為主，左手為賓。

右手出勁繼續逆纏，坐腕旋轉，借助旋腕轉膀之勁，畫上弧運展至身體右側上方，氣聚軸腕，內折外掤，肘微裏合，高與眼平，手指鬆直向右上方，掌心向右下方；左手入

圖 4-315

勁變為順纏，坐腕旋轉，借助旋腕轉膀之勁，畫下弧運合至左膝內側，氣聚軸腕，外折內掤，肘向裏合，高與小腿平，手指鬆直向前（左）下方，掌心向右下方。

同時，鬆右胯、泛左臀，雙胯掙衡前捲裏合，開膝合臏，雙腿裏纏，十趾抓地，襠部撐圓，借助旋踝轉腿之勁，下弧調襠，重心移於右腿，小腹微向內收，關元與中極二穴共同內斂納氣，沖震命門。左足入勁領膝旋起，高與胯平，小腿鬆垂直豎，腳底平整，五趾微向內收攏，湧泉穴虛含吸地氣之意。

周身合中寓開，同時吸氣，氣結中宮，眼注視左手及左下方，耳聽身後，兼顧兩腎（圖4-315）。

動作九：接上勢。腰勁鬆塌，微向左旋轉，身體螺旋下沉。雙肩鬆開似脫，下塌外碾，內捲裏合，右催左領，膻中穴微內含，心氣與橫膈膜同步沉降。雙手以右手為主，左手為賓。

右手出勁繼續逆纏，坐腕旋轉，借助旋腕轉膀之勁，畫下弧向身體右側上方繼續外展領勁，氣聚軸腕，內折外掤，肘微裏合，高與眼平，手指鬆直向右上方，掌心向前下方；左手入勁繼續順纏，坐腕旋轉，借助旋腕轉膀之勁，畫下弧在左膝內側領勁，氣聚軸腕，外折內掤，肘向裏合，高與膝平，手指鬆直向左下方，掌心向右下方。

圖 4-316

同時，鬆左胯、泛右臀，雙胯掙衡前捲裏合，開膝合臏，雙腿裏纏，五趾抓地，襠部撐圓，借助旋踝轉腿之勁，左足出勁，向身體左前方出腿，腳尖上翹裏合，以腳跟內側鏟地而出。

周身合住勁，繼續吸氣，氣結中宮，眼注視左手及左前下方，耳聽身後，兼顧兩腎（圖 4-316）。

動作十：接上勢。腰勁向左旋轉，身體螺旋下沉。雙肩鬆開似脫，下塌外碾，右催左領，夾脊向內收斂納氣，開胸合背。雙手以左手為主，右手為賓。

左手出勁繼續順纏，自左膝內側旋轉，借助旋腕轉膀之勁，畫下弧運展至身體左側上方，氣聚軸腕，上折下掤，肘向裏合，高與眼平，手指鬆直向左，掌心向上；右手入勁繼續逆纏，坐腕旋轉，借助旋腕轉膀之勁，畫上弧

至身體右側上方纏繞留著
勁，氣聚軸腕，上折下掤，
肘微裏合，高與眼平，手指
鬆直向右偏上，掌心向下。

同時，鬆右胯、泛左
臀，雙胯掙衡前捲裏合，
開膝合臏，雙腿裏纏，五趾
抓地，襠部撐圓，借助旋踝
轉腿之勁，下弧調襠，左腳
尖微向外擺逐漸落下踏實，

圖 4-317

五趾及時抓地，重心移於左腿，六四分成。

周身合住勁，同時呼氣，氣沉丹田，眼注視左手及左
前方，耳聽身後，兼顧兩腎。完成「左野馬分鬃」勢（圖
4-317）。

第五十一式　大六封四閉（面向南）

動作一：接上勢。腎氣滾動，腰隙傳遞，腰勁向左旋
套，身體螺旋下沉。雙肩鬆開似脫，下塌外碾，前捲裏
合，右催左領，膻中穴微內含，背開胸合，心氣與橫膈膜
同步沉降，促使胸腰由右向左做下弧運化動作。雙手以左
手為主，右手為賓。

左手出勁變為逆纏，折腕旋轉，借助旋腕轉膀之勁，
畫下弧繼續向身體左前上方外展，氣聚軸腕，上折下掤，
肘微裏合，高與肩平，手指鬆直向左前方，掌心向上；右
手入勁繼續逆纏，坐腕旋轉，借助旋腕轉膀之勁，畫外上
弧由右向左圈合運展至身體前約 40 公分，氣聚軸腕，內折

外掤，高與肩平，手指鬆直向右前偏上，掌心向前下方。

圖 4-318

同時，鬆右胯、泛左臀，雙胯掙衡前捲裏合，開膝合臏，雙腿裏纏，十趾抓地，襠部撐圓，借助旋踝轉腿之勁，下弧調襠，重心繼續左移，七三分成。

周身合中寓開，同時吸氣，氣結中宮，眼注視左手及左前方，耳聽身後，兼顧兩腎（圖 4-318）。

動作二：接上勢。腰勁向右旋套，身體螺旋下沉。雙肩鬆開似脫，下塌外碾，內捲裏合，左催右領，膻中穴微內含，牽動往來氣貼背，胸腰由左向右做上弧運化動作。雙手以右手為主，左手為賓。

右手出勁繼續逆纏，翻掌坐腕旋轉，借助旋腕轉膀之勁，畫上弧運展至身體右側上方，氣聚軸腕，內折外掤，肘微裏合，高與眼平，手指鬆直向左上方，掌心向右偏上；左手入勁變為順纏，坐腕旋轉，借助旋腕轉膀之勁，畫上弧運展至身體前約 40 公分，氣聚軸腕，上掤下折，肘向裏合，高與眼平，手指鬆直向左偏上，掌心向右上方。

同時，鬆左胯、泛右臀，雙胯掙衡前捲裏合，開膝合臏，雙腿裏纏，十趾抓地，襠部撐圓，借助旋踝轉腿之勁，上弧調襠，重心移於右腿，六四分成。

周身合住勁，同時吸氣，氣結中宮，眼注視左方，耳

聽身後，兼顧兩腎（圖4-319）。

圖4-319

動作三：接上勢。腰勁向右旋轉，身體螺旋下沉，上體左轉45°。雙肩鬆開似脫，下塌外碾，內捲裏合，左催右領，胸腰由右向左做下弧的運化動作。雙手以右手為主，左手為賓。

右手出勁變為順纏，坐腕旋轉，經身體右側先向外展後向前，畫下弧運展至腹前約40公分。氣聚軸腕，內掤外折，肘向裏合，高與腹臍平，手指直向左前方，掌心向左；左手入勁變為逆纏，坐腕旋轉，借助旋腕轉膀之勁，畫下弧運展至身體左前上方約45公分，氣聚軸腕，外掤內折，肘微裏合，高與眼平，手指鬆直向前偏上，掌心向左。

圖4-320

同時鬆右胯、泛左臀，雙胯掙衡前捲裏合，開膝合襠，雙腿裏纏，十趾抓地，襠部撐圓，借助旋踝轉腿之勁，下弧調襠，重心移於左腿，六四分成。

周身合住勁，同時呼氣，氣聚中宮，眼注視左前方，

耳聽身後，兼顧兩腎（圖
4-320）。

動作四：接下勢。腰勁
向右旋套，身體螺旋下沉。
雙肩鬆開似脫，下塌外碾，
內捲裏合，左催右領，膻中
穴微內含，心氣與橫膈膜同
步沉降，胸腰由左向右做下
弧的運化動作。雙手以右手
為主，左手為賓。

圖 4-321

右手出勁變為逆纏、左
手入勁變為順纏，坐腕旋
轉，借助旋腕轉膀之勁，右
手欲右先左畫下弧運合至右
膝外側上方，左手欲右先左
畫下弧運合至腹前約 25 公
分，雙手氣聚軸腕，下掤上
折，肘向裏合，高與胯平，
手指鬆直向左，掌心向右
下。

附圖 4-321

同時，鬆左胯、泛右
臀，雙胯掙衡前捲裏合，開
膝合臏，雙腿裏纏，十趾抓地，襠部撐圓，借助旋踝轉腿
之勁，下弧調襠，重心移於右腿，六四分成。

周身合中寓開，同時一吸即呼，氣聚中宮，眼注視左
方，耳聽身後，兼顧兩腎（圖 4-321、附圖 4-321）。

圖 4-322　　　　　　　　附圖 4-322

　　動作五：接上勢。腰勁向右旋轉，身體螺旋下沉。雙肩鬆開似脫，下塌外碾，右催左領，夾脊納氣，開胸合背，胸腰做上弧的運化動作。雙手以左手為主，右手為賓。

　　左手出勁變為逆纏，折腕旋轉，借助旋腕轉膀之勁，畫下弧運合至右肩前，以手合谷穴沾黏肩窩，氣聚軸腕，下折上掤，肘微裏合，高與胸平，手指鬆直向下，掌心向下；右手入勁變為順纏，坐腕翻轉，借助旋腕轉膀之勁，畫下弧運展至身體右側上方，氣聚軸腕，上掤下折，肘向裏合，高與肩平，手指鬆直向右，掌心向上。

　　同時，鬆左胯、泛右臀，雙胯掙衡前捲裏合，開膝合臏，雙腿裏纏，十趾抓地，襠部撐圓，借助旋踝轉腿之勁，背絲扣調襠，以左腳跟為軸，前腳掌擦滑地面外擺45°，重心繼續右移，七三分成。

　　周身合住勁，同時吸氣，氣結中宮，眼注視左方，耳

聽身後，兼顧兩腎（圖4-322、附圖4-322）。

動作六：接上勢。腰勁繼續向右旋轉，身體螺旋下沉，左轉45°。雙肩鬆開似脫，下塌外碾，內捲裏合，左催右領，開背合胸，膻中穴內含，心氣與橫膈膜同步沉降。雙手以右手為主，左手為賓。

右手出勁變為逆纏，坐腕旋轉，借助旋腕轉膀之勁，屈肘經頭百會穴上方畫上弧運展至頭前上方約40公分，氣聚軸腕，內折外掤，肘微裏合，高於頭，手指鬆直向左，掌心向前；左手入勁變為順纏，折腕放置，借助旋腕轉膀之勁，畫上弧運展至身體前約40公分，氣聚軸腕，內折外掤，肘向裏合，高與鼻平，手指鬆直向內（以中指對準鼻尖），掌心向內。

同時，鬆左胯、泛右臀，雙胯掙衡前捲裏合，開膝合膕，雙腿裏纏，十趾抓地，襠部撐圓，借助旋踝轉腿之勁，重心微左移，四六分成。

周身合住勁，同時呼氣，氣聚中宮，眼由雙手間穿過注視前方，耳聽身後，兼顧兩腎（圖4-323）。

以下動作與第二十九式「大六封四閉」相同。略（參見圖4-181～183與圖4-33、34）。

圖4-323

第五十二式　單鞭（面向南）

與第五式「單鞭」動作相同。略（參見圖 4-35～41）。

第五十三式　雙震腳（面向西）

動作一：接上勢。乘腎氣滾動之機，腰隙左右傳遞，腰勁向右旋轉，身體螺旋下沉，上體左轉45°。雙肩鬆開似脫，下塌外碾，內捲裹合，左催右領，胸腰由右向左做下弧的運化動作，膻中穴微內含，心氣與橫膈膜同步沉降。雙手以右手為主，左手為賓。

右手出勁繼續順纏，由勾變掌坐腕旋轉，借助旋腕轉膀之勁，畫下弧運展至身體前約35公分，氣聚軸腕，內掤外折，肘向裹合，高與腹臍平，手指鬆直向前，掌心向左；左手入勁變為逆纏，坐腕旋轉，借助旋腕轉膀之勁，畫下弧繼續向身體左前上方外展，氣聚軸腕，內折外掤，肘微裹合，高與眼平，手指鬆直向上，掌心向左。

同時，鬆右胯、泛左臀，雙胯掙衡前捲裹合，開膝合臏，雙腿裹纏，十趾抓地，襠部撐圓，借助旋踝轉腿之勁，下弧調襠，雙足及時前蹚、後把，勁要一吐即收，形成一抖即鬆，重心移於左腿，六四分成。腰勁向

圖 4-324

下鬆串，注入腳底以助腳底之勁上翻傳導。

周身合住勁，具有一觸即發之勢，同時吸氣，氣結中宮，眼注視左手及前方，耳聽身後，兼顧兩腎（圖4-324）。

動作二：接上勢。腰勁向左旋轉，身體螺旋下沉，上體右轉45°。雙肩鬆開似脫，下塌外碾，內捲裹合，左催右領，膻中穴微內含，心氣與橫膈膜同步沉降，胸腰由左向右做上弧運化動作，丹田鼓盪勃發。雙手以右手為主，左手為賓。

右手出勁變為逆纏，坐腕旋轉，借助旋腕轉膀之勁，畫上弧忽然一抖即鬆，運展至身體右側上方，氣聚軸腕，外掤內折，肘微裹合，高與眼平，手指鬆直向上偏左，掌心向右上方；左手入勁變為順纏，坐腕旋轉，借助旋腕轉膀之勁，畫上弧忽然一抖即鬆，運展至身體前約30公分，氣聚軸腕，外折內掤，肘向裹合，高與眼平，手指鬆直向左偏上，掌心向上偏右。

同時，鬆左胯、泛右臀，雙胯掙衡前捲裹合，開膝合膝，雙腿裹纏，十趾抓地，襠部撐圓，借助旋踝轉腿之勁，上弧調襠，重心移於右腿，六四分成。

周身合住勁，具有一觸即發之勢，同時呼氣，氣聚中宮，眼注視左方，耳聽身後，兼顧兩腎（圖4-325）。

圖4-325

動作三：接上勢。腰勁向右旋轉，身體螺旋下沉，上體左轉45°。雙肩鬆開似脫，下塌外碾，內捲裏合，左催右領，胸腰由右向左做下弧運化動作，膻中穴微內含，心氣與橫膈膜同步沉降。雙手以右手為主，左手為賓。

圖 4-326

右手出勁變為順纏，坐腕旋轉，借助旋腕轉膀之勁，畫下弧忽然一抖即鬆，運展至身體前約 40 公分，氣聚軸腕，外折內掤，肘向裏合，高與腹臍平，手指鬆直向左偏前，掌心向左；左手入勁變為逆纏，坐腕旋轉，借助旋腕轉膀之勁，畫下弧忽然一抖即鬆，運展至身體左前上方，氣聚軸腕，外掤內折，肘微裏合，高與眼平，手指鬆直向上偏右，掌心向左。

同時，鬆右胯、泛左臀，雙胯掙衡前捲裏合，開膝合膕，雙腿裏纏，十趾抓地，襠部撐圓，借助旋踝轉腿之勁，下弧調襠，雙腳及時前（左）把後（右）蹬，重心移於左腿，六四分成。

周身合住勁，同時呼氣，氣聚中宮，眼注視左手及左前方，耳聽身後，兼顧兩腎（圖 4-326）。

動作四：接上勢。乘上勢發勁後的放鬆還原之機，腎氣滾動，腰隙傳遞，丹田鼓蕩勃發，腰勁欲左先右旋轉，身體螺旋下沉。雙肩鬆開似脫，下塌外碾，內捲裏合，左

旋右轉，膻中穴微內含，心氣與橫膈膜同步沉降，胸腰先畫上弧後畫下弧做運化動作，雙手轉換有序，互為主賓。

右手入勁變為逆纏，折腕旋轉，借助旋腕轉膀之勁，畫上弧運合至胸前約 15 公分合住勁，具有一觸即發之勢，乘肩部的轉關過節，變為順纏，畫下弧忽然向下一抖即鬆，利用上攦下採之勁，鬆展至身體右側下方，氣聚軸腕，上折下挪，肘微裏合，勁貫掌沿，高與胯平，手指鬆直向右下方，掌心向下；左手入勁變為逆纏，坐腕旋轉，借助旋腕轉腕之勁，畫下弧運展至身體左側合住勁，具有一觸即發之勢，乘肩部轉關過節之勁，變為順纏，繼續畫下弧忽然一抖即鬆，運展至身體左側上方，氣聚軸腕，上挪下折，肘向裏合，高與肩平，手指鬆直向左，掌心向上。

同時，鬆左胯，泛右臀，雙胯掙衡前捲裏合，開膝合臏，雙腿裏纏，十趾抓地，襠部撐圓，借助旋踝轉腿之機，先上弧調襠，重心移於右腿，領虛左足出勁，向身體左側出腿開小半步。接著，下弧調襠，重心移於左腿，右足入勁，前腳掌擦滑地面向左腳跟隨小半步，右腳頓地有聲。

周身合住勁，同時一吸即呼，氣聚中宮，眼注視右手及右方，耳聽身後，兼顧兩腎（圖 4-327、328）。

動作五：接上勢。腰勁向右旋套，身體螺旋下沉，右轉45°。雙肩鬆開似脫，下塌外碾，左催右領，胸腰由左向右做上弧運化動作，膻中穴微內含，心氣與橫膈膜同步沉降。雙手以右手為主，左手為賓。

右手出勁變為逆纏，坐腕橫掌旋轉，借助旋腕轉膀之勁，畫上弧運展至身體右側上方，氣聚軸腕，內折外挪，肘微裏合，高與鼻平，手指鬆直向前，掌心向右；左手入

圖 4-327　　　　　　　　圖 4-328

勁變為逆纏，坐腕旋轉，借助
旋腕轉膀之勁，畫下弧運展至
左側下方，氣聚軸腕，上折下
搠，肘微裏合，高與胯平，手
指鬆直向左前下方，掌心向下
偏內。

圖 4-329

　　同時，鬆左胯、泛右臀，
雙胯掙衡前捲裏合，開膝合
臏，雙腿裏纏，十趾抓地，襠
部撐圓，借助旋踝轉腿之勁，
上弧調襠，左足出勁，向身體
左側開小半步，重心移於右腿，六四分成。

　　周身開中寓合，同時吸氣，氣結中宮，眼注視右手及
右方，耳聽身後，兼顧兩腎（圖 4-329）。

　　動作六：接上勢。腰勁向左螺旋運轉，身體螺旋下

沉。雙肩鬆開似脫，下塌外碾，內捲裏合，左旋右轉，膻中穴微內含，牽動往來氣貼背。雙手轉換有序，互為主賓。

圖 4-330

右手先出後入勁繼續逆纏，坐腕旋轉，借助旋腕轉膀之勁，畫上弧向身體右後方外展。乘肩部的轉關過節，變為順纏，畫下弧運展至身體前約 45 公分，氣聚軸腕，上掤下折，肘向裏合，高與胸平，手指鬆直向前，掌心向左偏上；左手先入後出勁繼續逆纏，坐腕旋轉，借助旋腕轉膀之勁，畫下弧向身體左側外展。乘肩部轉關過節，變為順纏，畫上弧運展至右肘內側時，再次變逆纏落點，以小指肚外側沾黏於右肘內側，氣聚軸腕，內掤外折，肘向裏合，高與胸平，手指鬆直向前，掌心向右上方。

同時，鬆右胯、泛左臀，雙胯掙衡前捲裏合，開膝合膻，雙腿裏纏，十趾抓地，襠部撐圓，借助旋踝轉腿之勁，下弧調襠，右足入勁，前腳掌擦滑地面，畫外弧運合至左腳前約 30 公分，前腳掌虛點地面，雙腳跟對準在一條直線上，雙腳成不丁不八態勢，重心移於左腿，八二分成。

周身合住勁，同時吸氣，氣結中宮，眼注視前方，耳聽身後，兼顧兩腎（圖 4-330）。

動作七：接上勢。鬆腰下氣，身體螺旋下沉。雙肩鬆開似脫，下塌外碾，內捲裏合，膻中穴微內含，心氣與橫

膈膜同步沉降。雙手以右手為主，左手為賓。

雙手右出入勁逆纏，坐腕旋轉，借助旋腕轉膀之勁，畫內下弧沉降至腹前約 45 公分（右）和 20 公分（左），氣聚軸腕，上折下掤，肘向裏合，高與腹臍平，手指鬆直向前，掌心向下。

圖 4-331

同時，鬆右胯、泛左臀，雙胯掙衡前捲裏合，開膝合臏，雙腿裏纏，十趾抓地，襠部撐圓，借助旋踝轉腿之勁，前襠扣合，後襠撐開，重心不變。腰勁向下鬆串，注入腳底，以助腳底之勁上翻傳導。

周身合中寓開，同時呼氣，氣聚中宮，眼注視雙手及前下方，耳聽身後，兼顧兩腎（圖 4-331）。

動作八：接上勢。丹田勃發鼓蕩，腰勁後撐，身體螺旋升騰。雙肩鬆開似脫，下塌外碾，內捲裏合，左催右領，膻中穴微內含，牽動往來氣貼背。雙手以右手為主，左手為賓。

雙手入勁變為雙順纏，坐腕旋轉，借助旋腕轉膀之勁，翻掌畫內上弧領勁上托運展至胸前，氣聚軸腕，上掤下折，雙肘裏合，右手高與眼平，左手高與胸平，手指鬆直向前上方，掌心向上。

同時，鬆右胯、泛左臀，雙胯掙衡前捲裏合，開膝合臏，雙腿裏纏，十趾抓地，襠部撐圓，借助旋踝轉腿之

勁，小腹內收，關元與中極二穴共同內斂納氣，沖震命門，下閉穀道，腦口納氣順脊而直上，乘鬆胯圓襠，雙足先出後入勁，雙腳分別右先左後旋轉騰起。

圖 4-332

周身在空中合住勁，同時吸氣，眼注視前方，耳聽身後，兼顧兩腎（圖 4-332）。

動作九：接上勢。腎氣滾動，雙腰隙鬆塌後撐，腰勁充實，身體螺旋下沉。雙肩鬆開似脫，下塌外碾，內捲裹合，膻中穴微內含，心氣與橫膈膜同步沉降。雙手以右手為主，左手為賓。

雙手出勁變為雙逆纏，翻掌坐腕旋轉，借助旋腕轉膀之勁，畫下弧利用採按勁，向下忽然一抖即鬆，分別運展至身體前左手約 20 公分與右手約 45 公分，氣聚軸腕，上折下挪，肘向裹合，高與腹臍平，手指鬆直向前，掌心向下。

同時，鬆右胯、泛左臀，雙胯掙衡前捲裹合，開膝合膝，雙腿裹纏，隨身體與氣機下落之勢，雙腳左先右後相續落下，震地雙聲，十趾及時抓地，襠勁前合後開，重心偏於左腿，六四分成。腰勁向下鬆串，注入腳底，以助腳底之勁上翻傳導。

周身合住勁，具有一觸即發之勢，同時呼氣，氣沉丹田，眼注視前方，耳聽身後，兼顧兩腎（圖 4-333）。

圖 4-333　　　　　　　　　圖 4-334

第五十四式　玉女穿梭（面向南）

動作一：接上勢。丹田鼓蕩勃發，鬆腰下氣，身體螺旋下沉。雙肩鬆開似脫，下塌外碾，內捲裏合，膻中穴微內含，牽動往來氣貼背。雙手以右手為主，左手為賓。

雙手先入後出勁變為雙順纏，翻掌坐腕旋轉，借助旋腕轉膀之勁，畫上弧忽然一抖即鬆，運升至胸前，雙手右前左後合住勁，氣聚軸腕，上掤下折，雙肘裏合，高與胸平，手指鬆直向前，掌心向上。

同時，鬆左胯、泛右臀，雙胯掙衡前捲裏合，開膝合膕，雙腿裏纏，十趾抓地，襠部撐圓，借助旋踝轉腿之勁，下弧調襠，重心移於左腿，小腹內收，關元與中極二穴共同內斂納氣，沖震命門，同時，下閉穀道，膂口納氣，氣順脊直上。右足入勁，膝蓋畫上弧忽然旋起，向上一抖即鬆，高與胯平，小腿鬆垂，腳底平整，五趾微收，湧泉穴內含吸地氣之意。腰勁順左腿向下鬆串，注入腳

底，以助腳底之勁上翻傳
導。

　　周身合住勁，同時呼
氣，氣聚中宮，眼注視前
方，耳聽身後，兼顧兩腎
（圖4-334）。

　　動作二：接上勢。腰
勁向右旋轉，身體螺旋下
沉，右轉45°。雙肩鬆開
似脫，下塌外碾，內捲裏
合，左催右領，丹田鼓蕩

圖4-335

勃發。雙手以右手為主，左手為賓。

　　右手出勁左手入勁變為雙逆纏，翻掌坐腕旋轉，借助
旋腕轉膀之勁，畫下弧忽然一抖即鬆，分別運展至身體右
側上方和胸前，氣聚軸腕，內折外掤，肘微裏合，右手氣
貫掌沿，高與肩平，手指鬆直向前；左手以食指與中指沾
黏雲門穴，左前臂向外掤住勁，使臂內圓外方，勁貫肘
尖，以助右手勁力的發放，氣聚軸腕，內折外掤，高與胸
平，手指鬆直向內，掌心皆向右。

　　同時，鬆左胯、泛右臀，雙胯掙衡前捲裏合，開膝合
臏，雙腿裏纏，五趾抓地，襠部撐圓，借助旋踝轉腿之
勁，後下弧調襠，順胯催腿，右足出勁，向身體右側一抖
即鬆，橫腳蹬出，勁貫腳跟，高與胯平，襠勁撐圓，左腿
獨立站穩。

　　周身開中寓合，同時呼氣，氣聚中宮，眼注視右手及
右方，耳聽身後，兼顧兩腎（圖4-335）。

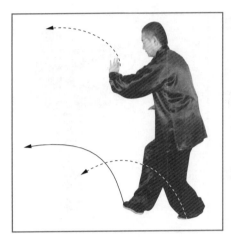

圖 4-336　　　　　　　　　附圖 4-336

　　動作三：接上勢。腰勁向左旋轉，身體螺旋下沉。雙肩鬆開似脫，下塌外碾，內捲裏合，左催右領，膻中穴微內含，牽動往來氣貼背。雙手以右手為主，左手為賓。

　　右手出勁變為順纏，坐腕旋轉，借助旋腕轉膀之勁，畫上弧向身體右側上方微展領勁，氣聚軸腕，上折下掤，肘微裏合，高與肩平，手指鬆直向前上方，掌心向前下方；左手入勁變為順纏，坐腕旋轉，借助旋腕轉膀之勁，微畫下弧運合至身體右胸前，氣聚軸腕，內掤外折，肘微裏合，高與胸平，手指鬆直向前偏上，掌心向內下方。

　　同時，鬆右胯、泛左臀，雙胯掙衡前捲裏合，開膝合臏，雙腿裏纏，五趾抓地，襠部撐圓，借助旋踝轉腿之勁扣襠合勁，右足以先入後出勁，向身體右側約 30 公分踏地墊步，重心偏於左腿，七三分成。腰勁向下鬆串，注入腳底，以助腳底之勁上翻傳導。

　　周身合中寓開，同時一吸即呼，氣聚中宮，眼注視左

手及左方，耳聽身後，兼顧兩腎（圖4-336、附圖4-336）。

動作四：接上勢。腰勁向左旋轉，身體螺旋下沉，右轉90°，隨腿蹬腰擰，身體螺旋騰起。雙肩鬆開似脫，下塌外碾，內捲裏合，右催左領，膻中穴微內含，心氣與橫膈膜一提即降。雙手以左手為主，右手為賓。

左手出勁變為逆纏，坐腕旋轉，借助旋腕轉膀之勁，畫上弧向身體左側上方運展，乘身體騰空躍至最高點之機，凌空發掌，一抖即鬆，氣聚軸腕，內折外掤，勁貫掌沿，肘微裏合，高與肩平，手指鬆直向左偏前，掌心向左；右手入勁繼續順纏，坐腕旋轉，借助旋腕轉膀之勁，畫下弧運合至腹前，氣聚軸腕，上折下掤，肘微裏合，高與臍平，手指鬆直向左，掌心向上。

同時，鬆右胯、泛左臀，雙胯掙衡前捲裏合，開膝合膕，雙腿裏纏，十趾抓地，襠部撐圓，借助旋踝轉腿之勁，下弧調襠，重心移於右腿，左足先出後入勁，屈膝旋起。右足以先出後入勁及時蹬地助力，身體一旋，騰空躍起。

周身合住勁，同時一呼即吸，氣結中宮，眼注視前方，耳聽身後，兼顧兩腎（圖4-337）。

動作五：接上勢。腰勁向左旋轉，身體螺旋下沉，

圖4-337

右轉 180°。雙肩鬆開似脫，下塌外碾，內捲裏合，左催右領，膻中穴微內含，心氣與橫膈膜同步沉降。雙手以右手為主，左手為賓。

圖 4-338

右手出勁變為逆纏，坐腕旋轉，借助旋腕轉膀之勁，畫上弧經胸前運展至身體右前上方，氣聚軸腕，外掤內折，肘微裏合，高與眼平，手指鬆直向上偏內，掌心向右前上方；左手入勁繼續逆纏，坐腕旋轉，借助旋腕轉膀之勁，畫上弧經身體前運合至左膝上方，氣聚軸腕，上折下掤，肘微裏合，高與胯平，手指鬆直向前，掌心向下。

乘身體向下降落之機，雙足同時出勁，雙腳分別左先右後相繼落地。鬆左胯、泛右臀，雙胯掙衡前捲裏合，開膝合臏，雙腿裏纏，襠部撐圓，借助旋踝轉腿之勁，上弧調襠，雙腳相距約 60 公分，重心移於右腿，六四分成。

周身合住勁，同時呼氣，氣沉丹田，眼注視右手，耳聽身後，兼顧兩腎（圖 4-338）。

第五十五式　懶紮衣（面向南）

與第三式「懶紮衣」的動作六至動作十一相同。略（參見圖 4-21～26）。

第五十六式　六封四閉（面向南）

與第四式「六封四閉」的動作相同。略（參見圖4-27～34）。

第五十七式　單鞭（面向南）

與第五式「單鞭」的動作相同。略（參見圖4-35～42）。

第五十八式　雲手（面向南）

與第三十一式「雲手」的動作相同。略（參見圖4-185～191），定勢（圖4-339）。

第五十九式　擺蓮跌叉（面向東）

動作一：接上勢。腰勁向左旋轉，身體螺旋上升。雙肩鬆開似脫，下塌外碾，內捲裏合，右催左領，膻中穴內含，心氣與橫膈膜同步沉降，胸腰由右向左做下弧運化動作。雙手以左手為主，右手為賓。

左手出勁變為逆纏、右手入勁變為順纏，坐腕旋轉，借助旋腕轉膀之勁，畫下弧左手運合至身體前約25公分，右手運合至右膝外側上方，雙手氣聚軸腕，上折下捌，肘

圖4-339

向裏合，高與胯平，手指鬆直向右前方，掌心向下。

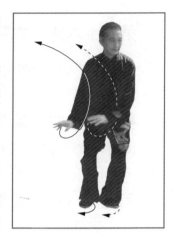

圖 4-340

同時，鬆右胯、泛左臀，雙胯掙衡前捲裏合，開膝合臍，雙腿裏纏，十趾抓地，襠部撐圓，借助旋踝轉腿之勁，下弧調襠，重心移於左腿，右足入勁，前腳掌擦滑地面，畫後外弧運合至左腳內側約 20 公分，前腳掌虛點地面，重心左八右二分成。

周身合住勁，同時吸氣，氣結中宮，眼注視左下方，耳聽身後，兼顧兩腎（圖 4-340）。

動作二：接上勢。腰勁螺旋運轉，身體右轉 45°。雙肩鬆開似脫，下塌外碾，右催左領，膻中穴微內含，心氣與橫膈膜同步沉降，胸腰由左向右做上弧運化動作。雙手以左手為主，右手為賓。

左手出勁右手入勁左手順纏右手逆纏，坐腕旋轉，借助旋腕轉膀之勁，畫上弧運展至身體前上方約 40 公分（左手）和身體左側上方（右手），氣聚軸腕，上折下捌，肘向裏合，高與眼平，手指鬆直向右上方，掌心向右偏下。

同時，鬆右胯、泛左臀，雙胯掙衡前捲裏合，開膝合臍，雙腿裏纏，十趾抓地，襠部撐圓，借助旋踝轉腿之勁，繼續向左下弧調襠，雙足以先入後出勁一騰即落，腳尖向右擺扣 45°，先著地，要求旋騰輕靈，落地無聲，而後雙足跟及時落地，重心偏於左腿，八二分成。

周身合中寓開，具有一觸即發之勢，同時吸氣，氣結中宮，眼注視左前方，耳聽身後，兼顧兩腎（圖4-341）。

圖3-341

動作三：接上勢。腰勁螺旋運轉，身體螺旋微升，上體先左後右分別轉動45°。雙肩鬆開似脫，下塌外碾，左旋右轉，膻中穴微含，心氣與橫膈膜同步沉降。雙手轉換有序，互為主賓。

左手先出後入勁變為逆纏，坐腕旋轉，借助旋腕轉膀之勁，先畫上弧向身體右側領勁，後畫下弧向身體左側上方忽然一抖即鬆，合擊右腳面有聲，氣聚軸腕，外掤內折，肘微裏合，高與眼平，手指鬆直向上，掌心向左前方；右手先入後出勁變為順纏，坐腕旋轉，借助旋腕轉膀之勁，先畫上弧向身體右側領勁，後畫下弧向左方一抖即鬆，合擊右腳面有聲，鬆至右膝外側合住勁，氣聚軸腕，內掤外折，肘向裏合，略低於膝，手指鬆直向右，掌心向右。

同時，鬆左胯、泛右臀，雙胯掙衡前捲裏合，開膝合膕，雙腿裏纏，五趾抓地，襠部撐圓，借助旋踝轉腿之勁，下弧調襠，重心移於左腿，小腹內收，關元、中極二穴共同內斂納氣，沖震命門。乘右足將虛未虛之機，以先出後入勁，右足先畫下弧向身體左側上方踢起，踢至高與

肩平時，借助胯部的轉關過節，後畫上弧忽然一抖即鬆，向身體右側擺動，分別先後合擊左右手，雙響有聲後，彎腿屈膝放鬆合至身體右側，以膝領勁，高與胯平，小腿鬆垂直豎，腳底平整，五趾微收，湧泉穴含吸地氣之意。

圖 4–342

周身合住勁，同時一吸即呼，氣聚中宮，眼注視前方，耳聽身後，兼顧兩腎。完成雙擺蓮動作（圖 4 –342、343）。

動作四：接上勢。腰勁向右旋套，身體螺旋下沉，左轉45°。雙肩鬆開似脫，下塌外碾，內捲裏合，右催左領，膻中穴微內含，心氣與橫膈膜同步沉降，胸腰由左向右做上弧運化動作。雙手以左手為主，右手為賓。

圖 4–343

左手先入後出勁繼續逆纏，由掌變拳坐腕旋轉，借助旋腕轉膀之勁，畫下弧運展至身體左側下方，氣聚軸腕，上折下捌，肘微裏合，高與胯平，拳面向下，拳眼向右後方，拳心向後；右手先入後出勁變為逆纏，由掌變拳坐腕旋轉，借助旋腕轉膀之勁，

畫上弧運展至身體右側上方，氣聚軸腕，內折外掤，肘向裏合，高與眼平，拳面向上，拳眼向右前偏下，拳心向後（右）。

圖 4-344

同時，鬆左胯、泛右臀，雙胯掙衡前捲裏合，開膝合臏，雙腿裏纏，五趾抓地，襠部撐圓，借助旋踝轉腿之勁，繼續促使右足入勁，以膝領勁高抬小於 90°。

周身合住勁，同時吸氣，氣結中宮，眼注視前下方，耳聽身後，兼顧兩腎（圖 4-344）。

動作五：接上勢。腰勁向右旋轉，身體螺旋下沉。雙肩鬆開似脫，下塌外碾，內捲裏合，左催右領，膻中穴微內含，心氣與橫膈膜同步沉降，胸腰由左向右做下弧運化動作。雙手以右手為主，左手為賓。

右手出勁變為順纏，折腕旋轉，借助旋腕轉膀之勁，畫下弧忽然一抖即鬆至身體左前下方 30 公分，氣聚軸腕，上折下掤，肘向裏合，高與腹臍平，拳面向左，拳眼向前，拳心向上；左手入勁變為順纏，折腕旋轉，借助旋腕轉膀之勁，畫上弧忽然一抖即鬆合至右肘曲池穴上，氣聚軸腕，上掤下折，肘微裏合，高與胸平，拳面向右，拳眼向內，拳心向下。

同時，鬆右胯、泛左臀，雙胯掙衡前捲裏合，開膝合臏，雙腿裏纏，五趾抓地，襠部撐圓，借助旋踝轉腿之

勁，右足出勁，順左腿向下一抖即鬆震地有聲，重心仍偏於左腿，六四分成。

周身合住勁，同時呼氣，氣聚中宮，眼注視左方，耳聽身後，兼顧兩腎（圖4-345）。

圖4-345

動作六：接上勢。腰勁向右旋轉，身體螺旋下沉。雙肩鬆開似脫，下塌外碾，內捲裏合，右催左領，膻中穴微內含，心氣與橫膈膜同步沉降。雙手以左手為主，右手為賓。

左手出勁繼續順纏，折腕旋轉，借助旋腕轉膀之勁，畫下弧運展至左膝內側，氣聚軸腕，下掤上折，肘向裏合，高與膝平，拳面向左，拳眼向後，拳心向上；右手入勁變為逆纏，折腕旋轉，借助旋腕轉膀之勁，畫上弧運展至身體右側上方，氣聚軸腕，內折外掤，肘向裏合，高與頭平，拳面向上，拳眼向後，拳心向左。

同時，鬆左胯、泛右臀，雙胯掙衡前捲裏合，開膝合膁，雙腿裏纏，十趾抓地，襠部撐圓，借助旋踝轉腿之勁，下弧調襠，重心移於右腿，左足出勁，腳尖上翹，腳跟擦滑地面向左側開步鏟地伸出，跟部著力撐地把住勁。右腿彎曲折疊，臏骨內扣，大腿後側與小腿肚緊緊相貼，以腳內側撐地把住勁，雙腿構成跌叉態勢。如腿部力量允許，可使右膝與臀部及左腿全部離地一指，懸空單叉動

作。腿部力量不足者，也可以下勢替之。緊提穀道，會陰輕提，腧口納氣，促使清氣上升，濁氣下降。

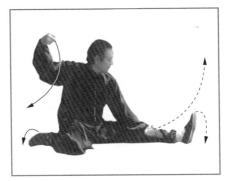

圖 4-346

周身合住勁，同時呼氣，氣沉丹田，眼注視前方，耳聽身後，兼顧兩腎。完成跌叉動作（圖 4-346）。

第六十式　左右金雞獨立（面向東）

動作一：接上勢。腰勁向右旋轉，身體螺旋上升，左轉 45°。雙肩鬆開似脫，下塌外碾，內捲裏合，右催左領，胸腰由右向左做下弧運化動作。雙手以左手為主，右手為賓。

左手出勁右手入勁變為雙順纏，分別折腕旋轉，借助旋腕轉膀之勁，畫下弧運合至身體左側上方與右膝上方，氣聚軸腕，左手內折外掤，肘向裏合，高與嘴平，拳面向上，拳眼向後，拳心向內。右手上折下掤，肘微裏合，高與胯平，拳面向前下方，拳眼向右，拳心向前上方。

同時，鬆右胯、泛左臀，雙胯掙衡前捲裏合，開膝合膕，雙腿裏纏，襠部撐圓，借助旋踝轉腿之勁，下弧調襠，催動左腳以跟為軸，腳尖外擺 45°（臏骨的合勁不可失），重心移於左腿，六四分成。

周身開中寓合，同時吸氣，氣結中宮，眼注視左手及

圖 4-347　　　　　　　圖 3-348

左方，耳聽身後，兼顧兩腎（圖 4-347）。

　　動作二：接上勢。腰勁向右旋轉，身體繼續螺旋上升，左轉 45°。雙肩鬆開似脫，下塌外碾，內捲裏合，左旋右轉，膻中穴微內含，牽動往來氣貼背。雙手轉換有序，互為主賓。

　　左手先出後入勁變為逆纏，折腕旋轉，借助旋腕轉膀之勁，畫上弧運展至身體前約 35 公分，氣聚軸腕，外掤內折，肘向裏合，高與肩平，拳面向右上方，拳眼向左上方，拳心向內；右手先入後出勁繼續順纏，折腕旋轉，借助旋腕轉膀之勁，畫上弧運展至身體前約 30 公分，氣聚軸腕，內折外掤，肘向裏合，高與肩平，拳面向左上方，拳眼向右上方，拳心向內。雙手腕十字折疊交叉，左手在裏，右手在外。

　　同時，鬆右胯、泛左臀，雙胯掙衡前捲裏合，開膝合膻，雙腿裏纏，襠部撐圓，借助旋踝轉腿之勁，下弧調

襠，重心移於左腳。右足先入後出勁自後向前畫上弧運展至左腳前約 30 公分，前腳掌虛點地面，雙足跟前後對照在一條直線上。重心偏於左腿，六四分成。

周身合中寓開，同時一吸即呼，氣聚中宮，眼注視雙手，耳聽身後，兼顧兩腎（圖 4-348）。

動作三：接上勢。腰勁向左旋轉，身體螺旋上升，右轉 45°。雙肩鬆開似脫，下塌外碾，內捲裹合，左催右領，膻中穴微內含，心氣與橫膈膜同步沉降。雙手以右手為主，左手為賓。

右手出勁變為逆纏，由拳變掌坐腕旋轉，借助旋腕轉膀之勁，經身體前畫上弧運展至身體右側上方時，乘肩部的轉關過節，變為順纏落點放鬆，氣聚軸腕，內折外掤，肘微裹合，高與頭平，手指鬆直向右上方，掌心向右；左手入勁繼續逆纏，由拳變掌坐腕旋轉，借助旋腕轉膀之勁，畫下弧運展至左胯外側時，乘肩部的轉關過節，變為順纏落點放鬆，氣聚軸腕，上折下掤，肘向裏合，高與胯平，手指鬆直向左下方，掌心向內。

同時，鬆左胯、泛右臀，雙胯掙衡前捲裹合，開膝合襠，雙腿裹纏，五趾抓地，襠部撐圓，借助旋踝轉腿之勁，小腹內收，關元與中極二穴共同內斂納氣，沖震命門。右足入勁領膝一旋提起，高與胯平，小腿鬆垂直豎，腳底平整，五趾微收，湧泉穴內

圖 4-349

含吸地氣之意，構成「左金雞獨立」勢。

　　周身開中寓合，同時一吸即呼，氣沉丹田，眼注視前方，耳聽身後，兼顧兩腎（圖4-349）。

　　動作四：接上勢。腎氣滾動，腰隙傳遞，各領半身轉動，腰勁螺旋運轉，身體螺旋升騰躍起。雙肩鬆開似脫，下塌外碾，內捲裏合，左催右領，膻中穴微內含，牽動往來氣貼背。雙手以右手為主，左手為賓。

　　右手出勁變為逆纏，坐腕旋轉，借助旋腕轉膀之勁，畫上弧繼續向身體右側頭上方領勁，氣聚軸腕，內折外掤，肘微裏合、高於頭頂，手指鬆直向上，掌心向前偏右；左手入勁變為逆纏，坐腕旋轉，借助旋腕轉膀之勁，畫下弧繼續向身體左側下方領勁，氣聚軸腕，上折下掤，肘微裏合，高與胯平，手指鬆直向前下方，掌心向後下方。

　　同時，鬆左胯、泛右臀，雙胯掙衡前捲裏合，開膝合膕，雙腿裏纏，五趾抓地，襠部撐圓，借助旋踝轉腿之勁，小腹內收，關元與中極二穴共同內斂納氣，沖震命門。左足入勁，身體一躍騰空而起。

　　周身合住勁，同時吸氣，氣結中宮，眼注視前方，耳聽身後，兼顧兩腎（圖4-350）。

　　動作五：接上勢。腰勁螺旋運轉，身體螺旋下沉。雙肩鬆開似脫，下塌外碾，內捲裏合，膻中穴微內含，心氣與橫膈膜同步沉降。

圖4-350

雙手以右手為主，左手為賓。

右手出勁左手入勁變為順
纏，坐腕旋轉，借助旋腕轉膀之
勁，右手畫下弧向身內一合，乘
肩部的轉關過節，變為逆纏，經
身體右半身向下忽然一抖即鬆，
利用採按之勁運合至右膝上方；
左手畫上弧向身內一合，乘肩部
的轉關過節，變為逆纏，經身體
左半身向下忽然一抖即鬆，利用
採按之勁運合至左膝上方，雙手

圖 4-351

氣聚軸腕，上折下捆，肘向裏合，高與胯平，手指鬆直向
前，掌心向下。

同時，鬆右胯、泛左臀，雙胯掙衡前捲裏合，開膝合
臏，雙腿裏纏，襠部撐圓，借助旋踝轉腿之勁，雙足相繼
出勁，左先右後下落震地雙聲，十趾及時抓地。重心偏於
左腿，六四分成。

周身合住勁，同時呼氣，氣聚中宮，眼注視前方，耳
聽身後，兼顧兩腎（圖 4-351）。

動作六：接上勢。腰勁向右旋套，身體螺旋下沉，膻
中穴微內含，胸腰由左向右做下弧的運化動作，心氣與橫
膈膜同步沉降。雙手以右手為主，左手為賓。

右手出勁繼續逆纏，坐腕旋轉，借助旋腕轉膀之勁，
畫下弧運展至右膝外側上方，氣聚軸腕，上折下捆，肘微
裏合，高與胯平，手指鬆直向左偏前，掌心向下；左手入
勁變為順纏，坐腕旋轉，借助旋腕轉膀之勁，畫下弧運展

至身體腹前約 30 公分，氣聚軸腕，外折內掤，肘向裏合，高與胯平，手指鬆直向左偏前，掌心向右。

同時，鬆左胯、泛右臀，雙胯掙衡前捲裏合，開膝合膕，雙腿裏纏，襠部撐圓，借助旋踝轉腿之勁，下弧調襠，重心移於右腿，左足出勁，腳尖上翹裏合，腳跟內側擦滑地面向左側鏟出小半步。重心偏於右腿，六四分成。

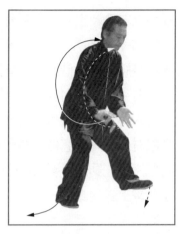

圖 4-352

周身合住勁，同時吸氣，氣結中宮，眼注視左下方，耳聽身後，兼顧兩腎（圖 4-352）。

動作七：接上勢。腰勁向左旋套，身體螺旋下沉。雙肩鬆開似脫，下塌外碾，內捲裏合，右催左領，膻中穴微內含，心氣與橫膈膜同步沉降，胸腰由右向左做上弧運化動作。雙手以左手為主，右手為賓。

左手出勁變為逆纏，坐腕旋轉，借助旋腕轉膀之勁，畫上弧運展至身體左側上方，氣聚軸腕，外掤內折，肘微裏合，高與眼平，手指鬆直向上偏右，掌心向左上方；右手入勁變為順纏，翻掌坐腕旋轉，借助旋腕轉膀之勁，畫上弧運展至身體前上方，氣聚軸腕，外折內掤，肘向裏合，高與眼平，手指鬆直向右上方，掌心向左偏上。

同時，鬆右胯、泛左臀，雙胯掙衡前捲裏合，開膝合膕，雙腿裏纏，五趾抓地，襠部撐圓，借助旋踝轉腿之

勁，上弧調襠，左前腳掌徐徐踏地下落，五趾及時抓地，重心移於左腿。右足出勁，腳尖上翹裏合，腳跟內側鏟地而出，向右側開小半步，重心偏於左腿，六四分成。構成上合下開之勢。

圖 4-353

周身合住勁，同時呼氣，氣聚中宮，眼注視右方，耳聽身後，兼顧兩腎（圖 4-353）。

動作八：接上勢。腰勁向右旋套，身體螺旋下沉。雙肩鬆開似脫，下塌外碾，前捲裏合，左催右領，膻中穴微內含，牽動往來氣貼背，胸腰由左向右做下弧的運化動作。雙手以右手為主，左手為賓。

右手出勁變為逆纏，畫上弧運展至身體右肩前約 30 公分，氣聚軸腕，外掤內折，肘微裏合，高與肩平，手指鬆直向上，掌心向左前方；左手入勁變為順纏，坐腕旋轉，借助旋腕轉膀之勁，畫下弧運合至腹前約 20 公分，氣聚軸腕，外折內掤，肘向裏合，高與腹平，手指鬆直向前偏下，掌心向右。

同時，鬆左胯、泛右臀，雙胯掙衡前捲裏合，開膝合膝，雙腿裏纏，五趾抓地，襠部撐圓，借助旋踝轉腿之勁，下弧調襠，重心移於右腿，左足入勁，前腳掌擦滑地面畫後弧運合至右腳內側約 20 公分，雙腳不丁不八，重心偏於右腿，六四分成。

周身合中寓開，同時吸氣，氣結中宮，眼注視右手及前方，耳聽身後，兼顧兩腎（圖4-354）。

圖4-354

動作九：接上勢。腰勁向右旋轉，身體螺旋上升。雙肩鬆開似脫，下塌外碾，內捲裏合，右催左領，膻中穴微內含，心氣與橫膈膜同步沉降。雙手以左手為主，右手為賓。

左手出勁變為逆纏，坐腕旋轉，借助旋腕轉膀之勁，在右手外側交叉而過，畫上弧運展至身體左側上方時，乘肩部的轉關過節，變為順纏落點放鬆，氣聚軸腕，內折外掤，肘微裏合，高與頭平，手指鬆直向左上，掌心向左偏下；右手入勁繼續逆纏，坐腕旋轉，借助旋腕旋膀之勁，在左手內側交叉而過，畫下弧運展至身體右側下方時，乘肩部的轉關過節，變為順纏落點放鬆，氣聚軸腕，上折下掤，肘向裏合，高與胯平，手指鬆直向右下方，掌心向內下方。

同時，鬆右胯、泛左臀，雙胯掙衡前捲裏合，開膝合膕，雙腿裏纏，五趾抓地，襠部撐圓，借助旋踝轉腿之勁，下弧調襠，重心移於右腿，小腹內收，關元與中極二穴共同內斂納氣，沖震命門。左足入勁，左膝一旋而起，高與胯平，小腿鬆垂直豎，腳底平整，五趾微收，湧泉穴內含吸地氣之意。腰勁順右腿向下鬆串，注入腳底植地生根。構成「右金雞獨立」勢。

圖 4-355

周身開中寓合，同時呼氣，氣沉丹田，眼注視前方，耳聽身後，兼顧兩腎（圖 4-355）。

第六十一式　倒捲肱（面向東）

動作一：接上勢。腰勁欲右先左而旋轉，身體螺旋下沉，先右後左分別轉動 45°。雙肩鬆開似脫，一掙即捲，左旋右轉，胸背開合有度，胸腰折疊蛹動有序，膻中穴隨胸合而內含，牽動往來氣貼背。雙手轉換有序，互為主賓。

左手先出後入勁變為逆纏，坐腕旋轉，借助旋腕轉膀之勁，畫下弧運展至身體左側上方時，乘肩部的轉關過節，變為順纏，畫上弧運展至身體前，氣聚軸腕，外折內掤，肘微裏合，高與肩平，手指鬆直向前偏上，掌心向右；右手先入後出勁變為逆纏，坐腕旋轉，借助旋腕轉膀之勁，畫下弧運展至身體右側上方時，乘肩部的轉關過節，變為順纏，屈肘畫上弧運合至右耳旁，再變為逆纏落

圖 4-356   圖 4-357

點放鬆合於右頰下，氣聚軸腕，外折內掤，肘向裏合，高
與右頰平，手指鬆直向上偏後，掌心向左前方。

　　同時，鬆右胯、泛左臀，雙胯掙衡前捲裏合，開膝合
臏，雙腿裏纏，五趾抓地，襠部撐圓，借助旋踝轉腿之
勁，左足入勁，繼續旋膝上領小於 90°。腰勁順右腿向下
鬆串，注入腳底植地生根。

　　周身合住勁，同時一吸即呼，氣聚中宮，眼注左手及
前方，耳聽身後，兼顧兩腎（圖 4-356、357）。

　　動作二：接上勢。雙腰隙互相傳遞，各領半身轉動，
腰勁螺旋運轉，身體螺旋下沉，先右後左各轉動 45°。雙
肩鬆開似脫，下塌外碾，內捲裏合，左旋右轉，互為催
領，膻中穴微內含，心氣與橫膈膜同步沉降。雙手轉換有
序，互為主賓。

　　右手先入後出勁變為逆纏，坐腕旋轉，借助旋腕轉膀
之勁，向前畫上弧與左手（上）交叉而過，運展至身體右

前上方時，乘肩部的轉關
過節，變為順纏，落點放
鬆，氣聚軸腕，上折下
捌，肘向裏合，勁貫中指
肚，高與眼平，手指鬆直
向前上，掌心向前下方；
左手先出後入勁變為逆
纏，坐腕旋轉，借助旋腕
轉膀之勁，畫上弧欲左先
右向身體右前方一纏，乘
肩部的轉關過節，變為逆

圖 4-358

纏，向內畫下弧與右手（下）交叉而過，運合至左膝上方
時，再變為順纏，落點放鬆，氣聚軸腕，上折下捌，肘向裏
合，勁鬆於中指肚，高與胯平，手指鬆直向左，掌心向下。

　　同時，鬆左胯、泛右臀，雙胯掙衡前捲裏合，開膝合
膛，雙腿裏纏，五趾抓地，襠部撐圓，借助旋踝轉腿之
勁，左足出勁，向左後方出腿，前腳掌先著地，擦滑地面
畫內下弧退步，待運到位時腳跟相繼落地。雙腳橫向距離
約 80 公分，前腳跟與後腳尖對準在一條水平線上。

　　周身合住勁，同時呼氣，氣沉丹田，眼注視右手，耳
聽身後，兼顧兩腎（圖 4-358）。

　　以下動作與第二十二式「倒捲肱」相同。略（參見圖
4-137～142）。

第六十二式　退步壓肘（面向東）

　　與第二十三式「退步壓肘」的動作相同。略（參見圖

4-143~147）。

第六十三式　中盤（面向東北）

與第二十四式「中盤」的動作相同。略（參見圖4-148~157）。

第六十四式　白鵝亮翅（面向東北）

與第二十五式「白鵝亮翅」的動作相同。略（參見圖4-158~160）。

第六十五式　摟膝拗步（面向東）

與第八式「摟膝拗步」的動作相同。略（參見圖4-51~59）。

第六十六式　閃通背（面向西）

與第二十七式「閃通背」的動作相同。略（參見圖4-60與圖4-161~173）。

第六十七式　掩手肱捶（面向西北）

與第二十八式「掩手肱捶」的動作相同，個別動作方向相反。略（參見圖4-174、175與圖4-81~88）。

第六十八式　大六封四閉（面向南）

與第二十九式「大六封四閉」的動作相同。略（參見圖4-177~183與圖4-33、34）。

第六十九式　單鞭（面向南）

與第五式「單鞭」的動作相同。略（參見圖 4–35～41）。

第七十式　雲手（面向南）

與第三十一式「雲手」的動作相同。略（參見圖 4–185～194）。

第七十一式　高探馬（面向北）

與第三十二式「高探馬」的動作相同。略（參見圖 4–195～206），定勢（圖 4–359）。

第七十二式　十字擺蓮（面向東南）

動作一：接上勢。腎氣滾動，腰隙傳遞，腰勁向左旋轉，身體螺旋下沉，右轉 45°。

雙肩鬆開似脫，下塌外碾，內捲裏合，右催左領，引導肩井、雲門、極泉、曲池、曲澤、內關、勞宮、膻中、中脘、氣海、氣衝、會陰等諸穴內氣機潛轉，膻中穴微內含，牽動往來氣貼背。雙手以左手為主，右手為賓。

左手出勁變為逆纏，折腕旋轉，借助旋腕轉膀之勁，以小指與無名指肚外側及中指肚依次沾

圖 4–359

圖 4-360　　　　　　　　　附圖 4-360

黏腹部畫上弧掤合至腹前，氣聚軸腕，內折外掤，肘微裏
合，高與腹平，手指鬆直向內，掌心向內；右手入勁變為
逆纏，坐腕旋轉，借助旋腕轉膀之勁，畫上弧運展至身體
右前約 45 公分，氣聚軸腕，內折外掤，肘微裏合，勁貫虎
口間，高與眼平，手指鬆直向左偏上，掌心向前偏右。

　　同時，鬆右胯、泛左臀，雙胯掙衡前捲裏合，開膝合
臏，雙腿裏纏，十趾抓地，襠部撐圓，借助旋踝轉腿之
勁，後下弧調襠，左前腳掌為軸向外旋轉 45°，重心移於
左腿，六四分成。

　　周身合中寓開，同時吸氣，氣結中宮，眼注視右手，
耳聽身後，兼顧兩腎（圖 4-360、附圖 4-360）。

　　動作二：接上勢。腰勁向右旋轉，身體螺旋下沉，左
轉 45°。雙肩鬆開似脫，下塌外碾，內捲裏合，左旋右
轉，膻中穴微內含，心氣與橫膈膜同步沉降。雙手轉換有
序，互為主賓。

圖 4-361

附圖 4-361

　　左手先出後入勁繼續逆纏，折腕旋轉，借助旋腕轉膀之勁，畫下弧運展至身體左側上方，高與肩平時，乘肩部的轉關過節，畫上弧運至身體前約 20 公分，合谷穴（虎口）沾黏於右前臂內側，氣聚軸腕，內掤外折，肘微裏合，高與胸平，手指鬆直向前，掌心向下；右手先入後出勁變為順纏，坐腕旋轉，借助旋腕轉膀之勁，畫上弧運展至身體右側上方，高與肩平時，乘肩部的轉關過節，畫下弧運展至身體前約 45 公分，氣聚軸腕，上掤下折，肘向裏合，高與肩平，手指鬆直向前，掌心向上。

　　同時，鬆左胯、泛右臀，雙胯掙衡前捲裏合，開膝合膪，雙腿裏纏，十趾抓地，襠部撐圓，借助旋踝轉腿之勁，後下弧調襠，以左前腳掌為軸，腳跟向內扣合 45°，雙腳不丁不八，襠勁前合後開，重心移於右腿，六四分成。

　　周身合住勁，同時呼氣，氣聚中宮，眼注右手，耳聽身後，兼顧兩腎（圖 4-361、附圖 4-361）。

動作三：接上勢。腰勁鬆塌向左旋轉，身體螺旋下沉，右轉135°。雙肩鬆開似脫，下塌外碾，內捲裏合，左旋右轉，膻中穴微內含，牽動往來氣貼背，胸腰由右向左做後下弧運化動作。雙手轉換有序，互為主賓。

右手先出後入勁變為逆纏，翻掌坐腕旋轉，借助旋腕轉膀之勁，先微向下一沉，隨身腰旋轉畫上弧運展至身體右側上方，氣

圖 4-362

聚軸腕，外掤內折，肘微裏合，高與眼平，手指鬆直向左偏上，掌心向前；左手先入後出勁變為順纏，坐腕旋轉，借助旋腕轉膀之勁，四指（除大拇指外）虛攏右前臂內側畫下弧以助右手與前臂向外掤住勁，氣聚軸腕，內折外掤，肘向裏合，高與胸平，手指鬆直向左偏上，掌心向右下方。

同時，鬆右胯、泛左臀，雙胯掙衡前捲裏合，開膝合臏，雙腿裏纏，十趾抓地，襠部撐圓，借助旋踝轉腿之勁，後下弧調襠，雙腳以左前掌與右腳跟為軸，分別外擺內扣135°，重心移於左腿，六四分成。

周身合住勁，同時吸氣，氣結中宮，眼注視右手，耳聽身後，兼顧兩腎（圖4-362）。

動作四：接上勢。腰勁向右旋套，身體螺旋上升。雙肩鬆開似脫，下塌外碾，內捲裏合，左催右領，膻中穴微內含，心氣與橫膈膜同步沉降，胸腰由左向右做下弧運化

動作。雙手以右手為主，左手為賓。

圖 4-363

右手出勁繼續逆纏，坐腕旋轉，借助旋腕轉膀之勁，畫下弧向身體右側上方外展領勁，氣聚軸腕，內折外掤，肘微裏合，高與眼平，手指鬆直向左上方，掌心向右偏前；左手入勁繼續順纏，坐腕旋轉，借助旋腕轉膀之勁，畫下弧隨右前臂上掤外領，氣聚軸腕，內折外掤，肘向裏合，高與胸平，手指鬆直向上，掌心向右。

同時，鬆左膀、泛右臀，雙膀掙衡前捲裏合，開膝合臏，雙腿裏纏，十趾抓地，襠部撐圓，借助旋踝轉腿之勁，下弧調襠，重心移於右腿。乘左腿將虛未虛之機，小腹內收，關元與中極二穴共同內斂納氣，沖震命門，左足入勁，膝蓋一旋領勁上提，高與胯平，小腿鬆垂直豎，腳底平整，五趾微收，湧泉穴內含吸地之意。

周身合中寓開，同時一呼即吸，氣結中宮，眼注視前方，耳聽身後，兼顧兩腎（圖 4-363）。

動作五：接上勢。腰勁向右旋轉，身體螺旋下沉。雙肩鬆開似脫，下塌外碾，內捲裏合，右催左領，膻中穴微內含，牽動往來氣貼背。雙手以左手為主，右手為賓。

左手出勁變為逆纏，坐腕旋轉，借助旋腕轉膀之勁，畫下弧經左膀前運合至左膝上方，氣聚軸腕，上折下掤，肘向裏合，高與股平，手指鬆直向左偏下，掌心向下；右

手入勁繼續逆纏，坐腕旋轉，借助旋腕轉膀之勁，畫上弧繼續向身體右側上方外展，氣聚軸腕，內折外掤，肘向裏合，高與眼平，手指鬆直向上偏前，掌心向右。

圖 4-364

同時，鬆左胯、泛右臀，雙胯掙衡前捲裏合，開膝合臏，雙腿裏纏，五趾抓地，襠部撐圓，借助旋踝轉腿之勁，左足出勁，向身體左側出腿，腳尖上翹裏合，腳跟內側鏟地而出，重心仍偏於右腿，六四分成。

周身開中寓合，同時呼氣，氣聚中宮，眼注視左手足，耳聽身後，兼顧兩腎（圖 4-364）。

動作六：接上勢。腰勁向左旋套，身體螺旋下沉，右轉 45°。雙肩鬆開似脫，下塌外碾，內捲裏合，左旋右轉，膻中穴微內含，心氣與橫膈膜同步沉降。雙手轉換有序，互為主賓。

右手先出後入勁繼續逆纏，坐腕旋轉，借助旋腕轉膀之勁，畫上弧向身體右側上方外展，待沉至與肩平時，乘肩部的轉關過節，變為順纏，畫下弧經身體前運至左腋下時，再變為逆纏，落點放鬆合至左上臂外側（以手背沾黏之），氣聚軸腕，內折外掤，肘向裏合，高與胸平，手指鬆直向上偏左，掌心向左偏下；左手先入後出勁繼續逆纏，坐腕旋轉，借助旋腕轉膀之勁，畫上弧運展升至身體

左側上方與肩平時，乘肩部的
轉關過節，變為順纏，畫下弧
運展至身體前約 45 公分，氣
聚軸腕，上折下捌，肘向裏
合，高與腹平，手指鬆直向右
前偏上，掌心向右下方。雙臂
左上右下折疊相搭，構成十字
交叉態勢。

圖 4-365

同時，鬆右胯、泛左臀，
雙胯掙衡前捲裏合，開膝合
臏，雙腿裏纏，五趾抓地，襠
部撐圓，借助旋踝轉腿之勁，下弧調襠，左前腳掌落地踏
實，五趾及時抓地，重心移於左腿，六四分成。

周身合住勁，同時吸氣，氣結中宮，眼注視右手，耳
聽身後，兼顧兩腎（圖 4-365）。

動作七：接上勢。腰勁螺旋運轉，身體螺旋下沉。雙
肩鬆開似脫，下塌外碾，內捲裏合，右催左領，膻中穴微
內含，牽動往來氣貼背。雙手以左手為主，右手為賓。

左手出勁變為逆纏，坐腕旋轉，借助旋腕轉膀之勁，
畫上弧運展至身體右前上方，氣聚軸腕，上折下捌，肘向
裏合，高與眼平，手指鬆直向右前上方，掌心向右前下
方，與右足合住勁；右手入勁變為順纏，坐腕旋轉，借助
旋腕轉膀之勁，畫上弧在腋下纏繞一小圈後，合住勁，氣
聚軸腕，上折下捌，肘向裏合，高與胸平，手指鬆直向左
上方，掌心向左下方。

同時，鬆右胯、泛左臀，雙胯掙衡前捲裏合，開膝合

圖 4-366　　　　　　　　　　圖 4-367

臍，雙腿裏纏，十趾抓地，襠部撐圓，借助旋踝轉腿之勁，下弧調襠，重心繼續左移，七三分成。

　　周身合住勁，同時吸氣，氣結中宮，具有一觸即發之勢，眼注視右手，耳聽身後，兼顧兩腎（圖 4-366）。

　　動作八：接上勢。腎氣滾動，雙腰隙互為傳遞，丹田鼓蕩勃發，腰勁螺旋運轉，身體螺旋上升，左轉 45°。雙肩鬆開似脫，下塌外碾，內捲裏合，右催左領，膻中穴微內含，心氣與橫膈膜同步沉降。雙手以左手為主，右手為賓。

　　左手出勁繼續逆纏，坐腕旋轉，借助旋腕轉膀之勁，畫下弧忽然一抖即鬆運展至身體前約 50 公分，合擊右腳面有聲，氣聚軸腕，上折下捆，肘向裏合，高與肩平，手指鬆直向右前上方，掌心向下；右手入勁繼續順纏，坐腕旋轉，借助旋腕轉膀之勁，畫下弧在腋下纏繞半圈，氣聚軸腕，上折下捆，肘微裏合，高與胸平，手指鬆直向右上

方，掌心向左下方。

同時，鬆左胯、泛右臀，雙胯掙衡前捲裏合，開膝合臏，雙腿裏纏，五趾抓地，襠部撐圓，借助旋踝轉腿之勁，下弧調襠，重心移於左腿。乘右腿引之將虛未虛之機，右足出勁，畫下弧向身體左側上方踢起，待踢至將與肩平，借助胯部的轉關過節，畫上弧向身體前忽然一抖即鬆，以腳面與左手合擊有聲，高與肩平。

周身合住勁，同時呼氣，氣沉丹田，眼注視左手右足，耳聽身後，兼顧兩腎（圖 4–367）。

第七十三式　指襠捶（面向西北）

動作一：接上勢。腎氣滾動，腰隙傳遞，各領半身轉動，腰勁螺旋運轉，身體螺旋上升，右轉 180°。雙肩鬆開似脫，下塌外碾，內捲裏合，左旋右轉，膻中穴微內含，心氣與橫膈膜同步沉降。雙手轉換有序，互為主賓。

右手先出後入勁繼續順纏，由掌變拳折腕旋轉，借助旋腕轉膀之勁，畫下弧經胸前運展至右胯外側，氣聚軸腕，上折下掤，肘向裏合，高與胯平，拳面向右前方，拳眼向右偏後，拳心向上；左手先入後出勁繼續逆纏，由掌變拳折腕旋轉，借助旋腕轉膀之勁，畫下弧運展至身體左側下方，乘肩部的轉關過節，變為順纏，畫外上弧以水底翻花的意象運升展至身體左側上方，再變為逆纏，落點放鬆，氣聚軸腕，內折外掤，肘向裏合，高與眼平，拳面向上，拳眼向後，拳心向內。

同時，鬆左胯、泛右臀，雙胯掙衡前捲裏合，開膝合臏，雙腿裏纏，五趾抓地，襠部撐圓，借助旋踝轉腿之

勁，小腹繼續內收，關元與中極二穴共同內斂納氣，沖震命門。右足入勁，屈腿旋膝上領，高與胯平，小腿鬆垂直豎，腳底平整，五趾微收，湧泉穴內含吸地氣之意。左腳以跟為軸，腳尖向右擺動180°。腰勁順左腿向下鬆串，注入腳底植地生根。

周身合住勁，具有一觸即發之勢，同時吸氣，氣結中

圖 4-368

宮，眼注視前方，耳聽身後，兼顧兩腎（圖 4-368）。

動作二： 接上勢。丹田鼓蕩勃發，身體螺旋下沉。雙肩鬆開似脫，下塌外碾，內捲裏合，膻中穴微內含，心氣與橫膈膜同步沉降。雙手以右手為主，左手為賓。

雙手出勁繼續順纏，折腕旋轉，借助旋腕轉膀之勁，微畫下弧利用下採的方式，忽然一抖即鬆至左右兩側上下方，氣聚軸腕，上掤下折，肘向裏合，左拳高與眼平，拳面向上，拳眼向後，拳心向內，右拳高與胯平，拳面向右偏前，拳眼向右後方，拳心向內。

同時，鬆右胯、泛左臀，

圖 4-369

雙胯掙衡前捲裏合，開膝合臏，雙腿裏纏，五趾抓地，襠部撐圓，借助旋踝轉腿之勁，右足出勁，順左腿內側向下鬆沉震地有聲，襠勁後開前合，重心仍偏於左腿，六四分成。

周身合中寓開，同時呼氣，氣聚中宮，眼注視前方，耳聽身後，兼顧兩腎（圖4-369）。

動作三：接上勢。腰勁向左旋套，身體螺旋下沉。雙肩鬆開似脫，下塌外碾，內捲裏合，左催右領，膻中穴微內含，心氣與橫膈膜同步沉降。雙手以右手為主，左手為賓。

右手出勁左手入勁變為雙順纏，折腕旋轉，借助旋腕轉膀之勁，畫下弧微向身體右側運展，氣聚軸腕，上折下掤，肘向裏合，右拳高與胯平，左拳高與眼平。

同時，鬆左胯、泛右臀，雙胯掙衡前捲裏合，開膝合臏，雙腿裏纏，襠部撐圓，借助旋踝轉腿之勁，下弧調襠，左足出勁，向身體左側出腿，腳尖上翹裏合，腳跟內側鏟地而出，重心移於右腿。

周身開中寓合，同時一呼即吸，氣結中宮，眼注視左手及左方，耳聽身後，兼顧兩腎（圖4-370）。

動作四：接上勢。腰勁向右旋套，身體螺旋下沉。雙肩鬆開似脫，下塌外碾，內捲裏合，右催左領，膻中穴微內

圖4-370

合，心氣與橫膈膜同步沉降，胸腰由右向左做下弧運化動作。雙手以左手為主，右手為賓。

圖 4-371

左手出勁繼續順纏，折腕旋轉，借助旋腕轉膀之勁，微畫下弧以手領身催向身體左側上方運展，氣聚軸腕，內折外掤，肘向裏合，高與眼平，拳面向上，拳眼向後，拳心向內；右手入勁變為順纏，折腕旋轉，借助旋腕轉膀之勁，微畫下弧隨身法左運合至右膝外側上方，氣聚軸腕，上折下掤，肘向裏合，高與胯平，拳面向右，拳眼向後，拳心向上。

同時，鬆右胯、泛左臀，雙胯掙衡前捲裏合，開膝合臏，雙腿裏纏，五趾抓地，襠部撐圓，借助旋踝轉腿之勁，下弧調襠，左前腳掌徐徐落地，五趾及時抓地，重心移於左腿，六四分成。

周身合住勁，具有一觸即發之勢，同時吸氣，氣結中宮，眼注視左手，耳聽身後，兼顧兩腎（圖 4-371）。

動作五：接上勢。腰勁向右旋轉，身體螺旋下沉。雙肩鬆開似脫，下塌外碾，內捲裏合，左催右領，膻中穴微內含，牽動往來氣貼背。雙手以右手為主，左手為賓。

右手出勁變為逆纏，坐腕旋轉，借助旋腕轉膀之勁，畫下弧忽然一抖即鬆合至右膝上方，氣聚軸腕，內掤外折，肘向裏合，高與胯平，拳面向右前，拳眼向上，拳心

向左前方；左手入勁變為逆
纏，坐腕旋轉，借助旋腕轉膀
之勁，畫下弧忽然一抖即鬆至
身體左側上方，氣聚軸腕、內
折外掤，肘向裏合，高與眼
平，拳面向上，拳眼向左前
方，拳心向左。

圖 4-372

同時，鬆右胯、泛左臀，
雙胯掙衡前捲裏合，開膝合
臏，雙腿裏纏，十趾抓地，襠
部撐圓，借助旋踝轉腿之勁，
雙足勁左入右出，後（右）蹬前（左）把，一抖即鬆，重
心發於前，鬆到後（左膝蓋的弓度不可丟），六四分成。

周身合住勁，同時呼氣，氣聚中宮，眼注視左手及前
方，耳聽身後，兼顧兩腎（圖 4-372）。

動作六：接上勢。腰勁向右旋套，身體螺旋下沉，左
轉 45°。雙肩鬆開似脫，下塌外碾，內捲裏合，右催左領，
膻中穴微內含，心氣與橫膈膜同步沉降，胸腰由右向左做
上弧運化動作。雙手以左手為主，右手為賓。

左手出勁右手入勁變為雙逆纏，雙手坐腕旋轉，借助
旋腕轉膀之勁，畫上弧運展至身體前約 45 公分和 35 公
分，氣聚軸腕，內折外掤，肘微裏合，左拳高與眼平，拳
面向右，拳眼向下，拳心向外，右拳高與肩平，拳面向
上，拳眼向左，拳心向外。

下肢動作不變。

周身合住勁，同時吸氣，氣結中宮，眼注視雙手及前

方，耳聽身後，兼顧兩腎（圖4-373）。

動作七：接上勢。腎氣滾動，雙腰隙左旋右轉，互相傳遞，腰勁向左旋轉，身體螺旋下沉，上體右轉45°。雙肩鬆開似脫，下塌外碾，內捲裏合，左催右領，膻中穴微內含，牽動往來氣貼背，胸腰由左向右做下弧的運化動作。雙手以右手為主，左手為賓。

圖4-373

右手出勁繼續逆纏，坐腕旋轉，借助旋腕轉膀之勁，畫下弧經胸腹前運合至右膝內側，氣聚軸腕，上折下掤，肘向裏合，高與胯平，拳面向前，拳眼向內，拳心向下；左手入勁變為順纏，坐腕旋轉，借助旋腕轉膀之勁，畫下弧運展至腹前約20公分，氣聚軸腕，上折下掤，肘向裏合，高與胯平，拳面向左，拳眼向外，拳心向下。

同時，鬆左胯、泛右臀，雙胯掙衡前捲裏合，開膝合膕，雙腿裏纏，十趾抓地，襠部撐圓，借助旋踝轉腿之勁，下弧調襠，重心移於右腿，六四分成。構成下将之勢。

周身合中寓開，具有一觸即發之勢，同時吸氣，氣結中宮，眼注視前方，耳聽身後，兼顧兩腎（圖4-374、附圖4-374）。

動作八：接上勢。腰勁向右旋轉，身體螺旋上升，上

圖 4-374

附圖 4-374

體左轉 45°。雙肩鬆開似脫，下塌外碾，內捲裏合，左旋右轉，膻中穴微內含，心氣與橫膈膜同步沉降，胸腰由右向左做上弧運化動作。雙手轉換有序，互為主賓。

　　左手先出後入勁變為逆纏，坐腕旋轉，借助旋腕轉膀之勁，畫上弧經身體左側運展至身體前約 45 公分，氣聚軸腕，內掤外折，肘微裏合，高與鼻平，拳面向前上方，拳眼向內上方，拳心向右；右手先入後出勁變為順纏，坐腕旋轉，借助旋腕轉膀之勁，畫下弧運展至身體右側上方，高與肩平，乘肩部的轉關過節，變為逆纏，畫上弧運展至身體前約 45 公分，氣聚軸腕，內掤外折，肘微裏合，略高於頭，拳面向前上方，拳眼向內上方，拳心向左。雙拳上下相照，含有相吸相合之意。

　　同時，鬆右胯、泛左臀，雙胯掙衡前捲裏合，開膝合臏，雙腿裏纏，十趾抓地，襠部撐圓，借助旋踝轉腿之勁，上弧調襠，重心移於左腿，六四分成。

周身合住勁，同時吸氣，氣聚中宮，眼從雙拳中間注視前方，耳聽身後，兼顧兩腎（圖4-375）。

圖4-375

動作九：接上勢。腰勁螺旋運轉，身體螺旋上升，上體先左後右各轉動45°。雙肩鬆開似脫，下塌外碾，內捲裏合，左旋右轉，膻中穴微內含，心氣與橫膈膜同步沉降。雙手轉換有序，互為主賓。

左手先入後出勁繼續逆纏，折腕旋轉，借助旋腕轉膀之勁，畫下弧經頭上時，乘肩部的轉關過節，變為順纏，畫上弧運展至身體左前上方35公分，氣聚軸腕，內折外掤，肘向裏合，高與頭平，拳面向上，拳眼向左偏後，拳心向內；右手先出後入勁變為逆

圖4-376

纏，折腕旋轉，借助旋腕轉膀之勁，畫下弧運展至頭右側時，乘肩部的轉關過節，變為順纏，畫上弧運合至左前臂內側，氣聚軸腕，內折外掤，肘向裏合，高與鼻平，拳面向上，拳眼向右偏上，拳心向內。

下肢動作不變，要注意前襠合後襠開。

周身合住勁，同時吸氣，氣結中宮，眼注視雙手，耳

圖 4-377

附圖 4-377

聽身後，兼顧兩腎（圖 4-376）。

動作十：接上勢。腰勁向左旋轉，身體螺旋下沉，上體右轉 45°。雙肩鬆開似脫，下塌外碾，內捲裹合，右催左領，膻中穴微內含，心氣與橫膈膜同步沉降。雙手以左手為主，右手為賓。

左手出勁繼續順纏，折腕旋轉，借助旋腕轉膀之勁，畫外下弧運展至腹臍前約 45 公分，氣聚軸腕，上折下挪，肘向裹合，高與臍平，拳面向前上方，拳眼向左，拳心向內上方；右手入勁繼續順纏，折腕旋轉，借助旋腕轉膀之勁，畫外下弧運展至腹前約 25 公分，以拳沿沾黏左前臂內側，氣聚軸腕，上折下挪，肘向裹合，略高於腹，拳面向前上方，拳眼向右，拳心向內偏上。

下肢動作不變，要注意襠勁後撐前合。

周身合住勁，具有一觸即發之勢，同時吸氣，氣結中宮，眼注視雙手及前下方，耳聽身後，兼顧兩腎（圖 4-377、附圖 4-377）。

圖 4-378　　　　　　　　附圖 4-378

　　動作十一：接上勢。丹田鼓蕩勃發，腰勁向右旋轉，身體螺旋下沉，上體左轉 45°。雙肩鬆開似脫，下塌外碾，內捲裏合，左催右領，膻中穴微內含，心氣與橫膈膜同步沉降。雙手以右手為主，左手為賓。

　　右手出勁變為逆纏，坐腕旋轉，借助旋腕轉膀之勁，畫下弧經左前臂下側交叉而過，以柔過氣剛落點的法則，忽然向前下方一抖即鬆至襠前約 48 公分，乘內勁發放後的還原之機，變為順纏放鬆，氣聚軸腕，內折外掤，肘向裏合，高與胯平，拳面向前下方，拳眼向左，拳心向內下方；左手入勁變為順纏，坐腕旋轉，借助旋腕轉膀之勁，畫下弧經右前臂上方交叉而過，以柔過氣剛落點的法則，屈肘向後忽然一抖即鬆至左腹，氣聚軸腕，外折內掤，肘向裏合，高與腹平，勁貫肘尖，以助右手發勁，拳面向前，拳眼向上，拳心向內貼肋。

　　同時，鬆右胯、泛左臀，雙胯掙衡前捲裏合，開膝合

臍，雙腿裏纏，十趾抓地，襠部撐圓，借助旋踝轉腿之勁，擰腰扣襠，前（左）腳把後（右）腳蹬，勁力發於前鬆至後，勁一放即收，形一抖即鬆。

周身合住勁，同時吸氣，氣沉丹田，眼注視右手及前下方，耳聽身後，兼顧兩腎（圖 4-378、附圖 4-378）。

第七十四式　白猿獻果（面向西南）

動作一：接上勢。腰勁向右旋轉，身體螺旋下沉。雙肩鬆開似脫，下塌外碾，內捲裏合，左催右領，引導肩井、雲門、極泉、曲池、曲澤、內關、勞宮、膻中、中脘、氣海、氣衝、會陰、環跳、虎（膝）眼、委中、足三里、湧泉等諸穴內氣機潛轉，膻中穴微內含，心氣與橫膈膜同步沉降，胸腰由左向右做上弧運化動作。雙手以右手為主，左手為賓。

右手出勁變為逆纏，坐腕旋轉，借助旋腕轉膀之勁，畫上弧運展至身體右前上方，氣聚軸腕，內折外掤，高與鼻平，拳面向左前偏上，拳眼向下，拳心向右；左手入勁繼續逆纏，折腕旋轉，借助旋腕轉膀之勁，畫上弧自左肋部沾黏滑動運合至腹前，氣聚軸腕，下折上掤，肘向裏合，勁貫左前臂，高與腹平，拳面向下，拳眼向內，拳心向左。

同時，鬆左胯、泛右臀，雙胯掙衡前捲裏合，開膝合襠，雙腿裏纏，十趾抓地，襠部撐圓，借助旋踝轉腿之勁，上弧調襠，重心右移，六四分成。

周身合住勁，同時吸氣，氣結中宮，眼注視右手，耳聽身後，兼顧兩腎（圖 4-379、附圖 4-379）。

圖 4-379　　　　　　　　　　附圖 4-379

動作二：接上勢。腰勁向右旋轉，身體螺旋下沉，左轉 45°。雙肩鬆開似脫，下塌外碾，內捲裏合，左催右領，膻中穴微內含，心氣與橫膈膜同步沉降。雙手以右手為主，左手為賓。

右手出勁變為順纏，坐腕旋轉，借助旋腕轉膀之勁，畫下弧運合至右膝外側，氣聚軸腕，內掤外折，肘向裏合，高與胯平，拳面向左，拳眼向前，拳心向上；左手入勁變為順纏，折腕旋轉，借助旋腕轉膀之勁，畫下弧至腹臍前旋轉半圈，氣聚軸腕，上折下掤，肘微裏合，高與臍平，拳面向右，拳眼向前，拳心向上。

同時，鬆左胯、泛右臀，雙胯掙衡前捲裏合，開膝合膕，雙腿裏纏，十趾抓地，襠部撐圓，借助旋踝轉腿之勁，後下弧調襠，襠勁後開前合，左腳大趾和二趾領勁，以跟部為軸，前腳掌擦滑地面外擺 45°（臏骨的合勁不可失），重心繼續右移，七三分成。腰勁向下鬆串，注入腳

圖 4-380　　　　　　　　附圖 4-380

底，以助腳底之勁上翻傳導。

　　周身合住勁，同時呼氣，氣聚中宮，眼注視前方，耳聽身後，兼顧兩腎（圖 4-380、附圖 4-380）。

　　動作三：接上勢。丹田鼓蕩勃發，腰勁向右旋轉，身體螺旋上升，左轉 45°。雙肩鬆開似脫，下塌外碾，內捲裏合，左催右領，膻中穴微內含，心氣與橫膈膜同步沉降。雙手以右手為主，左手為賓。

　　右手出勁繼續順纏，折腕旋轉，借助旋腕轉膀之勁，畫下弧忽然一抖即鬆至身體右前上方約 40 公分，氣聚軸腕，內折外掤，肘向裏合，高與眼平，拳面向上，拳眼向右後，拳心向內；左手入勁繼續順纏，折腕旋轉，借助旋腕轉膀之勁，微畫下弧於腹前沾黏纏繞，忽然一抖即鬆，以助右拳發勁，氣聚軸腕，外折內掤，肘向裏合，高與腹平，拳面向右偏上，拳眼向前，拳心向外。

　　同時，鬆左胯、泛右臀，雙胯掙衡前捲裏合，開膝合

臍，雙腿裏纏，五趾抓地，襠部撐圓，借助旋踝轉腿之勁，下弧調襠，重心移於左腿。乘右腿引至將虛未虛之機，小腹內收，關元與中極二穴共同內斂納氣，沖震命門，右足入勁，畫下弧屈膝彎腿，忽然一抖即鬆，旋膝而起，高與胯平，小腿鬆垂直豎，腳底平整，五趾微收，湧泉穴含吸地氣之意。腰勁順左腿向下鬆串，注入腳底植地生根。

圖 4-381

周身合住勁，同時一吸即呼，氣沉丹田，眼注視右手及右前方，耳聽身後，兼顧兩腎（圖 4-381）。

第七十五式　小六封四閉（面向南）

動作一：接上勢。腎氣橫向滾動，腰隙左右傳遞，腰勁向右旋轉，身體螺旋下沉，左轉 45°。雙肩鬆開似脫，下塌外碾，一掙即捲，右催左領，引導肩井、雲門、極泉、曲池、曲澤、內關、勞宮、膻中、中脘、氣海、氣衝、會陰、虎（膝）眼、委中、足三里、崑崙、湧泉等諸穴內氣機潛轉，胸背開合有度，胸腰由右向左做上弧的運化動作。雙手以左手為主，右手為賓。

左手入勁右手出勁變為逆纏，坐腕旋轉，借助旋腕轉膀之勁，左手畫上弧、右手畫下弧運合至胸前，氣聚軸腕，內折外搠，拳面向上，拳眼向內，拳心相對含相吸之意。

同時，鬆左胯、泛右臀，雙胯掙衡前捲裏合，開膝合

圖 4-382　　　　　　　　　圖 4-383

臍，雙腿裏纏，五趾抓地，襠部撐圓，借助旋踝轉腿之勁，右足出勁向身體右側出腿，腳尖上翹裏合，腳跟內側鏟地而出，重心依然偏於左腿，七三分成。

　　周身上合下開，合住勁，同時吸氣，氣結中宮，眼注視右方，耳聽身後，兼顧兩腎（圖 4-382）。

　　以下動作與第四式「六封四閉」的動作相同。略（參見圖 4-33、34）。

第七十六式　單鞭（面向南）

　　此式動作與第五式「單鞭」動作相同。略（參見圖 4-35～40），定勢（圖 4-383）。

第七十七式　雀地龍（一蛇）（面向東）

　　動作一：接上勢。腎氣滾動，腰隙傳遞，腰勁向右旋套，身體螺旋下沉。雙肩鬆開似脫，下塌外碾，內捲裏

合，左催右領，引導肩井、雲門、極泉、曲池、曲澤、內關、勞宮、膻中、中脘、氣海、氣衝、會陰、虎（膝）眼、委中、崑崙、湧泉等諸穴內氣機潛轉，膻中穴微內含，牽動往來氣貼背，胸腰由左向右做上弧的運化動作。雙手以右手為主，左手為賓。

圖 4-384

右手出勁變為逆纏，由勾變拳坐腕旋轉，借旋腕轉膀之勁，畫上弧運展至身體右側上方，氣聚軸腕，內折外掤，肘微裏合，高與眼平，拳面向前，拳眼向下，拳心向外（右）掤左手入勁變為逆纏，由掌變拳坐腕旋轉，借助旋腕轉膀之勁，畫下弧運合至左膝上方，氣聚軸腕，上折下掤，肘微裏合，高與胯平，拳面向前，拳眼向內偏下，拳心向左下方。

同時，鬆左胯、泛右臀，雙胯掙衡前捲裏合，開膝合臏，雙腿裏纏，十趾抓地，襠部撐圓，借助旋踝轉腿之勁，上弧調襠，重心移於右腿，六四分成。

周身開中寓合，同時吸氣，氣結中宮，眼注視右手及右方，耳聽身後，兼顧兩腎（圖 4-384）。

動作二：接上勢。腰勁向右旋轉，身體螺旋下沉，上體右轉 45°。雙肩鬆開似脫，下塌外碾，內捲裏合，左旋右轉，膻中穴微內含，心氣與橫膈膜同步沉降，胸腰由右向左做下弧的運化動作。雙手轉換有序，互為主賓。

左手先出後入勁繼續
逆纏，折腕旋轉，借助旋
腕轉膀之勁，畫下弧繼續
向身體左側下方運展至與
肋平時，乘肩部的轉關過
節，變為順纏，畫上弧運
至身體前，再變為逆纏，
運合至右臂肘彎上方，氣
聚軸腕，下折上掤，肘微
裏合，高與胸平，拳面向
右，拳眼向內（後），拳

圖 4-385

心向下；右手先入後出勁繼續逆纏，折腕旋轉，借助旋腕
轉膀之勁，畫上弧向身體右側上方運展至肩平時，乘肩部
的轉關過節，變為順纏，畫下弧運展至身體前約 35 公分，
氣聚軸腕，上折下掤，肘向裏合，高與腹平，拳面向前，
拳眼向右，拳心向上。

　　同時，鬆右膀、泛左臀，雙胯掙衡前捲裏合，開膝合
臏，雙腿裏纏，十趾抓地，襠部撐圓，借助旋踝轉腿之
勁，下弧調襠，重心移於左腿，六四分成。

　　周身合住勁，同時呼氣，氣聚中宮，眼注視右手及前
下方，耳聽身後，兼顧兩腎（圖 4-385）。

　　動作三：接上勢。腰勁向右旋轉，身體螺旋下沉。雙
肩鬆開似脫，下塌外碾，內捲裏合，右催左領，膻中穴微
內含，心氣與橫膈膜同步沉降，胸腰由左向右做上弧的運
化動作。雙手以左手為主，右手為賓。

　　左手出勁變為順纏，折腕旋轉，借助旋腕轉膀之勁，

畫下弧運展至左膝內側上方，氣聚軸腕，上折下掤，肘向裏合，高與胯平，拳面向前，拳眼向後，拳心向上；右手入勁變為逆纏，折腕旋轉，借助旋腕轉膀之勁，畫上弧運展至身體右

圖 4-386

側上方，氣聚軸腕，內折外掤，肘向裏合，高與眼平，拳面向上，拳眼向後，拳心向內。

　　同時，鬆左胯、泛右臀，雙胯掙衡前捲裏合，開膝合膕，雙腿裏纏，十趾抓地，襠部撐圓，借助旋踝轉腿之勁，上弧調襠，重心移於右腿，左足出勁，腳尖上翹，腳跟擦滑地面鏟地而出，向前出步下叉，跟部（腳踵）著力撐把住勁。右腿彎曲折疊，臏骨內扣，大腿後側與小腿肚緊緊相貼，腳內側撐把住勁，雙腿構成單叉姿勢（如腿部力量與韌帶允許，可做右膝與臀部及左腿全部離地一指的懸空單叉動作。腿部力量不足者，也可以下勢替之。此時，緊提穀道，會陰輕提，腧口納氣，促使清氣上升，濁氣下降）。

　　周身合住勁，同時一吸即呼，氣沉丹田，眼注視左方，耳聽身後，兼顧兩腎（圖 4-386）。

第七十八式　上步七星（面向東）

　　動作一：接上勢。腎氣滾動，腰隙傳遞，腰勁向左旋

套，身體螺旋上升，左轉 45°。雙肩鬆開似脫，下塌外碾，內捲裏合，右催左領，膻中穴微內含，心氣與橫膈膜同步沉降，胸腰由右向左做下弧的運化動作。雙手以左手為主，右手為賓。

左手出勁繼續順纏，折腕旋轉，借助旋

圖 4–387

腕轉膀之勁，畫下弧順左腿以上沖之勢運展至身體前約 40 公分，氣聚軸腕，內折外掤，肘向裏合，高與肩平，拳面向上，拳眼向左，拳心向內；右手入勁變為順纏，折腕旋轉，借助旋腕轉膀之勁，畫下弧運台至右膝外側，氣聚軸腕，內折外掤，肘向裏合，高與胯平，拳面向右前偏下，拳眼向前，拳心向內偏上。

同時，鬆右胯、泛左臀，雙胯掙衡前捲裏合，開膝合膕，雙腿裏纏，五趾抓地，襠部撐圓，借助旋踝轉腿之勁，下弧調襠，以左腳跟為軸腳尖外擺 45°。徐徐落地踏實，五趾及時抓地，重心移於左腿，六四分成。

周身開中寓合，同時一吸即呼，氣聚中宮，眼注視左手及前方，耳聽身後，兼顧兩腎（圖 4–387）。

動作二：接上勢。腎氣縱向滾動，腰隙上下旋轉傳遞，各領半身轉動，腰勁向右旋轉，身體螺旋上升，左轉 45°。雙肩鬆開似脫，下塌外碾，內捲裏合，前後交換旋

轉，膻中穴微內含，牽動往來氣貼背，胸腰上下左右交織運化，引導「七星位」（膻中穴）與「夾脊」（背部上方）內氣機潛轉，腧口及時納氣。雙手同時轉換有序，互為主賓。

圖 4-388

左手先出後入勁變為逆纏，折腕旋轉，借助旋腕轉膀之勁，畫下弧繼續向身體前領勁，氣聚軸腕，外折內掤，肘向裏合，高與肩平，拳面向右偏上，拳眼向上偏左，拳心向內；右手先入後出勁繼續順纏，折腕旋轉，借助旋腕轉膀之勁，畫下弧運展至身體前約 45 公分，手腕內側沾黏於左手腕外側，氣聚軸腕，內折外掤，肘向裏合，高與肩平，拳面向上，拳眼向右、拳心向內。雙手腕交叉折疊構成「十」字形狀。

同時，鬆右胯、泛左臀，雙胯掙衡前捲裏合，開膝合膕，雙腿裏纏，十趾抓地，襠部撐圓，借助旋踝轉腿之勁，下弧調襠，重心移於左腿，小腹內收，關元與中極二穴共同內斂納氣，沖震命門。乘右腿引至將虛之機，右足先入後出勁，畫上弧經左腿內側運展至左腳前約 30 公分，前腳掌虛點地面，雙腳跟在一條直線上，重心偏於左腿，八二分成。

周身合住勁，同時一吸即呼，氣聚中宮，眼注視雙手及前方，耳聽身後，兼顧兩腎（圖 4-388）。

動作三： 接上勢。腎氣縱向立圓滾動，腰隙上下折疊

轉動，腰勁鬆塌下氣，身體螺旋下沉。雙肩鬆開似脫，下塌外碾，先向前轉動半圈，後乘雙肩掙衡之機，再向後轉動半圈，前捲裏合，胸背開合有序，胸腰折疊蛹動有度。雙手轉換有序，互為主賓。

圖 4-389

雙手先出後入勁變為雙逆纏，由拳變掌折腕旋轉，借助旋腕轉膀之勁，畫下弧向體外一展，乘肩部的轉關過節，畫上弧運至胸前合住勁，氣聚軸腕，外折內掤，肘微裏合，高與胸平，雙手指鬆直向前下方，掌心向下。雙手腕沾黏相連十字交叉，左手在下，右手在上。

同時，鬆左胯、泛右臀，雙胯掙衡前捲裏合，開膝合臏，雙腿裏纏，十趾抓地，襠部撐圓，借助旋踝轉腿之勁，上弧調襠，重心移於左腿，小腹內收，關元與中極二穴共同內斂納氣。右足入勁，旋膝上提，高與胯平，小腿鬆垂直豎，足底平整，五趾微收，湧泉穴內含吸地氣之意。腰勁向下鬆串，注入腳底，以助腳底之勁上翻傳導。

周身合住勁，具有一觸即發之勢，同時呼氣，氣結中宮，眼注視前方，耳聽身後，兼顧兩腎（圖 4-389）。

動作四：接上勢。雙腰隙後撐，腰勁鬆塌，上通下達，身體螺旋下沉，丹田鼓蕩勃發。雙肩鬆開似脫，下塌外碾，內捲裏合，助掌發勁，膻中穴微內含，牽動往來氣貼背。雙手以左手為主，右手為賓。

雙手出勁繼續雙逆纏，坐腕旋轉，借助旋腕轉膀之勁，畫下弧忽然一抖即鬆至身體前約40公分，雙手腕仍左下右上沾黏折疊交叉，氣聚軸腕，內折外搠，雙肘微合，勁貫掌根，高與胸平，手指鬆直向上，勞宮穴一吐即含，掌心向前。

同時，鬆左胯、泛右臀，雙胯掙衡前捲裏合，開膝合臏，雙腿裏纏，十趾抓地，襠部撐圓，

圖4-390

借助旋踝轉腿之勁，右足出勁，畫下弧向前方跨一步，隨下弧調襠，重心移於右腿，帶領左足入勁，前腳掌擦滑地面向前跟步，待跟到時腳跟頓地有聲，重心發於前（腿），鬆至後（腿），六四分成。

周身合住勁，同時呼氣，氣沉丹田，眼注視雙手及前方，耳聽身後，兼顧兩腎（圖4-390）。

第七十九式　退步跨虎（面向南）

動作一：接上勢。腎氣縱向滾動，腰隙立圓旋轉，腰勁鬆塌，身體螺旋下沉。雙肩鬆開似脫，下塌外碾，內捲裏合，向前轉動，胸背開合有度，胸腰折疊蛹動有序。雙手以左手為主，右手為賓。

雙手先入後出勁繼續雙逆纏，雙腕沾黏交叉坐腕旋轉，借助旋腕轉膀之勁，畫上弧繼續向身體前運展至約45公分，高與眼平時，乘肩部的轉關過節，變為雙順纏，畫

下弧運合至腹前約 25 公分，氣
聚軸腕，上折下掤，肘向裏合，
高與胯平，手指鬆直向前下方，
拳心向下。

　　同時，鬆右胯、泛左臀，雙
胯掙衡前捲裏合，開膝合臗，雙
腿裏纏，十趾抓地，襠部撐圓，
借助旋踝轉腿之勁，下弧調襠，
重心繼續左移，七三分成。

　　周身合住勁，同時一吸即

圖 4-391

呼，氣聚中宮，眼注視雙手及前
下方，耳聽身後，兼顧兩腎（圖 4-391）。

　　動作二：接上勢。腰勁向左旋轉，身體螺旋下沉，右
轉 90°。雙肩鬆開似脫，下塌外碾，內捲裏合，右催左
領，胸背開合有度，胸腰折疊蛹動有序。雙手以左手為
主，右手為賓。

　　雙手先入後出勁繼續雙順纏，纏繞翻轉折腕旋轉，借
助旋腕轉膀之勁，經胸前先內後外畫上弧運合至身體上
方，雙手腕沾黏相連互相交織折疊，右手在外，左手在
內，氣聚軸腕，內折外掤，肘向裏合，高與眼平，手指鬆
直向上，掌心向左右兩側偏後。

　　同時，鬆左胯、泛右臀，雙胯掙衡前捲裏合，開膝合
臗，雙腿裏纏，十趾抓地、襠部撐圓，借助旋踝轉腿之
勁，下弧調襠，重心移於左腿，以左腳跟為軸，前腳掌向
內扣合 90°，小腹內收，關元與中極二穴共同納氣，沖震
命門。右足入勁，旋膝而起，高與胯平，小腿鬆垂直豎，

腳底平整，五趾微內收，湧泉穴內含有吸地氣之意。腰勁順左腿向下鬆串，注入腳底植地生根。

周身合住勁，具有一觸即發之勢，同時吸氣，氣結中宮，眼注視前方，耳聽身後，兼顧兩腎（圖4-392）。

圖4-392

動作三：接上勢。腰隙後撐，丹田鼓蕩勃發，鬆腰下氣，身體螺旋下沉。雙肩鬆開似脫，下塌外碾，內捲裏合，膻中穴微內含，心氣與橫膈膜同步沉降。雙手以右手為主，左手為賓。

雙手出勁變為逆纏，坐腕旋轉，借助旋腕轉膀之勁，畫下弧忽然一抖即鬆，運展至胸前約35公分，氣聚軸腕，內折外掤，雙肘裏合，手背相對，手指相吸，高與鼻平。手指鬆直向上，掌心向左右兩側。

同時，鬆右胯、泛左臀，雙胯掙衡前捲裏合，開膝合臏，雙腿裏纏，五趾抓地，襠部撐圓，借助旋踝轉腿之勁，右足出勁，向下鬆沉踏落，略寬於肩，震地有聲，重心仍偏於左腿，六四分成。

周身合中寓開，同時呼氣，氣聚中宮，眼注視雙手及前方，耳聽身後，兼顧兩腎（圖4-393）。

動作四：接上勢。腎氣橫向滾動，腰隙左傳右遞，腰勁向左旋套，身體螺旋下沉。雙肩鬆開似脫，下塌外碾，內捲裏合，右催左領，膻中穴微內含，牽動往來氣貼背。

圖 4-393　　　　　　　　　　圖 4-394

雙手以左手為主，右手為賓。

　　雙手左出右入勁變為雙順纏，坐腕旋轉，借助旋腕轉膀之勁，畫上弧運升至身體前上方，氣聚軸腕，沾黏纏繞，內折外掤，雙肘裏合，高與眼平，手指鬆直向上，掌心向左右兩側微偏後。

　　同時，鬆右胯、泛左臀，雙胯掙衡前捲裏合，開膝合臏，雙腿裏纏，十趾抓地，襠部撐圓，借助旋踝轉腿之勁，下弧調襠，重心繼續左移。乘右腿移虛之機，利用胯部的轉關過節，右足出勁，畫下弧向身體右側開小半步，腳尖上翹裏合，腳跟內側鏟地而出，重心仍在左腿，七三分成。

　　周身合住勁，同時吸氣，氣結中宮，眼注視前方，耳聽身後，兼顧兩腎（圖 4-394）。

　　動作五：接上勢。腰勁向右旋套，身體螺旋下沉。雙肩鬆開似脫，下塌外碾，內捲裏合，左催右領，膻中穴微內

圖 4-395

合，心氣與橫膈膜同步沉降。雙手以右手為主，左手為賓。

　　雙手右出左入勁變為雙逆纏，坐腕旋轉，借助旋腕轉膀之勁，畫下弧分別運合至左右雙膝上方時，乘肩部的轉關過節，變為雙順纏放鬆落點，氣聚軸腕，上折下掤，雙肘裏合，高與胯平，手指鬆直向前，掌心向下。

　　同時，鬆左胯、泛右臀，雙胯掙衡前捲裏合，開膝合臏，五趾抓地，襠部撐圓，借助旋踝轉腿之勁，後下弧調襠，右腳尖下落踏實，五趾及時抓地，重心移於右腿，六四分成。

　　周身合住勁，同時呼氣，氣聚中宮，眼注視前方，耳聽身後，兼顧兩腎（圖 4-395）。

　　動作六：接上勢。腎氣橫向滾動，腰隙右傳左遞，腰勁向左旋套，身體螺旋下沉。雙肩鬆開似脫，掙衡對拉拔長，右催左領，胸開背合。雙手以左手為主，右手為賓。

　　雙手左出右入勁變為雙逆纏，坐腕旋轉，借助旋腕轉

圖 4–396

膀之勁，畫上弧分別運展至身體左右兩側上方，氣聚軸腕，內折外掤，雙肘微合，高與肩平，手指鬆直向前上方，掌心向身體左右兩側。

同時，鬆右胯、泛左臀，雙胯掙衡前捲裹合，開膝合膅，雙腿裹纏，十趾抓地、襠部撐圓，借助旋踝轉腿之勁，上弧調襠，重心移於左腿。乘右腿移虛之機，胯部轉關過節，右足出勁，向身體右側開小半步，腳尖上翹裹合，腳跟內側鏟地而出，重心偏於左腿，六四分成。

周身開中寓合，同時吸氣，氣結中宮，眼注視右方，耳聽身後，兼顧兩腎（圖 4–396）。

動作七：接上勢。腎氣橫向滾動，腰隙左傳右遞，腰勁向右旋套，身體螺旋上升。雙肩鬆開似脫，下塌外碾，內捲裹合，左催右領，開背合胸，膻中穴微內含，心氣與橫膈膜同步沉降。雙手以右手為主，左手為賓。

右手出勁變為順纏，坐腕旋轉，借助旋腕轉膀之勁，

畫下弧立掌運展至身體前約 40 公分，氣聚軸腕，外折內掤，肘向裏合，高與眼平，手指鬆直向上，掌心向左；左手入勁變為順纏，坐腕旋轉，借助旋腕轉膀之勁，畫下弧橫掌運展至腹前約 40 公分，氣聚軸腕，外折內掤，肘向裏合，高與腹（中極穴）平，手指鬆直向前，掌心向右。

圖 4-397

同時，鬆左胯、泛右臀，雙胯掙衡前捲裏合，開膝合膕，雙腿裏纏，五趾抓地，襠部撐圓，借助旋踝轉腿之勁，下弧調襠，重心移於右腿，右前腳掌落實，五趾及時抓地。左足入勁，前腳掌擦滑地面，畫後弧運合至右腳內側約 25 公分，虛點地面，雙腳構成不丁不八狀態，重心偏於右腿，八二分成。

周身合住勁，同時呼氣，氣沉丹田，眼注視右手及前方，耳聽身後，兼顧兩腎（圖 4-397）。

第八十式　轉身擺蓮（面向北）

動作一：接上勢。腎氣縱向滾動，腰隙左傳右遞，以花腰勁為主，微向右旋轉，身體螺旋下沉。雙肩鬆開似脫，下塌外碾，內捲裏合，左催右領，引導肩井、雲門、極泉、曲池、曲澤、內關、勞宮、膻中、中脘、氣海、氣衝、會陰、虎（膝）眼、委中、足三里、崑崙、湧泉等諸穴內氣機潛轉，膻中穴微內含，牽動往來氣貼背。雙手以

右手為主，左手為賓。

右手出勁變為逆纏，坐腕旋轉，借助旋腕轉膀之勁，畫上弧運展至身體右前上方約 45 公分，氣聚軸腕，內折外掤，肘微裏合，高與鼻平，手指鬆直向左，掌心向前；左手入勁變為逆纏，坐腕旋轉，借助旋腕轉膀之勁，畫下弧運合至左膝上方，氣聚軸腕，上折下掤，肘向裏合，高與胯平，手指鬆直向前下方，掌心向下偏內。

圖 4-398

下肢動作不變，注意襠部前合後開。

周身合中寓開，同時吸氣，氣結中宮，眼注視右手及右前方，耳聽身後，兼顧兩腎（圖 4-398）。

動作二：接上勢。虛領頂勁，以中氣潛轉為軸，腎氣滾動，腰隙左傳右遞，腰勁向左旋轉，身體螺旋下沉。雙肩鬆開似脫，下塌外碾，內捲裏合，右催左領，膻中穴微內含，心氣與橫膈膜同步沉降，胸腰由左向右做下弧的運化動作。雙手以左手為主、右手為賓。

左手出勁變為順纏，坐腕旋轉，借助旋腕轉膀之勁，畫下弧運展至左膝外側上方，氣聚軸腕，外掤內折，肘向裏合，高與股平，手指鬆直向下，掌心向左偏前；右手入勁繼續逆纏，坐腕旋轉，畫下弧運展至身體右側前上方，氣聚軸腕，內折外掤，肘微裏合，高與眼平，手指鬆直向上偏內，掌心向右。

同時，鬆左胯、泛右臀，雙胯掙衡前捲裏合，開膝合

膝，十趾抓地，襠部撐圓，借助旋踝轉腿之勁，下弧調襠。左腳以前腳掌為軸，微向內擰轉，重心微微沉降偏於右腿，八二分成。

周身合住勁，同時呼氣，氣聚中宮，眼注視右手及前方，耳聽身後，兼顧兩腎（圖4-399）。

圖4-399

動作三：接上勢。腎氣螺旋滾動，腰隙右傳左遞，腰勁向左旋轉，身體螺旋下沉，右轉180°。雙肩鬆開似脫，下塌外碾，內捲裹合，右催左領，膻中穴微內含，牽動往來氣貼背，胸腰由左向右做上弧的運化動作。雙手以左手為主，右手為賓。

左手出勁變為順纏，坐腕旋轉，借助旋腕轉膀之勁，畫上弧運展至身體前上方約40公分，氣聚軸腕，外折內掤，肘向裏合，高與眼平，手指鬆直向前上方，掌心向右後上方；右手入勁繼續逆纏，坐腕旋轉，借助旋腕轉膀之勁，畫上弧隨身法旋轉纏繞運展至身體右前上方，氣聚軸腕，內折外掤，肘微裏合，高與眼平，手指鬆直向上微裏合，掌心向前。

同時，鬆右胯、泛左臀，雙胯掙衡前捲裹合，開膝合膝，雙腿裏纏，五趾抓地，襠部撐圓，借助旋踝轉腿之勁，背絲扣調襠，重心移於右腿，以右腳跟為軸，腳尖外擺旋轉180°。乘左腿移虛之機，小腹內收，關元與中極二穴共同內

圖 4-400

圖 4-401

斂納氣，沖震命門。左足先出後入勁，隨身法畫上弧向上擺動高與肩平後，落於右腳前約 30 公分，腳跟著地，腳尖上翹裏合，襠勁前合後開，重心仍偏於右腿，八二分成。

　　周身一開即合，同時一吸即呼，氣聚中宮，眼注視前方，耳聽身後，兼顧兩腎（圖 4-400、401）。

　　動作四：接上勢。腰勁向左旋轉，身體螺旋下沉，右轉 45°。雙肩鬆開似脫，下塌外碾，內捲裏合，右催左領，膻中穴微內含，心氣與橫膈膜同步沉降，胸腰由右向左做下弧的運化動作。雙手以左手為主，右手為賓。

　　左手出勁繼續順纏、右手入勁變為逆纏，雙手坐腕旋轉，借助旋腕轉膀之勁，左手畫上弧纏繞一圈，右手畫上弧運展至身體右側上方，氣聚軸腕，上折下掤，雙肘裏合，高與眼平，手指鬆直向右前上方，掌心向下偏右。

　　同時，鬆右胯、泛左臀，雙胯掙衡前捲裏合，開膝合臏，雙腿裏纏，五趾抓地，襠部撐圓，借助旋踝轉腿之

圖 4-402

圖 4-403

勁，後下弧調襠，重心移於左腿，左前腳掌下落踏實，五趾及時抓地，六四分成。

周身合住勁，具有一觸即發之勢，同時吸氣，氣結中宮，眼注視前方，耳聽身後，兼顧兩腎（圖 4-402）。

以下動作與第五十九式「擺蓮跌叉」的動作三相同。略（參見圖 4-341），定勢（圖 4-403）。

第八十一式　當頭炮（面向北）

動作一：接上勢。腎氣橫向滾動，腰隙右傳左遞，腰勁向左旋轉，身體螺旋下沉，右轉 45°。雙肩鬆開似脫，下塌外碾，內捲裹合，右催左領，膻中穴微內含，牽動往來氣貼背，腰胸由左向右做下弧運化動作。雙手以左手為主，右手為賓。

左手出勁變為順纏，坐腕旋轉，借助旋腕轉膀之勁，畫下弧運展至小腹前約 25 公分，氣聚軸腕，外折內掤，肘

圖 4-404

附圖 4-404

向裏合，高與胯平，手指鬆直向前，掌心向後（右）下方；右手入勁變為逆纏，坐腕旋轉，借助旋腕轉膀之勁，畫下弧運展至身體右側下方，氣聚軸腕，內折外掤，肘微裏合，高與胯平，手指鬆直向前，掌心向下。

同時，鬆左胯、泛右臀，雙胯掙衡前捲裏合，開膝合膪，雙腿裏纏，五趾抓地，襠部撐圓，借助旋踝轉腿之勁，前襠勁扣合，後襠勁撐圓，右足入勁，膝蓋旋轉裏扣上升小於 90°。腰勁順左腿向下鬆串，注入腳底植地生根，以助腳底之勁上翻傳導。

周身合中寓開，具有一觸即發之勢，同時吸氣，氣聚中宮，眼注視前方，耳聽身後，兼顧兩腎（圖 4-404、附圖4-404）。

動作二：接上勢。腎氣螺旋滾動，腰隙左旋右轉，相互傳遞，腰勁向右旋轉，身體螺旋下沉，左轉 45°，丹田鼓蕩勃發。雙肩鬆開似脫，下塌外碾，內捲裏合，左旋右

轉，膻中穴微內含，牽動往來氣貼背，胸腰由右向左做上弧的運化動作。雙手轉換有序，互為主賓。

圖4-405

左手先入後出勁變為逆纏、右手先出後入勁變為順纏，雙手由掌變拳坐腕旋轉，借助旋腕轉膀之勁，畫上弧忽然一抖即鬆至身體前約45公分，氣聚軸腕，外折內掤，肘向裏合，左手高與肩平，右手高與頭平，拳面向前上方，拳眼向內上方，拳心向裏。

同時，鬆右胯、泛左臀，雙胯掙衡前捲裏合，開膝合臏，雙腿裏纏，五趾抓地，襠部撐圓，借助旋踝轉腿之勁，右足出勁，畫上弧向身體右側後方開步，忽然一抖即鬆，頓地有聲，腳尖向前，五趾及時抓地，重心仍偏於左腿，六四分成。

周身開中寓合，同時呼氣，氣聚中宮，眼注視前方，耳聽身後，兼顧兩腎（圖4-405）。

動作三：接上勢。腎氣縱向滾動，腰隙立圓旋轉，腰勁一開即合，身體螺旋下沉。雙肩鬆開似脫，下塌外碾，內捲裏合，左催右領，胸背開合有度，胸腰折疊蛹動有序，膻中穴微內含，牽動往來氣貼背。雙手以右手為主，左手為賓。

右手出勁繼續順纏、左手入勁變為順纏，雙手折腕旋轉，借助旋腕轉膀之勁，畫下弧運合至腹前約20公分，氣

圖 4-406　　　　　　　　　附圖 4-406

聚軸腕，上折下掤，雙肘裏合，高與胯平，拳面向前，拳眼向兩側前方，拳心向上偏內。

　　同時，鬆左胯、泛右臀，雙胯掙衡前捲裏合，開膝合膕，雙腿裏纏，十趾抓地，襠部撐圓，借助旋踝轉腿之勁，下弧調襠，重心移於右腿，六四分成。

　　周身合住勁，具有一觸即發之勢，同時吸氣，氣結中宮，眼注視前方，耳聽身後，兼顧兩腎（圖 4-406、附圖4-406）。

　　動作四：接上勢。腰勁一開即合，身體螺旋下沉。雙肩鬆開似脫，下塌外碾，一掙即捲，右催左領，胸背開合有度，胸腰折疊蛹動有序，膻中穴微內含，心氣與橫膈膜同步沉降。雙手以左手為主，右手為賓。

　　左手出勁右手入勁變為逆纏，雙手折腕旋轉，借助旋腕轉膀之勁，畫上弧向前忽然一抖即鬆，運展至胸前 40 公分（左）和 30 公分（右）時，乘肩部的轉關過節，變為順

圖 4-407

附圖 4-407

纏，放鬆落點，氣聚軸腕，內折外掤，雙肘微裏合，高與胸平，拳面向左右兩側，拳眼向上，拳心向內。

同時，鬆右胯、泛左臀，雙胯掙衡前捲裏合，開膝合膊，雙腿裏纏，十趾抓地，襠部撐圓，借助旋踝轉腿之勁，後下弧調襠，雙腿前把後蹬，重心發在前鬆至後，六四分成。

周身合住勁，同時呼氣，氣沉丹田，眼注視前方，耳聽身後，兼顧兩腎（圖 4-407、附圖 4-407）。

第八十二式　金剛搗碓（面向北）

接上勢。腎氣螺旋滾動，腰隙左旋右轉，互相傳遞，腰勁欲右先左旋轉，身體微微螺旋上升，右轉 45°。雙肩鬆開似脫，下塌外碾，內捲裏合，左旋右轉，膻中穴微內含，心氣與橫膈膜同步沉降，胸腰先由右向左做下弧運化動作，後再由左向右做上弧的運化動作。雙手轉換有序，互為主賓。

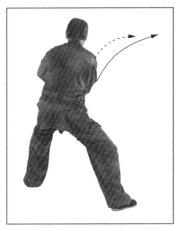

圖 4-408

附圖 4-408

　　左手先出後入勁變為逆纏，由拳變掌坐腕旋轉，借助旋腕轉膀之勁，畫下弧繼續向身體左前方一展，乘肩部的轉關過節，變為順纏，畫上弧運展至身體前約 45 公分，氣聚軸腕，外折內掤，肘向裏合，高與眼平，手指鬆直向前偏右，掌心向右後方；右手先入後出勁繼續順纏，由拳變掌坐腕旋轉，借助旋腕轉膀之勁，畫下弧繼續向身體左前方一纏，乘肩部的轉關過節，變為逆纏，畫上弧運展至身體右前上方，氣聚軸腕，內折外掤，肘微裏合，高與眼平，手指鬆直向上偏前，掌心向右。

　　同時，鬆左胯、泛右臀，雙胯掙衡前捲裏合，開膝合臏，雙腿裏纏，十趾抓地，襠部撐圓，借助旋踝轉腿之勁，下弧調襠，重心移向左腿，乘胯部的轉關過節，變為上弧調襠，襠勁前合後開，重心移回於右腿，六四分成。

　　周身合住勁，同時吸氣，氣結中宮，眼注視前方，耳聽身後，兼顧兩腎（圖 4-408、附圖 4-408、圖 4-409）。

圖 4-409

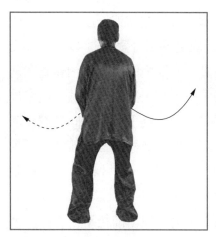

圖 4-410

附圖 4-410

　　以下動作與第二式「金剛搗碓」的動作相同，方向相反。略（參見圖 4-4～14），定勢（圖 4-410、附圖 4-410）。

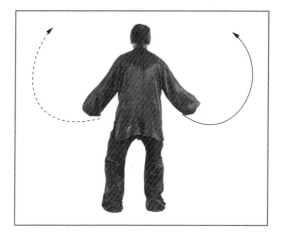

圖 4-411

第八十三式　收勢（面向北）

動作一：接上勢。腰勁鬆塌，身體螺旋下沉。雙肩鬆開似脫，下塌外碾，內捲裹合，左催右領，膻中穴微內含，心氣與橫膈膜同步沉降。雙手以右手為主，左手為賓。

雙手右出左入勁變為雙逆纏，右手由拳變掌，雙手折腕旋轉，借助旋腕轉膀之勁，畫下弧分別運展至兩胯前外側，氣聚軸腕，內折外掤，雙肘微合，高與胯平，手指鬆直向內並相對相吸，掌心向內。

同時，鬆左胯、泛右臀，雙胯挣衡前捲裹合，開膝合臏，雙腿裹纏，十趾抓地，襠部撐圓，借助旋踝轉腿之勁，後下弧調襠，重心微向右腿移動，五五分成。

周身合住勁，同時吸氣，氣結中宮，耳聽身後，兼顧兩腎（圖 4-411）。

動作二：接上勢。腰隙向後撐滿，腰勁鬆塌，身體螺旋下沉。雙肩鬆開似脫，下塌外碾，對拉拔長，內捲裹

圖 4-412　　　　　　　　　　圖 4-413

合，膻中穴微內含，心氣與橫膈膜同步沉降。雙手轉換有
序，互為主賓。

　　雙手變為雙順纏，坐腕旋轉，借助旋腕轉膀之勁，畫外
下弧分別運展至身體左右兩側上方，氣聚軸腕，下折上掤，
肘向裏合，高與肩平，手鬆直分向左右兩側，掌心向上。

　　同時，雙胯放鬆前捲裏合，開膝合臏，雙腿裏纏，十
趾抓地，襠部撐圓。

　　周身合住勁，繼續吸氣，氣結中宮，眼注視前方，耳
聽身後，兼顧兩腎（圖 4-412）。

　　動作三：接上勢。鬆腰合勁，身體螺旋下沉。雙肩鬆
開似脫，下塌外碾，內捲裏合，膻中穴微內含，牽動往來
氣貼背。雙手轉換有序，互為主賓。

　　雙手入勁變為雙逆纏，坐腕旋轉，借助旋腕轉膀之
勁，畫上弧運合至頭部兩側，氣聚軸腕，外折內掤，雙肘
裏合，高與頭平，手指鬆直向上，掌心向內。

圖 4-414

附圖 4-414

下肢動作不變。

周身合中寓開，同時吸氣，氣結中宮，眼注視前方，耳聽身後，兼顧兩腎（圖 4-413）。

動作四：接上勢。鬆腰下氣，身體螺旋下沉。雙肩鬆開似脫，下塌外碾，內捲裏合，膻中穴微內含，心氣與橫膈膜同步沉降。雙手轉換有序，互為主賓。

雙手出勁繼續雙逆纏，坐腕旋轉，借助旋腕轉膀之勁，畫內下弧經身體左右半身前分別運降至雙胯前方，氣聚軸腕，上折下掤，雙肘裏合，高與胯平，手指鬆直向前，掌心向下。

同時，雙臀微微向上泛起，雙胯掙衡前捲裏合，開膝合臏，雙腿裏纏，十趾抓地，襠部撐圓。

周身合住勁，同時呼氣，氣沉丹田退藏隱密，眼隨手運，合目息氣，耳聽身後，返觀內視，還原「預備勢」時的無極抱合狀態（圖 4-414、附圖 4-414）。

圖 4-415

　　動作五：接上勢。頭頸正直，微含上領，乘周身之勁氣徹底收斂與平靜之後。身體緩緩站起，雙肩恢復常態，雙手變為雙順纏，畫下弧分別鬆垂至雙胯外側，手指自然彎曲，掌心向內。

　　同時，雙胯微向前送（挺），前襠微微撇開，骶骨尖前捲內藏，雙腿立直。雙眼平視，恢復到「預備勢」之前平常人的站立姿勢，結束第一路拳架套路的熟練過程（圖4-415）。

　　以上是陳式太極拳提高架第一路全部的動作圖解與說明。套路由武象起手，始於南方（陽中有陰）；文象收勢，終至北方（陰中有陽），即「太極」也。

後　記

一、陳照奎宗師與陳式太極拳新架

陳師照奎公 1928 年出生於河南省溫縣陳家溝陳式太極拳世家。係陳氏第十七世、陳式太極拳第九代傳人陳發科之幼子。

1928 年，發科公應許禹生之邀前往北京傳拳授藝，從此落戶於北京。照奎公 4 歲時隨母親也來到北京定居。當時北京稱為北平，乃三朝古都所在地，文成武就，志士眾多，是個藏龍臥虎之地。特別是內家（功）拳（太極拳、形意拳、八卦掌等）頗為盛行，且名手輩出，使帶有家傳保守舊觀點的發科公眼界大開，觸動了心靈。同時又深刻地認識到，如想使陳式太極拳發揚光大，紮根於北京，單憑自己的功夫和能量是微不足道的，不但需要廣交拳友，得到武林同仁的支援，而且還應注重儘快地發現人才，培養出一批出類拔萃的接班人，方能使陳式太極拳長久立足於北京，並發揚光大。

陳式太極拳系列功夫程式中講究：先易而後難，先簡而後繁，先慢而後快，快而復慢，快慢相間。相對應的是先學練「基礎架」，以便「以意導體」和「以體導氣」；後經「提高架」，以便「以氣導體」；再練「功夫架」，

以便「以意導氣」。尤其是後兩種練法，則是陳式太極拳大架傳承中秘不外傳的功夫昇華練法（以前這種練法是傳子不傳女的），不知詳情的人誤認是發科公晚年所創編的架子。

陳師照奎公自幼聰慧，身體素質極佳，模仿能力特別強，是一位難得的練武之才。在他 7 歲時，發科公看他資質不錯，就以試教的態度，一開始就教他提高架（八十三式緩慢柔活的熟練方法）的外形模式，來代替一般常規先學基礎架的傳統練習方法。這樣一來，反而使幼年的照奎公在築基功上起手層次高，再加上他肯吃苦，善於揣摩，悟性又高，幾年工夫，功、竅二道突飛猛進。發科公看到自己多年的願望得以實現，真是喜上眉梢，心中有說不出的高興。

從此以後，發科公以武學大家之風采，視提高架為築基功，以功夫架（八十三式的快慢相間訓練方法）為功夫昇華手段，縮短了陳式太極拳大架傳承中的練功程序，使後來陳式太極拳練習者得到了事半功倍的鍛鍊效果。

這是發科公在思想上的一次革命，也是教授太極拳術上的一大創舉，他打破了舊的傳統觀念，給後學者打開了方便之門，其功實不可沒。

1942 年，照奎公畢業於北平志成中學，只因家境變故，未曾繼續升學，留在家中下工夫練拳。陳師進步令人吃驚，父親見他功夫有成，接著傳授他功夫架（一、二路）和陳式太極拳五種推手方法及推手技巧，同時兼練捋杆子和單式發勁訓練。

20 世紀 50 年代初，陳師到北京市第五建築公司材料

科工作，除上班外，早晚繼續刻苦練拳，同時一、二路連著練，少者五遍，多者十多遍，十分勤奮，功夫漸悟而上身，拳藝日臻完善。發科公開始傳授他「鬆、活、彈、抖」在推手較技中的靈活應用，及抓筋、拿脈、反骨、擒拿等實用勢機與技巧。陳師更是得心應手，如虎添翼，對陳式太極拳的內涵理解得更為精到。

1956 年初，發科公重病臥床，把陳師照奎叫到床前囑咐道：「你現在所掌握的東西，是過去咱們家在傳承中密不外傳的，就連我在家鄉下工夫時，這樣的練法都是等到深更夜半人靜時偷著練出來的，根本沒有人知道還會有這樣細膩的練法。到北京幾年以後，人情世故見的多了，開闊了眼界，才使我心中開了竅，思想也想通了，功夫再好，也擋不住槍炮子彈。現在的人練拳學拳只是為了強身健體和研究拳理拳法。此外，很多人喜歡我們家的拳，能把它流傳下來發揚光大，本是一件好事。我本想把這套練法帶回老家傳一下，一直沒有充足的時間，時間短了又不行，就這樣一年年地給耽誤下來了。你哥哥的事不知什麼時候才能算完，他是無指望了，這個心願只有靠你替我完成了。但要選個適當的時候，同時要講究方式方法，要使家鄉的人都能接受這一事實。這是個很艱難的任務，你要酌情處理。」發科公接著說：「拳術界以楊式太極拳流傳最為廣泛，是任何拳派所不及的。以前車之鑒而論，如果要發揚光大，必須多教人，多教人才能發現人才，有了人才的繼承，才能發揚光大。切記，切記！」

發科公當年病故於北京。

1962 年，為了陳式太極拳的普及推廣，陳師毅然辭去

工作，應其師兄顧留馨的邀請前往上海體育宮教拳傳藝。第二年由顧留馨編著出版的《陳式太極拳》一書，其中插圖拳照都是陳師提供的。從此，陳式太極拳提高架及功夫架大白於天下。為了顧全大局，陳師與顧留馨商議，在書中注明此架由陳發科晚年所定。

1964 年，應南京市體委之邀請，前往南京傳拳授藝，以後又回到上海。

1965 年，為了實現發科公的遺願，以學習陳式太極拳的器械套路為理由，陳師初次返回故里，從堂兄陳照丕和族兄陳克忠兩位學串了一路單刀、劍與一趟槍的套路（陳式太極拳講究，過早練習兵器則會導致肢體負重，肌肉緊張，關節用力，橫氣和拙力加重，不易做到徹底放鬆。所以，發科公未叫陳師過早地習練器械）。

著名的太極拳聖地溫縣陳家溝，又是陳式太極拳的故鄉，陳發科則是近代太極拳界享譽最高，具有傳奇色彩的人物。當地人聞聽他的小兒子回來了，當然轟動鄉里。為此，來探望的、拜訪的、求學的、看熱鬧的絡繹不絕，有的甚至跑了幾十里路趕到這裏，使偏僻清靜的陳家溝村頓時喧鬧起來。來的人心照不宣，都想見識一下從小就一直跟隨發科公左右幾十年，從未回來過的太極拳大師的風采及其成就。

於是村中就推選出本族中幾位德高望重輩分高的老人和陳家溝村大隊的幹部來看望陳師，拉了一些家常後，其中一位幹部對陳師講：「十叔（陳師在家族中的「照」字輩排行第十），大家都很忙，您老很難得回來一趟，也很難得今天大家來的這麼齊，湊到一起，一則是看望問安，

二則是想請您給大夥兒跳趟頭套架（第一路拳），也好讓咱們開眼界，長長見識。咱自家爺們兒不說外氣話，老漢（當地人對上輩人的尊稱）們都在這兒，如果身上東西多（指拳術中功道與竅道），就卸下來點兒，如果東西少了，就裝走點兒，不知您老尊意如何。」

陳師一聽這話說得很講究，心想，真不愧是太極拳故鄉的人，講起話來也是鬆柔圓活，柔中寓剛，無懈可擊。當時，他環視一下那場面，覺得不練一趟拳是過不了這一關的。然後他輕微活動了一下筋骨，走到了院子一側（農村院子都很大）一站，合目息氣，周身放鬆，虛領頂勁，雙肩鬆開似脫，膻中穴聚而內含，心氣與橫膈膜同步向下沉降，使氣沉於丹田之中。

以預備勢靜立數秒後，忽然腰勁一旋，引導身體同步螺旋下沉，全身如一球體渾然滾動，旋轉之中雙手似兩條靈蛇出洞，又像兩條軟鞭纏旋至身前上方，以金剛威武神態做搗碓動作。陳師立身中正，架子放得很低，上肢鬆柔靈順，下盤固若磐石，身內渾然一體，氣勢磅礴。靜如處女，輕似風擺楊柳，又似行雲流水，運勁不斷；動如下山猛虎，活似出海蛟龍，穩如泰山。其動作表現，外形綿軟，內含堅剛，鬆緊得體。同時胸腰運化有序，折疊蛹動有度，周身勁路貫串細膩而又規範，快慢相間，柔過氣剛落點，妙不可言。

太極拳聖地陳家溝村從來未曾見過這樣的練法，所以有的說：「這拳怎麼和我們平時所學所見的不一樣呵！」有的說：「拳都練轉樣（變形）啦，得叫老漢們好好地給他改一改（糾正拳架）。」還有的說，「功夫還不錯，就

是身上妄動太多（指胸腰折疊蛹動的動作），有時胸還沒有含（指開胸時的動作），亂動一氣」等等，眾說紛紜，褒貶不一。

陳家溝真不愧是陳式太極拳發祥地，雖說第一次見到這樣細膩、規範、嚴謹、精確、微妙的練法，然而，他們從小耳濡目染，深受薰陶，見多識廣，懂拳的行家大有人在。只見有幾位老者不但看得津津有味，還不時地互送眼神點頭稱讚。他們是村裏族中德高望重的拳師王彥、陳照丕、陳克忠、陳茂森四位老人。其中陳茂森對那些快嘴快舌、胡亂非議的人笑著說道：「你們懂個屁，胡說八道也不怕你十叔聽見笑話你們。好好看看吧，這才真是我們老陳家傳下來的最寶貴的東西。」那些人聽了自覺沒趣，伸了一下舌頭，再不作聲了。其餘的三位老人卻不約而同地點了點頭，表示贊同。

陳師練完拳，面不變色，心平氣和如常人一樣，緩步走到四位老者面前，抱拳恭手說道：「照奎自幼貪玩，功夫淺薄，還望前輩（指王彥）和三位哥哥們多多指教。這次回來就是想裝些東西回去。」陳師在家鄉住了 20 天左右，返回北京。

1972 年底，一直在陳家溝教拳授藝的著名拳師陳照丕不幸逝世，使陳式太極拳發祥地處於青黃不接狀態。為使陳家溝村陳式太極拳後繼有人和太極拳的外交政策之需，由村大隊黨支部書記張蔚珍提議，經黨支部研究決定，委派張蔚珍和陳茂森前往北京請陳照奎老師回家鄉傳授拳藝，為太極拳聖地陳家溝培養陳式太極拳骨幹力量。

同年 9 月份，陳師受邀來到鄭州，住了一天，第二天

前往開封參加「河南省第二屆武術運動會」，同時在開封市龍亭體育場表演了陳式太極拳功夫架，使古都開封和河南省武術界的人士大開眼界。表演完由鄭州市陳式太極拳愛好者接回鄭州住了一晚。第二天早晨在鄭州生物製藥廠汽車房內再度表演了陳式太極拳提高架和合步推手技巧。在場的人還未看清他的動勢，就見他驚、顫、彈、抖一氣呵成，與他搭手的人已被擊跌丈外，真是妙不可言！下午乘車去了陳家溝，住了幾天，定于年冬回鄉授拳，之後又到焦作逗留兩天，就回北京了。

同年冬季，陳師應約回陳家溝傳授陳式太極拳提高架與由陳師創編的三十個發勁訓練動作，以及合步推手（陳家溝當時只會順步推手），以陳小旺、陳正雷、王西安、朱天才四人為主要培養對象，他們後來成為陳家溝陳式太極拳的骨幹力量。

1974～1975 年，他又分別到鄭州與陳家溝教拳授藝。從此，河南練陳式太極拳者為了區分原來所練的拳架，而稱提高架與功夫架為「新架」。

1976 年，唐山大地震，影響了北京，為了陳式太極拳一代宗師的安危，鄭州部分學生委派張茂珍到北京把陳師與其子陳瑜接到鄭州，陳師非常感動，精心教授一個多月拳術，這期間使鄭州學員受益匪淺。約好 10 月份到鄭州再度傳拳授藝，便返回北京。

同年 9 月底，他又回到鄭州，住在張茂珍家，傳授一路拳體用法與三十個單式發勁動作，以及陳式太極拳八種推手方法（其中進三退三、進五退五、雙進鴛鴦步則是陳師所創編）和推手技巧。

同年 11 月到開封范鴻信家傳拳一個月後，返回鄭州張茂珍家住了數日，前往上海，在上海住了半個月，回到鄭州，住了幾天返回北京。

　　1977 年春，陳師帶著陳瑜由石家莊來到鄭州，再次給鄭州學生拆一路拳，5 月份返回北京。同年 10 月又到鄭州傳授推手技巧與百把功及擰棒、太極棒、抒杆子訓練。11 月中旬回到北京。

　　1978 年，陳師回陳家溝故里，住在陳小旺家裏，傳授陳小旺與陳正雷陳式太極拳功夫架第二路和合步推手技巧。

　　同年 7 月來到鄭州，教授陳式太極拳功夫架第二路，同時給老學員如張茂珍、張福聚、王長海等改一路架及推手技巧。陳小旺與陳正雷分別到鄭州參加學習。

　　同年 9 月，應上海張才根的邀請，前往上海給張拆一路拳一個月後，返回鄭州。

　　1979 年 3 月，陳師由石家莊來到鄭州教推手，4 月初去南京，經蘇州又去了上海。

　　同年 4 月中旬，陳家溝接到河南省體委的通知，委派他們接待香港長城電影公司到太極拳聖地拍電影和採訪，傳言還要帶高手來切磋一下武藝。陳家溝的人恐怕應付不了，決定請陳師和馮志強老師前來坐鎮助威，只因時間太緊沒有請到陳師（當時他在上海），後請到了馮志強老師一人來陳家溝。長城電影公司到達陳家溝後，只拍了一些紀錄片就回去了，也沒有帶什麼高手來，使陳家溝的人虛驚一場。馮師在那裏教了幾天推手就回北京了。陳師 4 月底回到鄭州（張茂珍家裏），聽說香港人已經回去了，就

留在鄭州教拳和推手。

　　1980 年，陳師再次來到鄭州，身體已大不如前，來到張茂珍家裏對他說：「你跟了我這麼多年，咱爺兒倆感情也深了，我所掌握的就是這一點兒東西，你已經掌握了，只差火候啦，再教你我已覺力不從心。不過也不願耽誤你，你師伯馮志強，盡得你師祖真傳，功夫強我十倍，無論對拳理拳法的理解和推手，還是內功的修練都已達於高級境界，我已對他提到你，你跟著他我也放心。北京方面我已經安排好了，事不宜遲，乘他現在還在家中休息，你趕快去拜認一下，以後要跟他好好地學，就看你的造化了。」陳師在鄭州住了幾天就去焦作。一個月後，陳師專程從焦作返回鄭州，落實了張茂珍去北京馮志強那兒學習，一切順利後，他十分高興，在張茂珍家住了半個月又返回焦作。

　　1981 年初，他這次沒有來鄭州，而是從新鄉直接去了焦作。只因陳師常年在外，又無定所，奔波勞累，積勞成疾，為陳式太極拳的推廣和發揚，耗盡了畢生精力，於 1981 年 5 月 7 日卒於焦作。

　　陳照奎宗師是陳氏第十八世、陳式太極拳第十代傳人中最傑出的代表人之一，他身懷絕學，心存濟世，為了陳式太極拳事業，足跡遍及大江南北，給中國太極拳界培養造就出一大批優秀的人才，其人其德，令人永記難忘。

二、馮志強先生小傳

　　馮志強先生，已年過古稀，現任北京市武術協會副主

席、北京市陳式太極拳研究會會長、北京市志強武館館長。他少年慕道，酷愛武術，先後拜名師學習過少林椿拳、通背拳、心意六合拳等，最後拜在陳氏第十七世、陳式太極拳第九代傳人陳發科門下，學習陳式太極拳一、二路及推手技巧功夫。他練拳六十多年，對中國北方各主要拳種流派通其理、明其道、知其法、善其竅、神其用，尤其對陳式太極拳的內涵具有獨到見解，造詣精深，功法嚴謹，技藝精妙。

馮師 1928 年出生於河北省束鹿縣的一個武術世家。他的曾祖父擅長武術，在清末的科舉時中過武舉。家中有兩把樣刀，各重 75 公斤。他每天拿起樣刀盤身舞花，年過古稀勁力仍不減當年。

志強先生 11 歲時來到北京，在一家修理電機的店鋪裏當學徒。他白天工作也不時地鍛鍊臂力，常常把店裏重達 50 公斤的鐵砧舉過頭頂又輕輕地放下，足見馮師先天神力。

馮師 17 歲時，曾拜會了京都名拳師韓曉峰先生。22歲時，結識了練形意拳的田秀臣，經其介紹，拜心意拳名家、一代氣功大師胡耀貞為師。胡公與陳發科則是很要好的朋友，經胡公推薦，馮師正式拜陳發科為師，從此改學陳式太極拳。

陳發科身邊有幾十個徒弟，每天早晚在他的家裏學拳和練拳。他住著三間房子，其中兩間隔為練功房。徒弟們練功時，陳發科靜觀不語，教拳時他則一絲不苟，尤其是動作與動作之間的承上啟下和轉關過氣的地方要求得特別嚴格，有的人一點過不來就要罰十遍。

陳式太極拳的動作裏，鬆氣震腳的動作較為多見，剛開始，馮師內氣尚未充盈，鬆氣震腳，腰勁不能向下鬆串，很難使勁注入腳底，威力自然大不了。經發科公精心指點，半年之後，他內氣充實，發勁震腳，透著周身勁力，房子也被震得向下落土。

馮師與照奎師是同歲，二人脾氣投和，很說得來，整天泡在一起，形影不離。二人又都是學武天才，經常一起練拳和推手，十分勤奮。發科公十分偏愛他倆，可是教起拳來，對他們卻十分嚴格，一個動作不到位，便要罰十遍，直到做好為止。馮師進步神速，令人吃驚。

1953 年，馮師參與組建由陳發科和胡耀貞為首的「首都武術研究會社」。發科公多次囑咐馮師「要用心練拳，虛心學習其他拳種，吸取精華，為己所用。對陳式太極拳不但要發揚光大，而且要做普及工作」。馮師一直牢記師父教誨，練拳時以養練結合為前提，使陳式太極拳成為最受歡迎的拳種之一。

1979 年，馮師應陳式太極拳的故鄉——河南溫縣陳家溝的邀請，坐鎮以待外來客人，同時指導了陳家溝陳式太極拳的普及與推廣工作，並教授了陳小旺、陳正雷、王西安、朱天才等人推手與樁功。

1981 年，馮師二度應陳家溝之邀請，教授推手技巧。同年，馮師受北京市體委和武協之聘，教授「美國三藩市武術團」學練陳式太極拳。這是他接待的第一個涉外武術團體，以後陸續接待了數十批赴中國學武的國外及港、澳地區武術愛好者。並先後出訪了美國、日本、墨西哥、新加坡等國家，傳授和表演了陳式太極拳。如今跟他學過拳

的外國人已數以萬計。

在馮師和武術界同仁的共同努力下，1983年6月，成立了「北京陳式太極拳研究會」，馮師被推選為會長。之後，他又被聘請為北京梅花樁拳、通背拳和技擊研究會的顧問。由於他對陳式太極拳研究具有極深的造詣，中國許多地方的陳式太極拳研究會或武術協會，紛紛聘請他為顧問或技術指導。

近幾年，馮師在中國武術界的聲望越來越高。他在電影《中華武術》和《陳式太極拳》中的表演受人矚目。他所著的《太極刀》《陳式太極拳實戰技術》等書深受讀者歡迎和喜愛。

馮志強老師為了陳式太極拳的普及與發揚光大，取其傳統套路的精華，結合多年教學的實踐經驗，自編自創了兩套新的套路，名為《陳式太極拳精選四十八式》與《陳式太極拳入門心意混元二十四式》，並有書與錄影帶教學示範。這兩套拳不僅是對傳統套路的刪繁就簡，而且是透過對傳統套路的分析，根據內氣的循經走脈路線和技擊特點的發揮，進行了科學的重新組合編排，以求養中有練、練中含養、養練結合的嶄新的練方。這兩個套路一推出，就深受中外太極拳愛好者的好評與喜愛。

馮師近年來還根據陳發科和胡耀貞兩位師父的內功傳授，又加上自己多年練功的經驗體會，創編出一套「混元氣功」。這套功法可以使一般習練者達到強身健體，使習武之人助長功力、增強內氣，是武術與氣功中難得尋找的優秀功法之一。

馮志強老師雖然已年過古稀，可是他精力充沛，身體

健壯，氣質神韻都像六十歲還未到的人，足見他內功精湛，中氣十足。他為陳式太極拳的發展與普及作出很大的貢獻。

三、技貴精傳　功在勤練

陳式太極拳乃黃河文化史中的瑰寶之一。自明末清初，河南省溫縣陳家溝陳氏第九世、陳式太極拳鼻祖陳王廷創立太極拳以來，陳氏家庭歷代沿襲、不斷發展創新，苦修其道，使堪稱太極拳之母的陳式太極拳廣為傳播。張茂珍先生就是人人稱道的外姓傳人之一。

張茂珍，係陳式太極拳十一代傳人，中國武術段位制七段。現任黃河科技大學體育學院名譽教授、終身顧問，中國溫縣國際太極拳年會鄭州分會會長，美國精英太極功夫會顧問，河南省老幹部太極拳協會顧問，鄭州市陳式太極拳研究會副會長，遼寧省錦州市陳式太極拳研究會名譽會長，廣東省中山市太極拳協會高級顧問等。

張茂珍出生在武術世家，其父張來運是老一輩著名武術家，係陳氏十七世、陳式太極拳第九代傳人陳子明（原南京中央國術館陳式太極拳教師）的入室弟子。茂珍先生自幼受家庭薰陶，酷愛武術，50 年代初，向河南省著名武術家郭凱先生學習少林拳，繼而隨其父張來運學習陳式太極拳小架、大架（老架）及推手功夫。其間曾受到陳氏十八世、陳式太極拳第十代傳人陳茂森（陳發科之高足）先生的精心點撥，被當時武林界譽為「鄭州太極拳三張」之首。

20 世紀 70 年代，經茂森先生引薦投師於陳氏十八世、陳式太極拳第十代傳人陳照奎宗師門下，專攻陳式太極拳提高架與功夫架。

　　1976 年唐山地震，為了一代宗師的安危，茂珍先生不顧個人安危前往北京接陳師父子到鄭州暫住，陳師深受感動，就著意培養並傾囊相授，傳其衣缽，收為嫡傳弟子。

　　80 年代，經陳師推薦，受教於陳式太極拳名家馮志強先生門下，得馮師賞識，收為入室弟子。

　　張茂珍先生武術資質極佳，功力深厚，造詣精湛，又能博採眾家所長，融會貫通，對陳式太極拳（小、大拳架）之內涵和拳理、拳法有深刻的領悟與獨到的見解，他的拳架細膩工整、規範嚴謹，秉承傳統而又獨具風格，推手功夫更是獨步一方，化發俱妙，令人驚奇嘆服，載譽日久。殷勤耕耘，受徒嚴謹，以德為先，因材施教，循循善誘，以理服人，最為難得的是，嘴上講勁，身軀顯形，一絲不苟，使人觀之即明。

　　他的教拳特點，動作細膩規範，起步高，層次節段分明，效果顯著。他多用腰勁訓練為綱領，以帶動身法運化走圈為基礎，使學者能在短期內掌握太極拳的基本勁路和內功心法，是位很難遇求的名師。為此，常年應邀到全國各地傳拳授藝，足跡遍及大江南北，桃李滿天下。其中多人在國內外大賽上獲得冠、亞軍，佼佼者已名揚海內外（學生賈濤常年在美國授拳、侯志陽兩度法國傳藝），兒子張冀鵬、弟子董偉、向東均為中國武術段位制六段。

　　茂珍先生在授徒練功之餘，特別注重對傳統太極拳理論的研究，已有十多篇論文發表在國家級刊物上，其中

《陳式太極拳「纏絲勁」析論》和《陳式太極拳推手述論「靠、依、發、頂、空」談》分別獲得河南省首屆武術論文大賽與中國溫縣國際太極拳年會優秀論文獎。他所撰寫的論文中，不但公開了陳式太極拳從未公開過的心法訣竅，而且還結合了自身多年演練和教學研究的經驗，詳盡地闡明了陳式太極拳的「腰腿勁」「纏絲勁」「鬆活彈抖」等訓練綱要。特別是他在《陳式太極拳圓圈運動》一文中，以太極中分一氣旋之理論，總結出「形圓在折疊，勁圓在內換，骨圓在斗榫，氣圓在旋轉」的精闢論述，給後學者提供了詳盡的理論依據。

20 世紀 90 年代後，多次以陳式太極拳專家的身份應邀出席由中國武術研究院舉辦的全國太極拳的決策及發展會議，如「太極拳推手對練套路的編排與制定會議」「全國太極拳推手規則研討會」等。多年來，俄羅斯、美國、日本、法國、東歐等國際友人及港臺人士也常慕名而來拜訪學習，為太極拳運動的普及、提高和推廣作出了重大的貢獻。

導引養生功

1 疏筋壯骨功＋VCD

定價350元

2 導引保健功＋VCD

定價350元

3 頤身九段錦＋VCD

定價350元

4 九九還童功＋VCD

定價350元

5 舒心平血功＋VCD

定價350元

6 益氣養肺功＋VCD

定價350元

7 養生太極扇＋VCD

定價350元

8 養生太極棒＋VCD

定價350元

9 導引養生形體詩韻＋VCD

定價350元

10 四十九式經絡動功＋VCD

定價350元

張廣德養生著作　每冊定價 350 元

全系列為彩色圖解附教學光碟

輕鬆學武術

1 二十四式太極拳＋VCD

定價250元

2 四十二式太極拳＋VCD

定價250元

3 八式十六式太極拳＋VCD

定價250元

4 三十二式太極劍＋VCD

定價280元

5 四十二式太極劍＋VCD

定價250元

彩色圖解太極武術

1 太極功夫扇

定價220元

2 武當太極劍

定價220元

3 楊式太極劍

定價220元

4 楊式太極刀

定價220元

5 二十四式太極拳＋VCD

定價350元

6 三十二式太極劍＋VCD

定價350元

7 四十二式太極劍＋VCD

定價350元

8 四十二式太極拳＋VCD

定價350元

9 楊式十六式太極劍

定價350元

10 楊氏二十八式太極拳＋VCD

定價350元

11 楊式太極拳四十式＋VCD

定價350元

12 陳式太極拳五十六式＋VCD

定價350元

13 吳式太極拳五十六式＋VCD

定價350元

14 精簡陳式太極拳八式十六式

定價220元

15 精簡吳式太極拳三十六式 拳架・推手

定價220元

16 夕陽美功夫扇

定價220元

17 綜合四十八式太極拳＋VCD

定價350元

18 三十二式太極拳 四段

定價220元

19 楊式三十七式太極拳＋VCD

定價350元

20 楊氏五十一式太極劍＋VCD

定價350元

21 嫡傳楊家太極拳精練二十八式

定價220元

太極跤

1 太極防身術
定價300元

2 擒拿術
定價280元

3 中國式摔角
定價350元

簡化太極拳

1 陳式太極拳十三式
定價200元

2 楊式太極拳十三式
定價200元

3 吳式太極拳十三式
定價200元

4 武式太極拳十三式
定價200元

5 孫式太極拳十三式
定價200元

6 趙堡太極拳十三式
定價200元

原地太極拳

1 原地綜合太極二十四式
定價220元

2 原地活步太極四十二式
定價200元

3 原地簡化太極拳二十四式
定價200元

4 原地太極拳十二式
定價200元

5 原地青少年太極拳二十二式
定價220元

6 原地兒童太極拳十播十六式
定價180元

國家圖書館出版品預行編目資料

陳式太極拳精義 / 張茂珍　編著
——初版，——臺北市，大展，2008〔民 97・01〕
面；21 公分，——（武術特輯；96）
ISBN　978－957－468－581－3（平裝）

1.太極拳
528.972　　　　　　　　　　　　　　　96021678

陳式太極拳精義　　　ISBN 978－957－468－581－3

編　　著/張 茂 珍
責任編輯/李 彩 玲
發 行 人/蔡 森 明
出 版 者/大展出版社有限公司
社　　址/台北市北投區（石牌）致遠一路 2 段 12 巷 1 號
電　　話/（02）28236031・28236033・28233123
傳　　眞/（02）28272069
郵政劃撥/01669551
網　　址/www.dah-jaan.com.tw
E - mail / service@dah-jaan.com.tw
登 記 證/局版臺業字第 2171 號
承 印 者/傳興印刷有限公司
裝　　訂/建鑫裝訂有限公司
排 版 者/弘益電腦排版有限公司
授 權 者/北京人民體育出版社
初版 1 刷/2008 年（民 97 年）1 月

定　價/380 元